« RÉPONSES »
Collection dirigée par Joëlle de Gravelaine

JANE SWIGART

LE MYTHE DE LA MAUVAISE MÈRE

Les réalités affectives de la maternité

Traduit de l'américain
par Yvon et Nicole Geffray

ROBERT LAFFONT

Extraits de *Daddy* de Sylvia Plath, copyright Ted Hughes 1963 ; *Magi* de Sylvia Plath, copyright Ted Hughes 1961 ; *Brasilia* de Sylvia Plath, copyright Ted Hughes 1961 ; *The Night Dances* de Sylvia Plath, copyright Ted Hughes 1961 ; *Child* de Sylvia Plath, copyright Ted Hughes 1972 ; *Nick and the Candlestick* de Sylvia Plath, copyright Ted Hughes 1966 ; *Death and C°* de Sylvia Plath, copyright Ted Hughes 1963 ; *Morning Song* de Sylvia Plath, copyrigh Ted Hughes 1962 ; *Lesbos* de Sylvia Plath, copyrigh Ted Hughes 1966 ; *Balloons* de Sylvia Plath, copyright Ted Hughes 1963.

Tous les poèmes ci-dessus sont extraits de *The Collected Poems* de Sylvia Plath, copyrigh 1960, 1965, 1971, 1981, propriété de l'auteur. Reproduit aux États-Unis avec la permission des éditions Harper and Row et dans les autres pays avec la permission de Olwyn Hughes.

Les extraits de *The Disquieting Man* et de *The Colossus* sont tirés de *The Colossus* de Sylvia Plath, copyright 1962, propriété de l'auteur. Reproduit aux États-Unis avec la permission de Alfred A. Knopf et dans les autres pays avec la permission de Olwyn Hughes.

Les extraits de *Pain for a Daughter*, *A Little Uncomplicated Man*, *Little Girl, My String Bean, My Lovely Woman*, et *Those times* sont tirés de *Live or Die* de Anne Sexton, copyright Anne Sexton 1966. Reproduit avec la permission de la Société Houghton Mifflin.

Les extraits de *Housewife* sont tirés de *All My Pretty Ones* de Anne Sexton, copyright Anne Sexton 1966. Reproduit avec la permission de la Société Houghton Mifflin.

Les extraits de *That Moment*, *Looking at Them Asleep*, et *The Signs* sont tirés de *The Gold Cell*, copyright Sharon Olds 1967. Reproduit avec la permission de Alfred A. Knopf Inc.

Les extraits de *Dutch Graves in Bucks County* de Wallace Stevens sont tirés de *The Collected Poems of Wallace Stevens*. Copyright Wallace Stevens 1954. Reproduits avec la permission de Alfred A. Knopf Inc.

Titre original : THE MYTH OF THE BAD MOTHER

© Jane Swigart, 1990

Traduction française : Éditions Robert Laffont, S.A., Paris, 1992

ISBN 2-221-07074-7
(Édition originale :
ISBN 0-385-26295-7 Doubleday, New York)

Ce livre est dédié à Saramanda et Tess, qui m'ont appris comment aimer.

Introduction

LE MYTHE DE LA MAUVAISE MÈRE

> Le rapport de l'enfant avec la mère est le premier et le plus intense. Il faut donc qu'il disparaisse.
>
> Assurer la continuité de la vie... est le premier devoir de tout être vivant. L'illusion n'a donc aucune valeur si elle le rend plus difficile à accomplir.
>
> SIGMUND FREUD.

Noté dans mon journal : décembre 1983

J'ai parlé hier soir au docteur N., spécialiste de psychiatrie infantile, de femmes qui m'avaient fait part de leur expérience de mère. Son commentaire : « C'étaient des femmes agressives et malheureuses. Comment croire qu'elles soient capables de faire un rapport exact de ce qu'est la maternité ? Les femmes qui sont heureuses d'être mères n'en parlent pas. »

Je n'ai pas pu dormir, à me demander comment, dans notre culture, un homme aussi intelligent et aussi cultivé que N. pouvait raisonner de la sorte. N'a-t-il donc jamais passé des heures auprès d'un enfant malade ? Ne s'est-il jamais senti coupable d'incompréhension et de maladresse en face d'un enfant ? J'étais exaspérée d'avoir dû me taire, comme si son attitude avait réduit au silence toutes les mères.

INTRODUCTION

Mais peut-être N. a-t-il raison après tout et c'est peut-être aussi la colère et la tristesse qui ont poussé les écrivains que je cite (Olsen, Lessing, Plath, Sexton, Paley) à briser le silence pour analyser leur expérience de mère. Pourtant leurs œuvres montrent clairement qu'elles aimaient leurs enfants. Peut-être est-il impossible à celle qui parle sincèrement de ne pas avoir l'air irritée ou malheureuse, impossible de ne pas paraître une « mauvaise mère ». Cependant, les mères que je connais ne sont ni très heureuses ni très malheureuses mais se situent dans cette zone grisâtre que nous n'avons pas explorée d'assez près. De nos jours, toute mère aimante se sent nécessairement déchirée, anxieuse, culpabilisée, tiraillée dans plusieurs directions.

Tout comme l'enfant, elle a besoin d'être écoutée, aimée, comprise. On ne peut aider l'enfant que si la mère se sent elle-même comprise. On ne peut aider l'enfant que si la mère se sent elle aussi soutenue. Pourquoi avons-nous tant de mal à décrire ce que nous ressentons pendant tous ces jours, toutes ces semaines et toutes ces années que nous passons avec nos enfants — *les réalités* affectives *de la maternité à chaque instant.*

Mythe : ... Croyance collective sans fondement logique, acceptée sans discussion et servant à justifier une habitude sociale*.

Ce qui n'était au départ que mon journal personnel, m'a progressivement conduite à étudier la maternité dans la littérature et la psychologie. Dans ma recherche, ce que je découvrais au cours de ces soins quotidiens à l'enfant m'a à la fois fascinée et inquiétée : les sentiments et les

---

* *Random House Dictionary of the English Language.*

LE MYTHE DE LA MAUVAISE MÈRE

conflits les plus profonds qui surgissent en nous et leur influence sur notre vie. En étudiant le rôle de la mère dans son ensemble, j'ai découvert la fragilité de l'amour altruiste et à quel point cependant cette expérience peut, mieux que toute autre chose, nous rendre plus humains. Là où j'ai été élevée pendant les années quarante et cinquante, élever les enfants était considéré comme le travail des femmes. Les familles étaient nombreuses, les femmes constamment enceintes. On avait souvent quatre enfants, et même dans les classes moyennes, les mères étaient épuisées et surchargées de travail. La maternité les rendait absentes et irritables. Tôt le matin, on voyait arriver les pères frais et dispos, pour disparaître comme par magie jusque tard le soir, et s'absenter parfois des jours et des semaines, en voyage d'affaires. C'est là qu'ils se consacraient à des tâches importantes, loin des enfants et des travaux domestiques ennuyeux. Ils se donnaient tant d'importance qu'ils faisaient penser à des paons au brillant plumage.

Les femmes, prisonnières d'un monde humide et clos, soumises à des demandes constantes, ressemblaient à des poules égarées. Des boules de chair chaudes et vibrantes grimpaient sans cesse sur leurs genoux pour se blottir entre leurs bras. Puis ces boules de chair se laissaient glisser à terre, pour s'échapper tous les jours un peu plus... Je n'avais pas la moindre conscience que ces mères puissent subir de violentes tempêtes affectives et éprouver tant de passions contradictoires. Je ne pouvais imaginer qu'elles puissent trouver du plaisir à s'occuper de leurs enfants (un plaisir presque trop intense et enviable pour pouvoir s'exprimer autrement que par un soupir, comme je devais le découvrir plus tard).

Avant d'avoir moi-même des enfants, relativement tard pour ma génération (j'ai eu mon premier bébé à trente-trois ans), je comprenais mal ces mères collées à leur progéniture, que j'avais connues pendant ma jeunesse, encore moins la mienne — j'avais bien trop de mal à m'arracher à son emprise. Mais quand j'essaie maintenant de décrire l'univers intérieur de la mère (son univers et le mien), je perçois les limites de ce brillant intellect masculin auprès duquel j'avais cherché et trouvé un refuge pour échapper au monde résigné de ma mère. En réalité, chaque fois que je tente aujourd'hui de mettre en pratique ces traditions intellectuelles, je tombe immanquablement sur un charmant gamin : Huck Finn, qui a toujours un pied dehors, prêt à partir explorer son propre Territoire.

Huckleberry Finn incarne le désir de fuir l'univers pesant de la famille pour trouver l'indépendance. Dans le roman de Mark Twain, le personnage de la mère représente, entre autres choses, notre attachement plus ou moins servile à la personne qui nous fait plier, nous contredit, et formule des exigences. En échange de quoi nous obtenons la satisfaction de nos besoins essentiels : nourriture, vêtements, approbation, assurance d'un lit douillet et d'un toit pour nous protéger. Mais pour cela, le prix à payer est le renoncement à la liberté. Enfant, j'ai souvent désiré imiter Huck, échapper à l'emprise maternelle et m'embarquer sur le radeau avec Jim pour descendre le fleuve et voguer vers la liberté.

Mais Huck est un garçon, sans entraves et sans enfants. A mesure que je devenais femme, j'éprouvais moins d'attraction pour lui. Je ne saurais dire avec exactitude à quel moment la liberté de Huck m'est apparue davantage comme l'obligation de s'enfuir, c'est-à-dire une autre forme de piège. Il me semble que ce changement est survenu quand j'ai désiré des enfants. Maintenant, la mère, c'est moi ; et Huck, mes enfants qui me fuient. Et qui reviennent s'accrocher à moi brièvement (pour s'assurer

LE MYTHE DE LA MAUVAISE MÈRE

que je suis encore là), rien que pour s'éloigner encore un peu plus la fois suivante ; un instant pleins d'exigences, l'instant d'après pleins du désir de s'échapper prestement de la maison. Un jour, ils veulent être câlinés, sentir notre chaleur, parler à cœur ouvert, en bref ils ont besoin d'un contact intime. Le lendemain, ils voudront rester seulement avec leurs amis ou simplement découvrir le monde en toute indépendance. Dans ce livre, j'explore le destin de celles qui, comme moi, doivent soigner leur enfant, le contredire, exiger qu'il fasse certaines choses, jusqu'au jour où il saura ramper, marcher, et finalement s'en ira.

La pensée de l'homme est marquée par son désir de s'éloigner de la mère ; celle de la femme par son incapacité à le faire. Pour nous, la réalité première est la mère. C'est cette réalité que la pensée occidentale s'emploie à écarter jusqu'à ce qu'il n'en reste plus rien. Cet univers commun dans lequel nous avons vécu en complète symbiose avec notre première nourrice, nous le fuyons tout en le désirant. Nous dissimulons ce désir de le garder et en même temps d'y échapper en dévalorisant la mère et en éloignant de notre conscience notre expérience et nos sentiments maternels. Lorsque nous-mêmes devenons parents, notre propre mère surgit en nous : parfois comme Madone, parfois comme sorcière. C'est la personne avec laquelle nous nous sommes senties jadis le plus proches, et voilà maintenant que nous reprenons son rôle.

A quoi cela ressemble-t-il de ne pas aller à la recherche du Territoire ? D'être celle qui reste à la maison et prend part quotidiennement, heure par heure, au soin des enfants ? Garder des petits signifie souvent demeurer bloquée dans des endroits inconfortables, assise ou debout, généralement inactive. Car on est sans cesse interrompue si on veut lire, réfléchir ou écrire, toutes activités qui exigent la concentration. Rester auprès d'un enfant, c'est

INTRODUCTION

assumer des responsabilités si terribles qu'on doit les refouler ou les refuser : il s'agit ni plus ni moins de protéger sa vie et de le maintenir à l'abri des périls auxquels il est exposé tous les jours. Les enfants rampent, se traînent à quatre pattes, titubent, tombent des canapés, des portiques et des toboggans. Si on ne les en empêche pas, ils portent à leur bouche de la terre, du cirage, tout ce qui est à leur portée. Ils peuvent s'étouffer avec des cailloux, se noyer dans une flaque d'eau. Il s'agit aussi de favoriser leur développement physique et psychique, et de les préparer à vivre en harmonie avec une société qui dépense chaque année des millions pour les exploiter.

Avant la naissance de mon premier enfant, j'éprouvais très peu de curiosité pour les mères. Je croyais sommairement que les femmes étaient soit de bonnes mères qui rendaient leurs enfants heureux ou de mauvaises mères qui les rendaient malheureux. Les mauvaises mères portaient des noms variés : mère envahissante et abusive, mère sans tendresse, mère castratrice. Les bonnes mères se ressemblaient à peu près toutes : elles aimaient leurs enfants sans se poser de questions et s'attachaient constamment à leur apporter ce qui leur convenait le mieux. Il m'a fallu attendre d'être mère pour voir à quel point nous utilisons ces mythes pour occulter les sentiments contradictoires, chaotiques et souvent écrasants que la maternité éveille en nous. L'extrême vulnérabilité des jeunes enfants rend très difficile toute étude du rôle maternel. Quand il s'agit de savoir ce que nous ressentons, notre résistance est encore plus grande.

En abordant la relation intime entre mère et enfant, nous tendons à nous détourner de nous-mêmes au profit de l'enfant. Plus nous observons l'enfant de près, plus celle qui l'élève passe à l'arrière-plan, assumant la présence dominante et indéfinie d'une sainte ou d'une sorcière. Et

LE MYTHE DE LA MAUVAISE MÈRE

pourtant, notre réticence à étudier les sentiments mitigés et souvent contraires que nous éprouvons envers nos enfants est à l'origine de nos échecs.

Du fait que nous vivons dans une société qui idéalise et dévalorise la mère, j'ai été contrainte d'aller chercher très loin ce que recouvre le mythe de la mauvaise mère, responsable des problèmes affectifs de ses enfants, et ce que recouvre celui de la bonne mère qui, dans l'oubli d'elle-même, se consacre à leur bonheur. J'y ai découvert une zone d'ombre dans notre culture, que nous commençons tout juste à explorer. C'est dans cette direction que va ma recherche.

Le mythe

Imaginons une femme qui devine intuitivement et sans efforts les besoins de ses enfants. Cette mère-là les adore et les trouve fascinants. Elle est en accord parfait avec eux et a tant d'imagination qu'elle ignore l'ennui. Elle prend soin d'eux aussi naturellement qu'elle respire et c'est pour elle une source de plaisir qui n'exige ni discipline ni esprit de sacrifice. Elle est le symbole de la bonne mère.

Pensons maintenant à son contraire : une femme qui se lasse facilement de ses enfants, indifférente à leur bien-être ; une femme si narcissique et si absorbée par elle-même qu'elle ne peut discerner ce qui leur convient le mieux. Insensible à leurs besoins, elle est incapable de comprendre leurs sentiments et elle les utilise souvent pour sa satisfaction personnelle. Cette femme leur fait du mal sans le savoir. Comme elle est incapable de tirer une leçon des souffrances qu'elle cause, elle ne peut s'amender. Elle, c'est la mauvaise mère.

Même si notre plus cher désir est de ressembler au pre-

INTRODUCTION

mier mythe que nous avons décrit, notre expérience quotidienne d'éducatrice et les moments difficiles que nous rencontrons avec nos enfants nous montrent que nous ne sommes pas cette bonne mère et que nous ne le serons jamais. La mère parfaite n'existe pas alors que nous entendons parler de femmes perturbées qui ressemblent au second personnage mythique. Les médias regorgent d'exemples affreux de mères psychotiques ou dépourvues de remords ; je fais une distinction très nette entre ces cas isolés et la majorité d'entre nous, qui aimons nos enfants et voulons les élever aussi bien que possible... et craignons d'être de mauvaises mères.

En théorie, il nous est facile d'imaginer une femme capable d'adhérer à l'idée que nous nous faisons de l'amour maternel. En pratique, les réalités de la maternité nous soumettent à nos pulsions les plus destructrices autant qu'à nos espoirs, à nos désirs, et à nos capacités d'amour. Nous voulons tellement donner à nos enfants le meilleur de nous-mêmes, de notre amour et de notre sincérité ! Pourtant, les jeunes enfants, dans leur dépendance absolue, demandent à la mère de tout donner sans rien obtenir en échange. Même dans les meilleurs des cas, cet altruisme est difficile à soutenir. Nous nous surprenons par moments à ne pas être authentiques dans notre amour, à ne pas répondre aux besoins légitimes de nos enfants, à blesser leurs sentiments. Nous les aimons tendrement, pourtant, dans les moments difficiles, ils sont pénibles à supporter.

Élever un enfant fait appel à nos impulsions les plus généreuses et en même temps aux plus basses : nous pouvons être cruelles, indifférentes, possessives, envieuses, éprouver de la colère devant l'exigence de l'enfant à être aimé et aussi devant les tâches ennuyeuses et répétitives qu'il nous impose.

LE MYTHE DE LA MAUVAISE MÈRE

Pour éliminer ces sentiments gênants qui naissent d'un contact intime et permanent avec l'enfant, nous recherchons un bouc émissaire qui serait la cause de nos souffrances affectives. Dans la société, nous montrons du doigt « les mauvaises mères », empêchant ainsi toutes les autres de parler de la réalité de leurs problèmes. Le mythe de la mauvaise mère est la photographie en négatif de l'autre mythe, celui de la mère parfaite qui se donne entièrement à ses petits. Ces mythes nous encouragent à penser que les mères — généreuses et aimantes ou totalement égoïstes et avares de sentiments — sont seules responsables du devenir de leurs enfants.

L'éducation est en vérité le fruit d'une démarche collective où le père, la famille élargie, et toute la société jouent un rôle, soit qu'ils y prennent une part active, soit qu'ils refusent d'y participer. Le mythe de la mauvaise mère cache cette réalité décisive : *les premières années d'une vie d'homme sont les plus importantes et les plus formatrices. Elles ne sauraient être prises en charge et guidées par une seule personne isolée, dévalorisée et sans soutien.* Notre tendance à blâmer ou idéaliser la mère nous empêche de voir ce que nous sommes et nous évite un examen approfondi de la complexité de la tâche maternelle. Si nous ignorons la réalité des besoins et des sentiments des mères, c'est sur le plan national que nous risquons d'échouer dans l'éducation des enfants.

La nouvelle morale

Au siècle dernier, nous avons amassé un ensemble de connaissances remarquable sur les enfants et leur besoin de soins attentifs pendant les premières années. Ces études menées par des pédopsychiatres, des psychologues et

INTRODUCTION

des psychanalystes ont encouragé les parents, pour la première fois dans notre histoire, à être aussi tendres et attentifs que possible avec leurs enfants. *Mais l'intérêt pour l'enfant a tellement supplanté l'intérêt pour la mère que nous ne savons presque rien d'elle.* La société impose le rôle de mère à toutes les femmes qui ont des enfants. Ce rôle est accepté et bien vécu ou délégué à un tiers (nurse, crèche, parents ou parents adoptifs) en fonction de comportements culturels, de facteurs socio-économiques, des capacités d'amour de la mère et de la mode du moment. Dans des livres tels que *L'Enfant et la Vie familiale sous l'Ancien Régime** de Philippe Ariès, *L'Amour en plus*** d'Élisabeth Badinter ou *Inventing Motherhood* d'Anne Daly, nous voyons que l'attitude maternelle a tellement varié qu'il est difficile de dire ce qui nous choque le plus, de l'indifférence des siècles passés ou, plus récemment, de l'intérêt presque obsessionnel pour l'enfant. Ce qui est nouveau pour Élisabeth Badinter, c'est que la responsabilité du bien-être quotidien de l'enfant ne repose plus maintenant que sur la mère. Nouvelle aussi est cette implication morale sous-jacente qui a envahi notre comportement vis-à-vis de l'éducation. Maintenant, la naissance n'est plus seulement un événement biologique qui sert à la reproduction de l'espèce. Désormais nous savons que notre présence, nos sentiments et notre comportement lorsque nous sommes avec nos enfants ont des conséquences profondes sur leur vie.

Cette éthique que l'on tait et qui nous met en face de problèmes fondamentaux est implicite dans la pensée de Freud, de Jung et de leurs disciples et détracteurs. Nous savons qu'il est facile d'utiliser les enfants à des fins pure-

---

* Le Seuil, 1973.
** Flammarion, 1981.

LE MYTHE DE LA MAUVAISE MÈRE

ment égoïstes, pour se donner de l'importance, remplir une vie dénuée de sens ou sauver un ego chancelant. Un des plus grands progrès moraux de la pensée occidentale, c'est peut-être cette conscience nouvelle des dangers d'une mauvaise éducation. Mais au lieu de nous inciter à explorer ce que représente cette tâche délicate liée à l'amour maternel, cette nouvelle morale a fini par définir un idéal de mère impossible à réaliser et par blâmer les mères qui ne s'y conforment pas. Et pourtant, nombreux sont ceux qui affirment encore que les qualités intuitives nécessaires pour préparer un enfant à affronter le monde ne demandent aucun effort et ne méritent que peu de considération. Élever un enfant est une tâche sacrée et pourtant les femmes ne reçoivent aucune aide. Il leur est donc bien difficile de l'accomplir.

On observe un enfant comme s'il était dans une bulle ou comme s'il était victime d'une mauvaise mère. Les besoins de ceux qui prodiguent quotidiennement leurs soins ne sont jamais étudiés avec autant de considération et de minutie que les besoins mêmes de l'enfant. Notre société considère que s'occuper d'un jeune enfant est facile et que la tâche en revient naturellement aux femmes et pas aux hommes. Nous nous accrochons à l'image d'une mère naturellement éducatrice, pleine d'abnégation et de dévouement.

On s'intéresse si peu à ce que les mères ressentent vraiment qu'elles-mêmes mentent ou cachent la réalité de cette tâche complexe. Ce silence culturel a créé chez elles un tel sentiment de culpabilité qu'elles ont peur de regarder en face leur propre situation.

On dirait que les éducatrices n'ont pas le droit de parler librement. Il en résulte que beaucoup de mères, même celles que j'ai interrogées, ne souhaitent même plus s'entretenir de cette zone vulnérable de leur vie. La masse

INTRODUCTION

de manuels à l'usage des parents ne fait qu'aggraver cette situation, car ils présentent, souvent avec condescendance, un idéal de maternité impossible et mettent l'accent sur ce que nous devrions faire et être sans parler de ce que nous sommes.

Comprendre la mère

A moins d'avoir une expérience directe et prolongée des soins à donner à l'enfant, nous nous identifions plutôt à lui qu'à sa mère ou à la personne qui s'en occupe. Certains psychologues que j'ai interrogés pensent maintenant que nous n'en apprendrons pas davantage sur les enfants tant que ceux qui s'en occupent ne pourront pas parler librement de leur expérience.

Au cours d'un entretien non préparé, un psychanalyste m'a raconté :

> J'étais incapable de comprendre réellement mes patientes, mères de jeunes enfants, avant que ma femme ne soit appelée loin de chez nous et que je passe deux semaines et demie à m'occuper de mon fils de trois ans. Je n'avais jamais encore vraiment connu l'intensité de cette relation réciproque où vous êtes celui qui donne tout. Cela a complètement changé ma vie. J'ai pris conscience de mon ignorance des enfants et de ce que les mères peuvent ressentir ; il faut s'occuper d'un enfant, jour après jour, heure après heure, pour connaître son monde et comment il se heurte au monde des adultes. Je constatais avec effarement que je n'avais rien compris sur moi-même, sur mes malades et sur mon propre fils.

On doit apprendre quelles sont les conditions propices à un comportement altruiste et celles qui rendent difficile de s'occuper d'un enfant.

LE MYTHE DE LA MAUVAISE MÈRE

Homme ou femme, avec ou sans enfants, ces soins réveillent les zones les plus inconscientes de notre moi. Pour le meilleur et pour le pire, l'enfant nous tire dans deux directions : extérieurement vers lui et intérieurement vers les souvenirs de notre première éducation. Notre relation initiale et très intense à notre mère reste souvent inconsciente et enfouie tant que nous n'avons pas d'enfant nous-mêmes : alors seulement remontent en nous tous les désirs et toutes les ambivalences que nous ressentions à son égard.

Prendre conscience des sentiments et des conflits que nos enfants font naître en nous nous permet d'accéder aux émotions que nos parents ont ressenties à notre égard. Après une naissance, nous devenons plus tolérants et plus compréhensifs et nous réussissons alors cette intégration décisive qui nous rend plus humains et plus indulgents pour les autres.

Dans un article écrit peu de temps avant sa mort, la psychanalyste Selma Fraiberg nous montrait à quel point la compréhension des problèmes de la mère (par opposition à la condamnation et au blâme) peut améliorer ou restaurer la relation mère-enfant, dispensatrice de vie et d'amour. J'attire l'attention du lecteur sur cet article, en partie à cause d'un des ouvrages précédents de Selma Fraiberg, *Le Droit à la vie de tout enfant : la défense de la mère*, qui montre comment la psychanalyse contribue à entretenir la culpabilité des mères et à les empêcher de s'exprimer sincèrement. En affirmant que la présence de la mère est décisive pour un bébé, Selma Fraiberg a troublé beaucoup de mères obligées de travailler au-dehors peu de temps après l'accouchement. Son œuvre à la fin de sa vie (elle créa un centre de traitement pour les jeunes mères perturbées et à haut risque, et travailla en contact étroit avec elles) confirme qu'elle était arrivée, comme beaucoup

INTRODUCTION

d'autres psychanalystes, à découvrir certaines vérités fondamentales : la mère a besoin d'être entendue, considérée et comprise avec sollicitude, et ce besoin est aussi important que ceux de son enfant ; de plus, bien des enfants ne peuvent être aidés si on n'aide pas d'abord leur mère. Si on refuse de comprendre une mère, de l'écouter, la voir, répondre à ses difficultés et à ses frustrations, elle ne pourra que se sentir invisible, dévalorisée, réduite au silence et ignorée. On peut comparer cette expérience déprimante à celle du tout-petit que personne n'aime, dont on ne s'occupe pas et à qui on ne renvoie aucune image. Si personne n'est là pour reconnaître les émotions profondes et la vie intérieure de l'enfant, il ne recevra pas le feedback indispensable pour développer son sens de la réalité et le sentiment puissant de son identité. Le problème est le même pour les mères. Notre culture semble les avoir dépossédées de leur être vrai, ce qui, en même temps, compromet l'avenir de nos enfants.

La mère à l'époque moderne

Mon propos, dans ce livre, n'est pas de nier le caractère profondément créateur du rôle maternel, ni de minimiser les plaisirs intenses qu'on ressent avec un enfant. Mais la pression des sociétés industrielles et post-industrielles a rendu la tâche quotidienne de la mère très difficile. Nous devons nous intéresser maintenant à la fois aux difficultés et aux aptitudes des mères à résoudre, tout en travaillant, les conflits affectifs qui surgissent à certains stades du développement de l'enfant.

Bon nombre d'entre nous ont hérité de comportements relationnels contraignants et parfois destructeurs que nous transmettons involontairement à nos enfants. Quand nous

LE MYTHE DE LA MAUVAISE MÈRE

en prenons conscience, il nous semble trahir nos propres parents qui ont, sans aucun doute, fait de leur mieux et que nous aimons, qu'ils aient réussi ou non.

Mais nous le voyons avec la montée de la violence chez les adolescents, avec le suicide et la drogue, certaines méthodes éducatives les rendent vulnérables aux mauvaises influences.

Un des postulats essentiels de ce livre est qu'avant de pouvoir comprendre l'aspect destructeur de la civilisation moderne, il nous faut explorer nos véritables sentiments vis-à-vis de nos enfants et les tâches complexes qu'implique leur éducation. Nous savons maintenant que la façon dont nous les traitons détermine le traitement futur de la terre ; nos sentiments envers eux influencent la politique étrangère, les armes que nous fabriquons, les guerres où nous les envoyons se battre. A notre époque, une partie de notre tâche de parents consiste à leur faire prendre conscience des tendances qui peuvent leur être fatales afin de ne pas leur léguer un héritage d'autodestruction. Si j'insiste sur le côté négatif de l'expérience maternelle, c'est parce qu'il me semble qu'on a trop peu écrit sur l'importance du manque affectif chez la mère et sur ses conséquences sur l'enfant.

On pensait jadis que seuls les hommes devaient être écartés des soins à donner à l'enfant. Maintenant, beaucoup de femmes sont déchirées entre leur activité professionnelle et leurs responsabilités de mère. Nos rapports avec nos enfants sont profondément influencés par les pressions financières, l'organisation de la production, le marketing et la société de consommation, toutes choses qui ont un effet désastreux sur la famille. Nous taisons peut-être les problèmes émotionnels de l'éducation pour ne pas troubler davantage notre famille. Pour comprendre, il nous faut examiner de très près le rôle, en pleine

23

INTRODUCTION

mutation, de la mère dans une société urbanisée et la dévalorisation des savoir-faire nécessaires à l'éducation de l'enfant.

Nous devons créer pour les mères un « environnement de soutien » positif et protecteur malgré notre société qui est le plus souvent hostile à leur bien-être aussi bien qu'à celui de l'enfant. Comme le suggère l'expression du psychanalyste anglais D.W. Winnicott, cet « environnement de soutien » n'aide pas seulement la mère à tenir l'enfant dans ses bras mais s'adresse aussi à son affectivité ; il s'agit de tout l'environnement de l'enfant. Je souhaite, dans ce livre, élargir ce concept pour y ajouter toutes les influences culturelles qui affectent la mère en tant qu'éducatrice.

Une mère qui ne rencontre pas — et ne peut même pas espérer — cet « environnement stabilisateur » positif et protecteur pour elle-même, alors qu'elle essaie d'en donner un à son enfant, risque de créer une relation douloureuse et traumatisante avec lui. Ce qui traumatise la mère va aussi traumatiser le nourrisson, le bébé, l'enfant qui fait ses premiers pas. Je suis convaincue que cet « environnement de soutien » réclame une compréhension positive des sentiments de la mère et la connaissance des réalités externes qu'elle doit affronter.

Méthodes d'exploration

Pour chasser le mythe de la mauvaise mère, j'ai essayé de faire appel à nos pensées les plus cachées, de révéler le non-dit, de sonder les courants les plus profonds pour mettre au jour les secrets de notre affectivité. Je n'explore pas les réalités de l'éducation de façon linéaire. S'occuper d'un enfant exige que nous effacions les limites entre

LE MYTHE DE LA MAUVAISE MÈRE

le moi et l'autre, que nous nous plongions dans son univers pour comprendre ses sentiments et ses besoins. Cette perte temporaire d'identité rend ce sujet inquiétant et difficile à cerner de façon rationnelle.

Trop souvent, nous faisons appel à la raison pour nier les réalités émotionnelles qui conditionnent notre vie. C'est pour cela que je mêle différentes méthodes de recherche — des extraits de mon journal intime, des textes classiques, des conversations informelles avec des parents et des psychologues, des cas typiques de psychanalyse, des confessions personnelles et des pensées philosophiques.

Je me suis efforcée de passer du ton impersonnel du scientifique, de l'historien et du critique littéraire à un style humain et intimiste, libéré de tout carcan académique.

J'ai fait appel à la sensibilité artistique pour voir la mère distincte de son enfant. L'artiste apporte une lumière nouvelle sur les zones les plus sombres et les plus menaçantes de notre culture, nous fait connaître des sentiments qui ne sont pas encore admis dans la vie courante, et nous permet d'envisager les aspects d'une réalité qui, autrement, nous paraîtrait trop laide ou trop effrayante.

A l'exception des œuvres de quelques femmes écrivains qui considèrent la relation mère-enfant du point de vue de la mère éducatrice, notre culture s'est peu intéressée à cette expérience pénible et frustrante. C'est pour cela que dans plusieurs chapitres, je fais confiance au savoir-faire, à l'esprit visionnaire de femmes qui, dans leur œuvre romanesque ou poétique, élèvent la relation mère-enfant à l'état brut au niveau d'une œuvre d'art. Grâce à leur compréhension, ces écrivains transfigurent et grandissent les émotions complexes des mères. Ces œuvres d'imagination m'ont donné la distance suffisante — ce que D.W. Winnicott appelle « l'espace potentiel » entre le réel et

INTRODUCTION

l'irréel — pour pouvoir appréhender le sens profond de l'échec maternel.

Nous savons maintenant que des difficultés persistantes dans l'éducation d'un enfant peuvent causer des dommages irréversibles. C'est particulièrement vrai pendant les premières années, quand l'enfant est dépendant et vulnérable. Nous nous identifions profondément à sa faiblesse et il nous est pénible d'étudier une relation enfant-adulte perturbée. L'injustice envers l'enfant nous trouble tellement que nous avons du mal à comprendre la détresse de la mère. Nous nous sentons souvent poussés à sauver l'enfant et à le materner nous-mêmes, et à punir celle qui fait le mal. Nous évitons ainsi de comprendre vraiment les conditions qui ont créé cette situation tragique.

Il nous arrive à toutes de nous tromper avec nos enfants — nous pouvons être blessantes, insensibles, faire l'inverse de ce qu'il faudrait faire. Ce que ressent une mère perturbée est la forme extrême de ce que nous ressentons toutes à un moment ou à un autre. Mais en explorant ces tensions et ces conflits, nous atteignons une plus grande connaissance de nous-mêmes ; nous apprenons comment modifier les conditions qui favorisent les mauvais traitements à l'égard de l'enfant.

J'ai ressenti une forte opposition pendant que je travaillais à cet ouvrage. A plusieurs reprises, quand j'ai évoqué le sujet de mon livre, j'ai vu les regards et les visages se détourner précipitamment. On changeait vite de sujet pour aborder un terrain plus neutre. Il y a de bonnes raisons pour que persiste le silence sur l'amour maternel. Quand j'ai découvert les œuvres de Doris Lessing et de Tillie Olsen, je n'ai pas pu supporter leurs romans et leurs nouvelles sur l'expérience maternelle. Les intrigues de Tillie Olsen dévoilent des vérités sinistres sur ces sentiments. Dans ses premières œuvres, Doris Lessing décrit une rela-

LE MYTHE DE LA MAUVAISE MÈRE

tion mère-enfant déchirante. J'ai lu pour la première fois les poésies de Sylvia Plath et de Ann Sexton avant d'être mère, et je ne les imaginais même pas en tant que mères mais seulement en artistes tragiques, comme si les deux aspects de la vie d'une femme pouvaient être scindés. Plus tard, quand j'ai cherché à m'informer sur leur expérience de mères, j'ai découvert dans leurs poèmes une honnêteté inégalée devant ce rôle complexe.

L'œuvre littéraire de ces écrivains nous montre que les sentiments maternels sont un tissu de douleur car ils font appel à nos espoirs, nos colères, nos peurs et nos désirs les plus essentiels. Les passions que nos enfants font naître en nous sont rarement explicites. Ces écrivains fouillent justement dans ces émotions enterrées au plus profond de nous-mêmes et montrent à quel point il est difficile à certaines femmes de les résoudre. C'est cette recherche qui rend leur œuvre si dérangeante et si forte.

Certains chapitres de ce livre représentent une réflexion sur les problèmes que notre culture tend à éviter ou à nier : notre désir inexplicable d'enfant, par exemple ; une grossesse quand il n'y a ni le désir ni les ressources pour avoir un enfant — le refus de tant d'hommes de jouer un rôle actif et positif dans les soins quotidiens à l'enfant — et le sens très profond de l'échec maternel. Trois chapitres traitent des phases distinctes de la relation mère-enfant — la petite enfance, les années d'école et l'adolescence — mais d'autres chapitres abordent le domaine mystérieux que j'essaye d'éclaircir, en m'attachant à une approche intuitive de ces problèmes.

Dans la première partie, « Élever son enfant : tâche complexe », j'examine minutieusement ce qu'implique l'éducation et ce que signifie son échec ; j'étudie aussi l'expérience subjective de la mère pendant les premières années de la vie de l'enfant et ce qui nous pousse à pro-

INTRODUCTION

créer. Dans la deuxième partie, « La crainte de savoir, la crainte de devoir », j'étudie notre réticence à connaître les sentiments des mères, la dévalorisation du rôle maternel et ce qui empêche tant de gens de se consacrer à l'éducation de leurs enfants. La troisième partie, « Amour et renoncement », explore la nature de la séparation progressive de l'enfant qui grandit d'avec sa mère. La quatrième partie, « De l'échec maternel à la transformation », considère « l'environnement de soutien » de la société post-industrielle pour les mères, les origines de l'angoisse et de l'échec maternels, et montre comment élever un enfant peut transformer une femme et la mener à un niveau de conscience et d'humanité plus élevé.

Je crois que les mères, en comprenant les problèmes plus profonds sous-jacents à l'éducation, créeront un environnement plus fécond et donneront plus de dignité et d'honneur à une de nos tâches les plus difficiles. En explorant ce domaine délicat de l'expérience humaine — qui nous rend aussi vulnérables que les enfants dont l'avenir est entre nos mains — nous pourrons trouver, pour nous-mêmes et pour la génération suivante, l'amour nécessaire à notre survie.

Première partie

Élever son enfant : tâche complexe

1.

AMOUR MATERNEL ET IMPUISSANCE MATERNELLE

> Au début, on peut dire que l'amour maternel se limite à soigner le bébé, c'est-à-dire, pour nous, à lui apporter un environnement optimal et, pour lui, à développer sa personnalité en passant par les étapes successives du processus de maturation.
>
> DONALD W. WINNICOTT,
> *Le Processus de maturation chez l'enfant.*

> Je ne nie pas le fait que les éléments intangibles, tels que la joie de voir les enfants grandir, influencent aussi le comportement. Mais qui oserait dire que la joie de voir dix enfants grandir et devenir serveurs est plus grande que la satisfaction d'en voir un seul devenir chirurgien ? Ou encore qu'il est plus gratifiant pour une femme de voir l'enfant qu'elle a élevé devenir chirurgien que d'être chirurgien elle-même et de ne pas élever d'enfant ?
>
> MARVIN HARRIS,
> *Cannibales et monarques.*

Propos recueillis au cours d'entretiens avec des mères

Rien ne pourra remplacer mes enfants. Si je n'étais pas trop vieille, j'en aurais un autre. Ce qui m'inquiète, c'est le monde, la course aux armements nucléaires... Pour moi, le plus dur n'est pas de les élever. Même si je les élève

ÉLEVER SON ENFANT : TÂCHE COMPLEXE

parfaitement, je suis impuissante à changer le monde, avec toutes ces bombes, ces guerres, cette violence. C'est l'air infect et pollué que mes enfants doivent respirer tous les jours, et les déchets nucléaires. Tout ce qui se passe actuellement est horrible ; comment sera la vie pour mes enfants quand ils auront mon âge et qu'ils voudront fonder une famille ? Si je pouvais choisir mon métier maintenant, je ferais de la politique, ce qui me permettrait d'arrêter la destruction du monde afin que mes enfants puissent vivre heureux. (Marion, quarante-six ans, mère de quatre enfants.)

Ma mère m'a appris comment avoir un enfant, mais pas comment l'élever. Je n'ai jamais eu l'intention de rester à la maison pour m'en occuper. Vous pourriez penser que mon métier de psychologue pour enfants est générateur de soucis mais les problèmes que je dois comprendre puis résoudre avec un enfant en difficulté sont passionnants et complexes. J'introduis cette compréhension dans la démarche psychothérapeutique, démarche intellectuelle autant qu'intuitive et affective. Et rien de tout cela ne m'a été d'aucune aide en tant que mère. Après la naissance de mon fils, j'ai trouvé les tâches maternelles incroyablement ennuyeuses. Mon diplôme de psychologie de l'enfant ne m'a pas aidée, pas plus que mes huit années de pratique médicale. J'ai beaucoup plus de difficultés à occuper mon fils tout un dimanche qu'à traiter en deux ans le cas médical le plus ardu. Maintenant, je comprends mieux ce que les mères doivent supporter. Je suis convaincue qu'il est impossible d'aider un enfant si on n'éprouve pas de compassion pour la mère (même si c'est parfois difficile). Rien n'a facilité ma tâche de mère, sinon de pouvoir reprendre mon travail le lundi. C'est peut-être une espèce d'impuissance : l'impuissance maternelle. Il y a une limite à ce que je peux donner chaque jour à mon fils. Ensuite,

AMOUR MATERNEL ET IMPUISSANCE MATERNELLE

je me sens épuisée et je ne souhaite plus que retrouver ma vie à moi, mon travail, ce qui me redonne toute mon énergie. (Tanya, trente-cinq ans, mère d'un enfant.)

La naissance d'un enfant représente une ponction dans les ressources affectives et matérielles de toute société. La vulnérabilité et la dépendance absolue des enfants fait de chaque naissance une exigence. Que cette démarche soit faite avec joie ou indifférence, avec amour ou irritation, élever des enfants nous confronte à l'obligation de donner. Et quand toute une culture cesse de s'intéresser à l'éducation et à la protection de la vie humaine — comme c'est le cas pour la nôtre, à mon avis il faut vraiment réfléchir au sens des mots : soigner ou rejeter, à ce que représente notre aptitude ou notre inaptitude individuelle à aimer nos enfants et à nous aimer nous-mêmes.

En recherchant la nature de l'amour maternel, j'ai été amenée à envisager deux dispositions d'esprit bien distinctes. Dans l'une, nous éprouvons de l'intérêt pour les autres et sommes capables de les aimer d'une manière altruiste : ce que j'appelle amour maternel ; dans l'autre, nous sommes incapables d'aimer les autres ; c'est l'impuissance maternelle.

Définition de l'amour maternel et de l'impuissance maternelle

Sur le plan individuel, le retrait affectif est normal, et même nécessaire, si nous voulons rester productives dans notre société. Toutefois, il n'est pas toujours possible de tenir compte du bonheur d'autrui, enfant ou adulte. Nous sommes souvent impliquées dans des projets, des pensées et des sentiments qui n'ont rien à voir avec l'altruisme ou

ÉLEVER SON ENFANT : TÂCHE COMPLEXE

le dévouement. Pour accéder à la réussite hors du foyer, nous devons souvent nous éloigner de nos enfants. Dans notre société, la plupart des activités rémunérées exigent l'impuissance maternelle et l'abandon de toute pensée altruiste. Lorsque nous créons certains produits et concevons la manière de les fabriquer, de les rendre plus attrayants et plus vendables, lorsque nous sommes contraintes de faire un travail qui nous déprime ou nous ennuie, ou que nous sommes engagées dans une compétition acharnée, nous avons peu de temps ou peu de dispositions pour nous consacrer entièrement à un enfant dont les besoins immédiats (toilette, nourriture, caresses, entraînement à la propreté) paraissent bien loin de nos ambitions personnelles.

Pourtant, lorsque j'ai commencé à interroger des parents et des personnes qui s'occupent d'enfants, j'ai découvert que l'une de nos craintes les plus profondes était de ne plus vouloir ou de ne plus pouvoir élever nos enfants, même sur une période limitée.

Qu'est-ce donc que l'amour maternel ? Il ne semble pas nécessaire de le définir. Il apparaît chez les madones de Raphaël et de Léonard de Vinci, ainsi que dans les tableaux de Renoir et de Mary Cassat ; leurs portraits de mères expriment la dévotion à l'enfant, leur félicité devant son bonheur, et le plaisir d'être mères. L'amour maternel, c'est l'aptitude à deviner les besoins de l'enfant et son rythme spécifique de développement, la capacité de s'engager à fond et physiquement, la volonté de mettre son expérience subjective en pratique, d'être en empathie avec les sensations de l'enfant, et même d'entrer en symbiose pour le comprendre et l'aimer.

L'amour maternel requiert beaucoup de savoir-faire et de comportements variés. En plus des soins corporels, le jeune enfant réclame un « environnement de soutien » qui

AMOUR MATERNEL ET IMPUISSANCE MATERNELLE

soit aussi chaleureux et plein d'amour ; idéalement, l'âge des premiers pas a besoin de liberté pour explorer un environnement sans danger et, après s'être aventuré si possible seul, il cherchera vers qui revenir pour se rassurer et refaire le « plein » d'énergie. Tous les enfants doivent être certains que la personne qui s'occupe d'eux ne les abandonnera pas au moment où ils commencent à jouir d'une plus grande autonomie. A tout âge, ils ont besoin qu'on leur fixe des limites précises et qu'on les protège des vrais dangers. Le sentiment d'impuissance maternelle s'éveille en nous quand nous n'avons ni la patience, ni le désir, ni la force personnelle, ni le temps, ni l'argent, ni l'énergie de satisfaire ce besoin.

Ce comportement altruiste fait d'empathie et d'abnégation constitue une réussite humaine fragile qui arrive à la fin du processus de maturité et disparaît dès que les circonstances deviennent difficiles. Notre société attend des mères amour et soins désintéressés et pourtant, la notion d'amour maternel s'oppose souvent à ce qu'une mère ressent et peut donner.

Hommes et femmes, nous ressentons pour la plupart une alternance d'amour maternel et d'impuissance tout au long de notre vie. J'utilise le terme d'« amour maternel » car il suggère immédiatement ce don permanent de soins et de protection qu'exigent le nourrisson et le jeune enfant ; cette générosité qui ne demande rien en retour (sauf peut-être la douceur merveilleuse des câlins et des sourires béats). Dans notre culture, l'amour paternel représente une relation plus distante, plus détachée, qui se crée plus tardivement et s'associe à celui qui guide, apprend et encourage la performance et le succès. C'est par sa réussite que l'enfant le récompense.

Tout comme les hommes ont tendance à cacher leur peur de l'impuissance sexuelle en se vantant exagérément de leurs prouesses dans ce domaine ou en adoptant un comportement « macho », les femmes cachent parfois leur incapacité maternelle en se targuant d'être bonnes nourricières, en affirmant qu'elles y excellent, en montrant combien leur relation avec l'enfant est merveilleusement proche. Rien n'est plus bouleversant pour une mère aimante que d'être incapable de fournir ces soins pleins de tendresse, quelle qu'en soit la raison. On affirme sa puissance par peur d'échouer dans les rivalités qu'imposent les stéréotypes sexuels de notre culture, ou par un sentiment d'inadaptation, de honte ou de faiblesse.

Comme notre société tend à ignorer l'aspect décisif du don affectif — c'est-à-dire donner son temps, son intelligence, son intérêt et ses soins — j'insiste sur l'aspect émotionnel du don à l'enfant, notre culture confond trop souvent le bien-être matériel et le bien-être affectif. Pourtant, la carence émotionnelle peut être aussi dévastatrice que les frustrations matérielles ; l'une et l'autre sont souvent directement liées. Les mères qui rentrent épuisées de leur travail risquent d'être trop lasses pour donner leur tendresse à l'enfant. Les problèmes financiers qui rendent nécessaire le travail de la mère peuvent en même temps lui enlever les loisirs et l'énergie de répondre aux besoins de l'enfant.

Nous ne comprenons pas à quel point ces problèmes sont liés. Trop souvent le sentiment d'impuissance maternelle est en rapport avec un salaire trop bas, ou des offres d'emploi trop rares... Cependant, même avec une nourriture abondante, un logement suffisant, assez d'argent et beaucoup de luxe, on rencontre des relations adultes-enfants malheureuses et destructrices. Peu de sociétés ont connu notre abondance matérielle. Et pourtant cela ne nous empêche pas de ressentir le vide et l'ennui, sans raison. Quand nous nous apercevons que l'aisance ne nous apporte pas la paix et ne nous libère pas de l'anxiété ou d'une attitude destructrice, nous éprouvons un sentiment de honte, comme des enfants trop gâtés. Beaucoup de gens croient que s'ils avaient davantage d'argent, ils seraient de meilleurs parents. C'est rarement le cas. Il est difficile d'avoir un comportement altruiste dans une société où les mères et les enfants sont considérés essentiellement comme une clientèle potentielle, une source de revenus pour les industries alimentaires et du prêt-à-porter, et pour les fabricants de jouets. La manipulation et l'exploitation des parents et des enfants par le monde des affaires prouve seulement que le rôle maternel est dévalorisé tout comme la relation adulte-enfant. Il ne s'agit pas de penser en termes d'amour et d'éducation dans notre économie. Le mythe de la mauvaise mère a occulté notre attitude impitoyable envers les mères et les enfants. Dans une culture qui permet la manipulation de ceux qui nous sont proches — et même de nos enfants —, les exigences du maternage dépassent les ressources affectives de bien des mères.

Les réalités émotionnelles de l'éducation

La naissance d'un enfant place toute mère face à des questions sérieuses et décisives. Pourra-t-elle établir et entretenir des liens très forts avec son bébé, puis les desserrer peu à peu quand l'enfant grandira ? Et si, pour une raison ou une autre, elle ne peut créer ces liens, aura-t-elle les moyens financiers et/ou la maturité affective nécessaires pour procurer une bonne nourrice à son enfant ?

Même si les soins à un enfant représentent une discipline qui, comme toutes les autres, nous apprend beaucoup sur nous-mêmes et sur le monde, elle n'est pas considérée comme telle dans notre société. Nous n'avons pas de traditions qui valorisent ce rôle et tout ce qu'il implique, pour en faire une source d'enrichissement dans le domaine intellectuel ou spirituel. On ne lui accorde pas le respect qui lui est dû et *élever un enfant sans respect, aide matérielle et soutien affectif peut créer un sentiment terrible de frustration chez la mère, faisant d'elle la victime de ses propres désirs insatisfaits autant que des exigences de l'enfant.* Certaines pensent que la tâche permanente que représentent les soins quotidiens aux jeunes enfants laisse peu de temps et d'énergie pour satisfaire l'esprit de compétition ou l'expression créatrice. La mère se trouve placée en position d'infériorité par rapport aux autres membres de la société.

Élever un enfant peut donner maturité et sagesse aux mères qui consacrent tous leurs efforts à cette tâche. En même temps, elles ont fortement tendance à se comporter comme les enfants dont elles s'occupent. On ne peut s'empêcher de s'identifier à l'enfant ; d'avoir besoin d'amour autant que la jeune vie dont nous prenons soin ; de devenir aussi dépendantes, coléreuses, rebelles, insatiables — de ressentir ces émotions que connaissent les enfants dans ce long voyage plein de péripéties qui les mène de la petite enfance à la maturité, en passant par l'adolescence. C'est en nous identifiant à eux que nous sommes capables de partager leurs sentiments et d'apprendre beaucoup sur nous-mêmes. Les enfants peuvent nous humaniser, nous pousser à nous surpasser pendant qu'eux-mêmes franchissent toutes les étapes de l'enfance. Mais ils peuvent aussi nous rendre davantage aveugles aux besoins et aux différences des autres. Paradoxalement, l'évocation pénible du narcissisme, de la sensualité, de la cruauté et de l'indifférence fait elle-même partie du processus de formation de l'être humain. Élever un enfant fait souvent apparaître de façon précise ce que nous devons apprendre à dominer en nous-mêmes afin de ne pas faire mal à nos enfants.

Dans *The Way of All Women*, la psychanalyste jungienne Ester Harding affirme que la caractéristique évidente de l'amour maternel est

> *le désir de perpétuer la vie... un enfant peut être complètement différent de ce que sa mère aurait souhaité, il peut même être handicapé physique ou mental, mais elle ne peut pas le changer. Elle doit vivre avec lui pendant des années et en tirer le maximum.*

Selon Ester Harding, la tâche primordiale de la mère est de nourrir un enfant qui, inévitablement, va la frustrer, la décevoir, devenir différent de ce qu'elle souhaitait qu'il devienne. Ester Harding parle également de

> *la discipline externe de la maternité... des nuits perturbées, de l'obligation sans cesse recommencée du bain, de la surveillance, des soins, de l'inquiétude ressentie devant la moindre maladie, même bénigne, du renoncement à toute récréation intellectuelle ou sociale pendant des années, du renoncement prolongé à ses désirs personnels au profit des besoins de l'enfant.*

Pour Ester Harding, le devoir le plus important et le plus difficile à assumer pour une mère est d'empêcher l'enfant de vivre ses besoins inconscients, ses désirs, ses sentiments et ses impulsions à elle. Selon la pensée jungienne, chaque enfant peut vivre et vivra les luttes de ses parents, leurs ambitions, leurs peines, leur culpabilité, leurs états dépressifs, jusqu'à ce que les sentiments devien-

ÉLEVER SON ENFANT : TÂCHE COMPLEXE

nent conscients c'est-à-dire qu'ils soient vécus et ressentis par la mère et donc séparés de l'enfant.

Un enfant peut facilement devenir un symbole pour ses parents — la représentation d'une partie d'eux-mêmes ou d'autres êtres marquants de leur vie. L'enfant peut devenir une part de soi-même qu'on déteste ou qui se sent frustrée. L'enfant peut aussi devenir une source de gratification à laquelle la mère refuse de renoncer. En grandissant, il peut représenter un frère ou un autre membre de la famille qui, dans le passé, a éveillé des sentiments de frustration ou de rivalité. L'enfant peut arriver à symboliser, pour une mère, un frère adoré, un père idéalisé, une sœur jalousée, que la mère nourricière a seulement connue dans ses fantasmes, ou la mère possessive qui réapparaît dans les films d'horreur sous les traits d'un vampire ou d'une sorcière. En résumé, l'enfant peut représenter n'importe qui pour la mère, et cela peut rendre le sentiment de son identité très précaire. Combien les péchés des parents peuvent retomber sur les enfants — c'est sur ce domaine mal défini et effrayant que s'accordent psychanalystes freudiens et jungiens. Les parents doivent protéger leurs enfants de leurs propres conflits intérieurs, pour permettre à l'enfant d'être ce qu'il est véritablement, dans son aspect unique.

Il est également déterminant pour le développement de l'enfant — bien que cela échappe à notre entendement — que les parents agissent par moments en tant que réceptacles des sentiments de peur ou des émotions incontrôlables auxquels les enfants sont confrontés : terreurs nocturnes, sentiments de colère ou de culpabilité, de tristesse et de vengeance. Ils sont souvent envahis par une peur irrationnelle de vengeance ou d'abandon et incapables de faire la différence entre leur colère, leur désir de faire mal et l'action même de faire mal. Tous les enfants normaux ont très fortement besoin d'une présence aimée, de quelqu'un qui soit simplement là pour les prendre quand ces émotions intenses menacent de les submerger. A un symposium sur les formes de communication non verbale, les psychanalystes de différentes écoles ont exploré les moyens de communiquer avec les parents avant de pouvoir s'exprimer par le langage. M. Chayes expliqua que les parents doivent comprendre les sentiments pénibles ou perturbants pour l'enfant :

> *Un petit enfant n'a pas de mots pour communiquer. Il ne peut le faire qu'en provoquant une certaine réponse émotionnelle. Si cet affect est perçu et compris par la mère, elle peut formuler ce qu'elle suppose être ressenti par l'enfant... Si la mère ne reconnaît pas sa cupidité, son ambivalence, sa haine ou tout autre aspect d'elle-même, elle ne va pas réagir empathiquement avec les messages de l'enfant, et il se sentira seul et incompris.*

Cette tâche, qui consiste à deviner et répondre aux émotions « inacceptables » de l'enfant, exige une force que nous sous-estimons souvent. Il nous est difficile de reconnaître, de tolérer et de contenir la haine et l'agressivité de nos enfants, et leurs nombreux fantasmes de destruction. Si, dans notre enfance, nous n'avons pas été soutenus, si nous n'avons pas senti que nos « mauvais » sentiments étaient constamment contenus par une présence forte et aimante, nous trouvons cette tâche très difficile à accomplir avec nos propres enfants.

Au cours d'entretiens, j'ai souvent entendu des femmes avouer : « Ma mère ne m'a jamais soutenue lorsque j'étais enfant (ou permis de pleurer ou d'exprimer ma colère, etc.). Je me suis donc fait une règle de câliner mon enfant à chaque fois qu'il est triste (ou de lui permettre de pleurer ou d'exprimer sa colère...). » Les hommes expliquent habituellement : « Mon père ne passait jamais beaucoup de temps avec moi : il ne me parlait jamais de sentiments, ne m'emmenait jamais avec lui. Je fais un effort tout particulier pour donner à mes enfants l'expérience qui m'a manqué. » Ces parents bien intentionnés ont du mal à donner à leurs enfants ce qu'ils n'ont pas reçu de leurs propres parents. Témoignage d'un père :

> Une des choses les plus difficiles que j'aie jamais faites a été d'emmener mon fils à la pêche. J'avais tout préparé avec soin, le camping, la cuisine en plein air, j'avais acheté tout le matériel de pêche. J'ai très mal supporté ces journées interminables et je me suis senti perdre patience. Me retrouver seul avec lui a été une épreuve. C'est difficile de parler à un enfant de sept ans toute la journée. Je n'avais pas eu cette expérience avec mon propre père : je ne pouvais pas l'utiliser comme modèle.

On peut difficilement supporter les exigences d'un tel altruisme et donner ce qu'on n'a pas reçu. On sent inévitablement ce manque ; on éprouve de la colère ou du ressentiment de ne pas avoir eu ce qu'on voulait ou dont on avait besoin ; on en arrive parfois à envier ses enfants pour ce qu'on leur donne (et qu'eux acceptent probablement comme normal). Pour certains parents, c'est une épreuve, pour d'autres, c'est une libération.

Aussi bien intentionnée que soit une mère, elle a parfois tendance à se replier sur elle-même, plutôt que d'accepter de répondre aux émotions intenses de l'enfant. Si, dans notre enfance, nos parents n'ont pas perçu nos sentiments et ne les ont pas réfléchis, comme dans un miroir en les acceptant et en les comprenant, et si donc ils ne les ont pas modifiés, nous aurons sans doute ten-

AMOUR MATERNEL ET IMPUISSANCE MATERNELLE

dance à être intolérants et à critiquer ces sentiments chez nos propres enfants. Nous devrons faire des efforts surhumains et rester très vigilants si nous ne voulons pas leur transmettre cette intolérance. Nous sommes tous, par nature, avides et ambivalents ; les enfants, eux, ne cachent pas ces tendances. Apprendre à un enfant à accepter et à maîtriser de tels sentiments est, en vérité, une tâche énorme qui exige de le comprendre et de nous comprendre nous-même.

Certaines mères sont tellement dominées par la colère, la peur ou leurs propres besoins, qu'elles utilisent involontairement leurs enfants comme réceptacles de leurs besoins et de leurs émotions. L'exemple le plus extrême est celui qui consiste à envoyer des jeunes se battre dans des guerres dont ils ne savent rien ou presque ; ou utiliser nos enfants pour satisfaire notre besoin de nous mettre en valeur, ou les traiter en adultes capables de comprendre nos sentiments de frustration ou de tristesse. Vivre ses propres conflits à travers ses enfants constitue sans doute la forme la plus courante d'impuissance maternelle, et, pour les mères, une zone d'ombre menaçante qu'elles doivent explorer : elles ne la connaissent guère et refusent généralement de l'examiner. Un examen de ce phénomène est indispensable pour comprendre comment les tendances destructrices peuvent se transmettre d'une génération à l'autre.

Les conflits maternels courants

Ces soins intimes et incessants qu'on donne aux tout-petits, les émotions qu'ils font naître, tout cela est si contraignant et si complexe que beaucoup de gens, quand ils le peuvent, évitent de s'occuper de leurs enfants à plein temps : c'est vrai pour la majorité des hommes, par exemple. En Europe, pendant des siècles, les classes aisées ont engagé des nourrices, des précepteurs, des domestiques et des bonnes d'enfants, et ont joué, au mieux à temps partiel, leur rôle de parents. Les gens riches qui ont toujours eu la possibilité de prendre des mères de substitution à leur service, évitent la tâche fastidieuse et physiquement épuisante de ces soins quotidiens et constants, et l'intensité des liens affectifs qui l'accompagnent. Même quand ils en ont la possibilité, les hommes, dans leur majorité, renoncent volontiers à ces premiers soins. On trouve une certaine sécurité dans tout travail qui vous tient à l'écart des besoins et des exigences des tout-petits, car il évite aux adultes d'être constamment exposés au stress du don de soi et à la tentation de vivre à travers un être si dépendant et si vulnérable.

Et pourtant peu de femmes acceptent de renoncer à être mères. De nos jours, elles veulent presque toutes travailler *et* s'occuper de leurs enfants. Certaines n'éprouvent aucune difficulté à déléguer à d'autres ce soin à plein temps, mais la plupart de celles que j'ai interrogées ressentent honte et doute en confiant leurs petits à des mains étrangères. Certaines sont assez soulagées de devoir travailler à l'extérieur pour des raisons économiques, car elles sentent que la société condamne secrètement celles qui choisissent délibérément de ne pas élever elles-mêmes leurs enfants, sans y être poussées par aucune contrainte financière. Beaucoup ressentent le besoin de travailler comme une nécessité émotionnelle. Elles expriment souvent des remords à propos de leur ambition personnelle et de leur incapacité à s'occuper de leurs enfants toute la journée, elles se sentent coupables quand elles s'aperçoivent que l'instinct maternel qu'elles sont censées posséder (en tant que femmes) leur fait terriblement défaut.

On accepte, depuis très peu de temps, qu'une femme avoue des ambitions professionnelles aussi puissantes que celles d'un homme. Il devient difficile d'élever un enfant quand on dépense son énergie ailleurs. Beaucoup de mères actives ne renoncent pas pour autant à l'idée qu'elles devraient pouvoir aussi s'occuper de leur enfant de façon satisfaisante.

Les mères reconnaissent très difficilement qu'elles refusent de lui consacrer tout leur temps et que le rôle maternel fait obstacle à leurs ambitions personnelles. La conscience du refus de cette tâche (sauf quand on le souhaite) atteint beaucoup de femmes dans leur identité sexuelle. Une femme est aussi mortifiée de reconnaître qu'elle n'éprouve pas le désir d'élever son enfant, qu'un homme peut l'être quand il doit admettre qu'il ne peut avoir d'érection. Qu'est-ce qu'être mère s'il est si pénible de s'occuper d'un enfant ? Que signifie ce désir de faire « autre chose » ?

La collusion silencieuse : l'analyse d'Hélène Deutsch par Freud

Hélène Deutsch a été à la fois l'élève et la patiente de Freud. Elle a fini par devenir elle-même une psychanalyste célèbre et a écrit deux volumes sur la psychologie féminine. Durant son analyse avec Freud, elle n'a jamais mentionné les conflits pénibles qu'elle éprouvait en tant que mère.

Comme la plupart des femmes qui travaillent taisent les tensions que leurs enfants font naître en elles, nous avons peu de modèles d'auto-analyse honnête. Des témoignages sincères comme la biographie d'Hélène Deutsch, *Confrontations with Myself*, sont à la fois provocateurs et mystérieux. Je suis certaine qu'Hélène Deutsch ne s'est pas proposé d'étudier les sentiments des mères quand elles confient leurs enfants à des mains étrangères, mais son autobiographie décrit les conflits auxquels elles sont soumises. Une des questions soulevées par cette autobiographie fascinante, et à laquelle elle répond partiellement, est : pourquoi est-il si difficile aux femmes carriéristes, déchirées entre la maternité et un travail important et valable, de s'exprimer sincèrement alors que cela les aiderait ainsi que leurs enfants et les autres femmes ?

Après avoir engagé une nurse, Paula, comme substitut maternel, Hélène Deutsch n'a jamais mentionné cette femme quand elle était soignée par Freud. Elle ne dit pas non plus qu'elle avait confié son rôle de mère à cette nurse qui exigeait qu'Hélène Deutsch « fasse seulement quelques visites brèves et affectueuses au bébé ».

Tandis que j'essayais d'assumer de lourdes tâches professionnelles dues à la guerre, j'eus toujours ce doute pénible que je privais mon fils Martin et moi-même d'un bonheur intense — de cette intimité mère-fils, particulièrement lourde de sens, durant les deux premières années de la vie de l'enfant. J'aimais profondément mon bébé, mais nous pouvions, seulement de temps à autre, connaître la douceur de ce lien tout de tendresse et de sollicitude...

Freud a peut-être été inconsciemment complice du silence d'Hélène Deutsch sur ses difficultés de mère. Elle a sans doute senti que Freud *ne voulait pas* savoir que son élève si douée avait renoncé à ce rôle, en choisissant de réussir dans ce monde d'hommes — en tant que psychanalyste distinguée et finalement propagatrice de ses idées sur la psychologie des femmes. Freud a voulu ignorer que l'activité d'Hélène Deutsch en tant que médecin était aussi gratifiante que la maternité (sinon davantage) et que confier son enfant à la nurse Paula n'était pas insurmontable, en dépit de toutes les difficultés. Beaucoup d'hommes préfèrent ignorer l'exigence de ces premiers soins au tout-petit. A la différence d'un patient qui paye des honoraires élevés pour cet intérêt altruiste, l'enfant ne nous gratifie de rien en échange de tout notre temps et de toute notre énergie, si ce n'est peut-être, en reconnaissant, bien plus tard, que nous avons fait un « assez bon » travail.

Hélène Deutsch a peut-être essayé de faire plaisir à Freud en n'évoquant pas son expérience maternelle. Je crois pourtant que cette analyste célèbre était aussi réticente que nous et pour les mêmes raisons :

> Mon analyse a été didactique, et a fait partie de ma formation professionnelle. Je pense que cet élément m'a permis de vaincre ma résistance naturelle et d'éviter de mentionner les conflits que j'éprouvais vis-à-vis de mon état de mère, et de Paula. Après tout, c'est mon accord tacite avec cette femme qui m'a permis d'avoir une activité professionnelle : j'ai pu travailler à condition d'abdiquer mon rôle de mère en sa faveur.

Examinons maintenant cette « résistance naturelle » à mentionner les conflits qui entourent maternité et carrière. Les raisons de ce pacte entre Freud et Hélène Deutsch — leur besoin de taire les sentiments d'Hélène Deutsch à l'égard de Paula et ses difficultés à s'occuper de son fils est sans doute dû aux mêmes causes que le silence entre hommes et femmes de nos jours. Des femmes, même celles qui consultent un psychothérapeute, m'ont dit qu'elles ont beaucoup de mal à parler de leur incapacité à donner le nécessaire à leur enfant et de la culpabilité qu'elles éprouvent à le confier à une étrangère.

Cette réticence à reconnaître nos difficultés a une autre

origine. Nous refusons peut-être de savoir combien nos propres mères ont eu de difficultés à nous élever — combien *elles aussi* auraient eu besoin d'aide. Nous aimons mieux penser que c'était facile de nous aimer et que cela n'exigeait ni discipline ni abnégation extraordinaire. Si nous admettons qu'il est difficile de prendre soin de son enfant, nous reconnaissons, en quelque sorte, les difficultés et les efforts que nous avons demandés à notre mère. Nous craignons peut-être en secret de l'avoir épuisée par nos exigences. Notre besoin d'idéaliser toutes les mères est peut-être sous-jacent. Nous risquerions de nous sentir coupables en comprenant vraiment ce qu'elles ont connu en nous soignant.

Il est très important pour la théorie psychanalytique qu'Hélène Deutsch n'ait jamais mentionné Paula durant ses séances d'analyse avec Freud. Si elle avait parlé plus sincèrement des sentiments complexes que son enfant éveillait en elle, Freud aurait peut-être étudié la psychologie des femmes sous une lumière différente, et exploré la relation mère-enfant à ses débuts avec plus de compréhension pour la mère. Au lieu de cela, ses théories ignorent la tâche de la mère et les réalités émotionnelles de la maternité. Si Hélène Deutsch avait pu parler librement de son rôle de mère en conflit avec ses activités professionnelles, Freud aurait peut-être réagi en pensant à la contrainte que représente l'éducation d'un enfant. Il aurait pu penser au père, dispensateur de soins plutôt que symbole de l'autorité, responsable du surmoi de l'enfant.

Comme l'aptitude de Freud à s'examiner honnêtement a été à la source de nombre de ses théories, nous en saurions beaucoup plus maintenant sur l'altruisme exigé par la maternité, et sur la difficulté qu'éprouvent les hommes, aussi bien que les femmes, à s'occuper des tout-petits. (Après tout, les psychanalystes — et tous les spécialistes de la santé mentale — se font payer cher pour leur aptitude maternante et « l'intérêt » qu'ils nous portent.) Les pères aussi bien que les mères se sentiraient encouragés à examiner les conflits qui surgissent de soins aussi contraignants, chercheraient à savoir pourquoi tant d'hommes fuient cette tâche ou s'en occupent si peu. Tous hésitent à explorer les réalités affectives de la maternité et sont donc complices du refus de notre société de reconnaître les besoins de ceux qui s'occupent des petits.

La majorité des hommes refuse de reconnaître le sentiment de culpabilité des femmes et leur échec dans leur tâche de mère. Pour poursuivre leurs propres buts sans se faire trop de souci pour le bien-être de leurs enfants, ils ont besoin de voir leurs femmes en mères aimantes qui assument allègrement la maternité. Une bonne mère se doit de ne pas perdre son équilibre mental pour satisfaire à son rôle.

Pour de multiples raisons, les femmes ne disent pas ce qu'elles pensent sur la question : ou elles désirent, par ce moyen, plaire à un mari qu'elles aiment, ou elles craignent de lui faire voir à quel point elles ont besoin d'être aidées. Voici ce que m'a confié une mère, travaillant à mi-temps, s'occupant en outre de ses trois enfants et, de surcroît, féministe convaincue : « Je crains qu'il ne me quitte si je lui dis la vérité. Cela voudrait dire qu'il devrait s'occuper davantage des enfants et je crois qu'il ne le supporterait pas. » D'autres femmes enfin pensent que c'est reconnaître leur infériorité que d'exposer franchement leurs difficultés.

L'incapacité du père ou son refus de partager les soins deviennent parfois un secret soigneusement gardé par toute une famille complice, de crainte de le culpabiliser ou de trop lui demander.

ÉLEVER SON ENFANT : TÂCHE COMPLEXE

Les besoins de ceux qui s'occupent de l'enfant

On comprend aisément le déchirement éprouvé par Hélène Deutsch entre la maternité et sa carrière, à la lumière de son autobiographie dans laquelle elle étudie les liens de son enfance, sa lutte pour se libérer de toute pression affective, et sa participation au mouvement psychanalytique, à Vienne et à Berlin, avant la Seconde Guerre mondiale. En fait, la vie passionnante qu'elle a menée en tant qu'élève de Freud, comme médecin et psychanalyste, nous éclaire — peut-être plus que tout le reste — sur l'un des aspects les plus difficiles de la maternité de nos jours, sur les multiples possibilités de s'accomplir en dehors du rôle nourricier et des satisfactions immenses qu'on peut trouver dans d'autres formes de réussite.

Écrit à la fin de sa vie, le livre d'Hélène Deutsch démontre de façon saisissante que la réussite extérieure et la satisfaction qu'on y trouve peuvent nous écarter de nos enfants et nous forcer à opter en faveur de nos buts personnels :

> *J'ai regretté par la suite que mon fils, alors âgé de sept ans, ait payé un lourd tribut au succès de ma carrière à cette époque-là. Le seul scrupule que j'ai ressenti quand je suis allée à Berlin, a été l'éclatement temporaire de notre famille. Nous avions adopté un compromis : Martin passerait la moitié de l'année, avec moi, à Berlin et l'autre moitié à Vienne avec Félix. Quand il était à Berlin, séparé de son père et quelque peu négligé par moi, il a dû s'accommoder des méthodes éducatives très strictes d'une gouvernante allemande. Pendant ce temps-là, je poursuivais mon but : diriger un célèbre institut de formation.*

Pourtant, elle a observé auparavant dans son livre :

AMOUR MATERNEL ET IMPUISSANCE MATERNELLE

> *A chaque fois que l'occasion m'était donnée de réussir, j'étais plus heureuse comme épouse et comme mère. Et, à l'inverse, quand un événement de ma vie personnelle interférait dans mon activité scientifique, j'étais moins heureuse et plus agressive à l'égard de mon entourage.*

Nous voyons ici que la démarcation entre l'amour maternel et l'impuissance maternelle est bien ténue, puisqu'elle consiste à créer un équilibre entre l'intérêt pour soi-même et l'intérêt pour les autres.

Dans certains cas, la psychanalyse exige de la part de ses adeptes les plus convaincus une forme de discipline et d'honnêteté qui persiste même après la fin du traitement. C'est pour être fidèle à cette sincérité qu'Hélène Deutsch, à la fin de sa vie, a admis des erreurs d'intuition, ce qu'elle a reconnu longtemps après son analyse avec Freud. Grâce à sa franchise, nous comprenons que son expérience de femme et de mère n'est ni néfaste ni destructrice. Hélène Deutsch nous montre comment on peut affronter ses conflits, les comprendre et en parler. Ce qui est le plus néfaste pour nos enfants et pour nous-mêmes, c'est de taire notre sentiment d'impuissance.

Nous devons nous exprimer pour maîtriser l'impuissance maternelle. C'est la culpabilité, la peur et le sentiment de réprobation qui nous empêchent d'être assez honnêtes pour transformer finalement notre impuissance en amour maternel. Il faut admettre les efforts de compétition des femmes, leur désir d'être reconnues et estimées et leur besoin d'expression créatrice. Rappelons-nous qu'il y a des moments où les besoins de l'éducatrice sont plus importants que ceux de l'enfant.

Sachons que la mère nourricière a besoin de recharger ses batteries, pour lutter contre ce mythe insidieux qui voudrait que la mère soit une source infinie d'amour et de soutien affectif. Si nous décidons que nos objectifs sont plus importants que tout le reste, nous devons savoir quelles en seront les conséquences sur nous-mêmes et sur nos enfants — sinon, nous perdons la possibilité de comprendre et de corriger nos erreurs.

Plus nous aimons nos enfants, et plus nous risquons d'être perturbées par ce qui nous écarte de l'amour et de l'intérêt dont ils ont besoin. Moins nous nous sentons capables de nous occuper de nos enfants, et moins nous souhaitons explorer les liens entre nos conflits internes et le monde extérieur.

Pourtant, afin de connaître l'étendue et les possibilités de notre amour, nous devons mesurer la difficulté qu'il y a à prendre soin des autres. C'est seulement quand nous aurons appris à quel point il est difficile de faire passer l'intérêt d'autrui avant le nôtre, que nous assumerons notre difficile rôle de mère de la façon la plus satisfaisante.

2.
L'EXPÉRIENCE SUBJECTIVE DE LA MÈRE

> Il y a un esprit dans la chair. Un esprit aussi vif que l'éclair.
>
> ANTONIN ARTAUD, *L'Art et la Mort.*

> ... Je crois que la mère ne regarde ni ne dirige sa fille comme son fils. Son regard résume les espoirs et les désirs qui ordonnent et définissent le profil sexuel de chacun. Le garçon est séparé très tôt par sa mère du contact avec son corps et avec son désir. Au contraire, elle contient sa fille dans cette intimité...; le circuit maternel... restera son univers pendant longtemps...
>
> RAQUEL ZAK DE GOLDSTEIN, *The Dark Continent and its Enigmas.*

Pages de notes personnelles : 1974-1978

Mon bébé est un miracle de perfection. Tout est adorable en elle. Quel bonheur d'être avec elle, de m'occuper d'elle. Je n'ai jamais connu pareil bonheur!

Pendant un instant, je me dis que si je ne sors pas de cette maison devenue une prison, si je n'échappe pas aux exigences de ce bébé, je vais devenir folle. Pourtant, quand je suis loin d'elle, j'ai souvent le désir de revenir, sans attendre... Quand je la retrouve avec son sourire, je suis dans le ravissement. Qu'est-ce que cela signifie? On

ÉLEVER SON ENFANT : TÂCHE COMPLEXE

n'a jamais associé les soins quotidiens d'un enfant avec ce qu'ils veulent dire. (Bouddha est parti chercher la Vérité tout de suite après la naissance de son enfant. Qu'aurait-il découvert s'il était resté à la maison pour l'élever ?)

J'ai été complètement découragée aujourd'hui. Le bébé a commencé à hurler de douleur, chez l'épicier. Je l'ai tenue un long moment au milieu des paquets de farine et après s'être en partie soulagée sur mon corsage, elle s'est arrêtée et a commencé à sourire. Je n'ai retrouvé mes esprits que beaucoup plus tard. Je ne savais plus si je devais la changer tout de suite, la ramener à la maison et renoncer à mes achats ou continuer comme si rien ne s'était passé. Ce genre de décision emplit maintenant mes journées...

Peu de mères abordent franchement ce problème. Pourquoi ? Qu'avons-nous à perdre ? Y a-t-il quelque chose dans la maternité qui donne un caractère dérisoire à tout ? Qui nous pousse aux commérages et à l'esprit de compétition ? Qui rétrécit notre champ de vision à moucher le nez des enfants et à les empêcher de pleurer, de se battre et de prendre les jouets des autres ? La routine quotidienne serait-elle supportable si une telle tâche était considérée comme noble et importante — avec le respect et l'estime qu'elle mérite ?

Ma grand-mère était trop occupée à survivre pour prendre en considération les sentiments que ses dix enfants pouvaient faire naître en elle. Ma mère était trop malheureuse pour connaître les conséquences de la maternité sur elle. Les enfants ne faisaient qu'augmenter l'aspect chaotique de sa vie. Je connais des mères qui ne peuvent pas supporter d'être séparées de leurs enfants et des mères qui

L'EXPÉRIENCE SUBJECTIVE DE LA MÈRE

trouvent bien long le moment où elles pourront les voir s'éloigner. Mais ni les unes ni les autres ne manifestent le désir de comprendre pourquoi. Les mères qui travaillent sont généralement trop occupées, trop culpabilisées ou trop épuisées pour se poser ces questions. Moi aussi, j'ai beaucoup de réticence à examiner de près les sentiments libérés par mon expérience de mère. Quand j'essaye, je crois être capable d'aller au fond des choses. Puis je ressens une confusion extrême, une fragilité nerveuse.

Nous sommes tellement submergées par nos premières expériences avec nos enfants que nous pouvons difficilement avoir une pensée claire. La naissance et les soins à donner à un tout-petit bousculent notre pensée rationnelle, nous tirent brutalement de nos perceptions ordinaires et nous plongent dans des états inattendus. Pendant leurs premières années, nos enfants font surgir en nous les désirs les plus subversifs, nous mettent continuellement face à des aspects du psychisme humain que nous avons essayé de maîtriser et de cacher de toutes nos forces, ils entravent tous les désirs que nous pourrions avoir de nous dépasser. En plus de cet impact psychologique, les bébés jouent le rôle de stimulants sensoriels, ils modifient notre sensibilité et développent notre conscience.

Après avoir donné naissance à mes enfants, j'ai commencé à vivre dans deux mondes contradictoires : l'un, intuitif, fusionnel, empêtré dans la vie corporelle et, bien qu'il soit à l'état sauvage et débridé, et complètement hors de mon contrôle, il m'a appris ce qui était *réel*. *L'autre monde* — plus ou moins rationnel mais dirigé par le besoin de comprendre clairement et avec précision — a commencé à me paraître bien dérisoire et bien incongru.

Le corps léger de ma fille, la douceur de sa peau, mon besoin intense de la serrer contre moi — tout cela est

ÉLEVER SON ENFANT : TÂCHE COMPLEXE

devenu bien réel. Ses cheveux si fins et ses petits yeux vifs, ses gazouillements adorables et ses cris à vous glacer les sangs ; l'odeur de mon lait et celle de l'huile pour bébé ; l'odeur des selles et du talc ; son visage aux expressions si fugitives, qui semblent résumer l'ensemble des émotions humaines — tout cela est devenu le centre de ma vie, et a supprimé tous les autres centres d'intérêt pour un temps.

Pendant cette période particulièrement dense, j'ai dû apprendre à interpréter chaque bruit et chaque geste — à savoir quand elle avait faim et quand elle voulait jouer — si elle criait parce qu'elle avait des coliques ou parce qu'elle voulait qu'on la console de ses peurs. C'est en la tenant dans mes bras que j'ai découvert quand elle avait besoin qu'on la berce et quand elle voulait dormir. La pensée organisée était incapable de me dire ce qui lui était nécessaire. Je m'immergeais dans son monde. Les théories et les abstractions perdaient leur importance ; le raisonnement s'arrêtait. Incapable de structurer ma pensée, je me retrouvais plongée dans un état d'hébétude auquel je ne pouvais résister, sans le pouvoir des mots. Je me perdais par moments dans le monde de ma fille, j'essayais d'imaginer pourquoi elle pleurait, les raisons de son agitation, ce qu'elle voulait.

La première partie de ce chapitre explore cet état d'osmose intuitive avec l'autre que la mère ressent après la naissance du bébé. Puis le chapitre étudie ce qui se produit quand prend fin cette phase intime de la relation mère-enfant, les débuts de ce processus complexe et lourd de séparation / individuation que les psychanalystes appellent « la naissance psychologique du bébé humain ».

L'EXPÉRIENCE SUBJECTIVE DE LA MÈRE

Liens charnels et abnégation

Dans notre culture où les inventions technologiques conditionnent notre expérience, et où l'interaction avec les machines a remplacé les relations humaines, l'aspect intensément physique de la naissance et des soins au nouveau-né peut provoquer un choc dérangeant. Peu de femmes sont préparées à l'aspect physique intense de ces soins. Dans notre société, les sensations charnelles agréables sont le plus souvent associées à la sexualité adulte. La relation entre le bébé et sa mère est souvent présentée de façon romanesque, comme si l'amour ressenti par la mère pour son bébé se plaçait au niveau de l'émotion spirituelle et éthérée. Les médias projettent constamment des images édulcorées d'une relation idéalisée — dans les publicités pour Pampers ou Peaudouce, dans les feuilletons et dans les films pour enfants et adultes. De telles images oblitèrent l'aspect charnel de l'allaitement.

En plus de la sensualité concrète des bébés, les jeunes mères sont confrontées à une sorte d'intimité inconnue jusque-là. Pendant le premier âge, la mère peut s'identifier à son nourrisson, se sentir fière de ne faire *qu'un* avec lui. En lui donnant son lait, en le soignant, elle peut revivre la tendresse exclusive qu'elle a connue avec sa propre mère. En donnant la vie à un enfant, on crée un amour inconditionnel. C'est le genre d'amour dont rêvent certaines d'entre nous et qu'elles ne trouvent jamais complètement dans une relation entre adultes, sauf peut-être pendant la brève période des premières amours. Et, de fait, une mère a pu comparer l'intensité des soins donnés au nourrisson au début d'une aventure amoureuse.

Quand Elena allait s'occuper de son fils, au milieu de la nuit, elle disait qu'il lui semblait aller voir un amant. Elle se baignait même et se faisait belle avant d'aller s'en occuper. Après avoir eu son premier enfant à vingt-sept ans, Elena était tombée passionnément amoureuse de lui. Elle avait connu exactement la même chose, à la naissance de sa fille. Le meilleur de la maternité, pour elle, était cette intimité délicieuse quand elle berçait et nourrissait ses bébés, tard la nuit, tandis que son mari dormait dans une autre pièce.

Pourtant, pour certaines jeunes mères, l'aspect charnel des soins donnés à un enfant est trop proche de l'érotisme. Certaines éprouvent une réelle sensualité en donnant le sein :

> Quand Gretchen a eu son premier bébé à vingt-trois ans, elle a ressenti une stimulation sexuelle proche de l'orgasme. Elle s'est arrêtée de donner le sein au bout de deux semaines, toute perturbée, en pensant qu'elle était complètement pervertie. Heureusement, pendant sa troisième grossesse, Gretchen a eu de nombreuses discussions avec une conseillère maternelle qui l'a rassurée en lui disant que cela n'avait rien d'anormal. Cette mise au point a permis à Gretchen d'allaiter son troisième enfant sans trop d'angoisse.

Pour d'autres femmes, la relation mère-enfant a un aspect délicieusement exclusif — particulièrement pendant la première année — plus gratifiante qu'aucune autre. Cela peut créer des tensions dans le couple, en donnant au mari l'impression d'être abandonné ou négligé. Bien que beaucoup de femmes mères se sentent déchirées entre leur attachement pour leur bébé et leur amour pour leur mari, c'est l'engagement total vis-à-vis de leur enfant qu'elles choisissent.

> Jeannette, infirmière de vingt-huit ans, raconte qu'après la naissance de sa fille, elle souhaitait seulement se retrouver

L'EXPÉRIENCE SUBJECTIVE DE LA MÈRE

seule pour tenir et serrer son bébé contre elle. Quand le bébé aurait un mois, Jeannette avait décidé de ne plus le nourrir pour pouvoir reprendre son travail à mi-temps. Mais le biberon ne diminua pas la chaleur et l'intimité qu'elle ressentait pour sa fille. Quand elle revenait du travail après une garde de nuit, elle chantait et jouait avec elle pendant des heures. Elle en vint à ne plus supporter les exigences de son mari, et particulièrement ses avances. « Je ne voulais même plus qu'il me touche — je voulais seulement qu'il me laisse seule pour pouvoir câliner mon bébé. Je ne peux pas vous expliquer à quel point je désirais la tenir dans mes bras. Je ne pensais qu'à cela en travaillant. » Il lui fallut plus d'un an pour songer même à avoir des relations sexuelles avec son mari et elle devait lutter constamment contre l'envie de lui dire de partir.

Jeannette n'a pas retrouvé d'intérêt pour son mari et pour leur vie sexuelle avant que le bébé ait plus d'un an. « Je pense que j'ai de la chance qu'il ne soit pas avec une autre femme », dit-elle. C'est à peu près à cette époque qu'ils sont finalement partis, en laissant le bébé aux grands-parents, passer une semaine ensemble.

Après avoir vécu dans une telle symbiose avec leur bébé, certaines mères se sentent dépossédées quand cette intimité délicieuse se termine. Quand elles cessent de nourrir, un sentiment exacerbé de solitude et de vide peut mener certaines femmes à souhaiter immédiatement une autre grossesse.

Assise dans sa cuisine, Lorraine, vingt-neuf ans, mère de six enfants, me parle de son désir de bébé qu'elle ressent maintenant que son petit dernier, âgé de treize mois, vient d'être sevré. En fait, le désir d'un autre bébé est si pressant que Lorraine envisage la naissance d'un septième enfant, malgré ses difficultés financières. Sa croyance religieuse encourage les familles nombreuses mais Lorraine explique

que ce n'est pas cela qui la pousse à avoir un autre enfant. Elle dit que ce désir est si fort qu'il lui est parfois insupportable de ne pas avoir de bébé à dorloter et à nourrir.

Cette relation mère-enfant est profondément gratifiante pour certaines femmes, surtout dans une société aussi froide et impitoyable que la nôtre. Pourtant, les joies de la maternité sont un sujet aussi tabou que les sentiments hostiles et négatifs envers les enfants. On parle peu de cette délicieuse sensualité qu'on peut ressentir à allaiter, sensation proche de l'orgasme pour certaines femmes. Et que dire de la dépendance et de la faiblesse du tout-petit qui se transforme bientôt en dévotion pour sa mère ? Un bébé adore sa mère et a besoin d'elle plus qu'aucun adulte. Être si indispensable et pouvoir satisfaire au besoin d'amour d'un bébé peut apporter à une femme un sentiment de plénitude qu'aucune autre relation ne peut lui fournir.

Pour d'autres, le plaisir des débuts de cette liaison est si délicieux qu'elles peuvent difficilement y renoncer. Pourtant, les soins à un bébé sont physiquement épuisants, réclament une telle abnégation qu'on peut les ressentir comme une soumission masochiste, surtout si le bébé a la colique ou est malade pendant des jours. Beaucoup de mères sont confrontées à une réalité affective qui, curieusement, peut aller de la satisfaction profonde à des sensations agréables proches de l'abnégation, de l'égocentrisme au sentiment d'épuisement lié au sacrifice de soi.

Pour d'autres encore, s'occuper d'un bébé est si difficile et fatigant qu'elles l'éviteront à tout prix. La dépendance excessive du bébé, les soins et la nourriture dont il a besoin pour survivre éveillent chez certaines mères un sentiment de désespoir, de panique, de frustration et de colère. Il est difficile d'admettre qu'on est en colère contre un bébé alors que son comportement est normal : il a besoin de nous, il est à la fois trop passif et trop exigeant. Nous retournons fréquemment contre nous-mêmes cette colère inacceptable qui devient dépression et doute de soi. Nous transformons alors cette colère intolérable en peur excessive de ce qui pourrait nuire au bébé. Une mère raconte qu'elle passait des nuits entières penchée sur le berceau de son fils, à écouter sa respiration pour s'assurer qu'il ne s'était pas étouffé.

Parfois aussi, cette intimité forcée éveille un tel sentiment de vide et de privation que les mères s'évadent dans le travail, une liaison ou un autre mariage ; il leur faut quelque chose, n'importe quoi d'autre. Si une mère a souffert de manque affectif dans sa petite enfance, cette tâche incessante, jointe à l'intimité physique qu'elle réclame, peut faire naître des sentiments sous-jacents de perte ou d'appauvrissement. Une de mes amies m'a confié que lorsqu'elle s'occupait de son bébé, elle sentait une frustration intolérable qui lui rappelait qu'elle avait souffert de la froideur de sa propre mère. Une autre m'a avoué qu'elle ne pouvait faire face aux exigences de son bébé et que c'était pour cela qu'elle était retournée travailler à plein temps. « Je serais devenue folle si j'étais restée à la maison pour m'occuper de mes enfants. Dans la courte période où je l'ai fait, jusqu'à ce qu'ils aient un ou deux ans, j'ai maigri de dix kilos et j'étais continuellement malade. Je ne me suis sentie en forme que lorsque j'ai recommencé à travailler. »

Nourrir un bébé éveille nos besoins les plus profonds d'amour et de reconnaissance. Ces désirs peuvent créer en nous des réactions inattendues et angoissantes, un sentiment d'échec, d'inadaptation, la crainte d'être dévorée ou même du dégoût :

> Vickie, vingt-cinq ans, assistance sociale, raconte que les six premiers mois de sa vie de mère ont été un enfer. Elle

avait passé les derniers mois de sa grossesse à se préparer à allaiter et attendait cette expérience avec impatience. Mais son lait s'était tari une semaine après la naissance du bébé. « J'ai ressenti cela comme un tel échec — j'étais tout simplement impuissante, le lait ne voulait pas couler. Je ne peux pas vous dire à quel point je me suis sentie incapable. Je passais mon temps à pleurer. »

Vickie a traversé une courte période où elle avait tellement honte qu'elle ne pouvait se décider à sortir de chez elle. Il lui a fallu plusieurs mois de thérapie pour cesser de se voir en mauvaise mère et profiter enfin de sa fille.

Vice-présidente d'une banque, Anne avait pris un congé de trois mois après la naissance de son premier enfant. Comme elle avait attendu jusqu'aux environs de trente-cinq ans pour devenir mère, elle décida de nourrir son bébé. Elle avait lu beaucoup de livres où l'on disait que c'était la meilleure méthode pour « lui donner un bon départ dans la vie ». Mais pendant la première semaine après la naissance de son fils, Anne fut assaillie d'angoisses. « Je ne pouvais pas le supporter, raconte-t-elle, il avait l'air si vorace, j'avais l'impression qu'il allait me manger vivante, et puis il me mordait les seins de ses petites gencives dures et cela me faisait horriblement mal. J'ai fini par lui donner le biberon. »

Rebbeca, qui avait été actrice et dirigeait alors un théâtre, a refusé de s'occuper de son bébé car elle ne pouvait supporter ni l'odeur des couches ni le désordre de l'allaitement. L'odeur des selles l'aurait fait vomir. Elle l'aurait étranglé quand il jouait avec sa nourriture et l'écrasait dans ses cheveux. Elle expliquait qu'il l'avait peu intéressée avant de pouvoir tenir une conversation intelligente avec lui. Rebecca avait heureusement les moyens de recourir à une aide expérimentée. Elle jouait le rôle d'organisatrice, c'est elle qui disait aux bonnes ce qu'il fallait faire et ce qu'il fallait éviter, qui décidait du moment et du lieu de sa scolarité, de ce qu'il étudierait, dans quel camp d'été il passerait ses vacances. C'est ainsi qu'elle exerça son influence sur lui, elle garda des liens avec lui, mais distants.

Les trois premières années de l'éducation d'un enfant consistent essentiellement à donner sans rien recevoir en retour. Certains tout-petits sont plus difficiles à élever que d'autres : ils ont par exemple des coliques, manquent d'appétit ou de sommeil. Ils peuvent être naturellement sensibles ou nerveux. Une mère décrit ainsi le martyre qu'elle a connu avec sa fille qui ne cessait de pleurer :

> Le bébé de Marguerite ne pouvait pas être allaité et a eu des coliques pendant six mois. Quatre mois avant la naissance de leur fille, Marguerite et son mari allèrent vivre dans une autre ville où ils ne connaissaient personne. « Je me sentais si seule avec ce bébé qui ne cessait de pleurer. Je me sentais perdre la raison, j'avais tout essayé et rien ne marchait. Par moments, je l'aurais tuée. Certaines nuits, je l'étouffais presque, j'aurais fait n'importe quoi pour arrêter ces hurlements. Je me souviens d'un matin, à cinq heures, où j'ai pensé que je ne pourrais pas la supporter une minute de plus, j'ai alors couru me réfugier dans le jardin. »

Les pleurs et les cris prolongés d'un bébé peuvent devenir un supplice pour la mère. L'une d'elles raconte que le pédiatre avait effectivement prescrit du phénobarbital pour son bébé qui hurlait depuis plusieurs jours. « Si elle ne s'était pas arrêtée, je ne sais pas ce que j'aurais été capable de faire. » Une autre mère raconte ce qui se passait chez sa grand-mère en Russie :

> Quand les domestiques préparaient le dîner, elles remplissaient des bas de chiffons et d'un peu d'opium, et les don-

naient à sucer aux bébés qui pleuraient tandis qu'elles s'activaient aux cuisines. En passant auprès d'eux, elles poussaient le berceau du pied, pour qu'il se balance pendant qu'elles travaillaient.

Ces soins physiques constants, cette protection permanente, cette communion de pensée risquent de provoquer chez la mère non pas une simple fatigue mais un sentiment profond de frustration affective. Nombreuses sont les femmes qui vivent cette période comme très appauvrissante ; elles sont soumises à des forces extérieures et intérieures telles que la dépression, la colère, la culpabilité (comment peut-on ressentir de la colère envers un bébé adoré et sans défense qui a besoin de vous ?) et aussi un sentiment d'inutilité qui vient d'une conscience aiguë de la dévalorisation, par notre culture, de cette tâche épuisante.

L'expérience de la symbiose

Sans en être vraiment conscientes, la plupart des mères essayent de protéger leur bébé de tout choc physique et de tout traumatisme affectif ; elles essayent de deviner intuitivement les caractéristiques et la sensibilité de leur enfant pour le protéger de tout ce qui pourrait le perturber. En essayant de savoir ce que ressent le tout-petit, la mère doit souvent se fondre dans son monde sans paroles, où la perception est uniquement sensorielle. Développant les idées de D.W. Winnicott, dans son livre *The Matrix of the Mind*, le psychanalyste Thomas Ogden décrit ainsi la fonction maternelle pendant les premiers mois comme

> *un effort pour repousser le moment où le bébé prend conscience de la séparation... Répondre aux besoins du tout-petit*

L'EXPÉRIENCE SUBJECTIVE DE LA MÈRE

avant qu'ils ne deviennent désirs... Pendant une courte période, la mère crée l'illusion que le besoin n'existe pas.

La mère essaye de s'assimiler à son bébé pour soutenir sa conscience fragile d'exister, au moins jusqu'à ce qu'il soit assez fort pour accepter la réalité troublante de sa petitesse et de sa relative faiblesse, de sa séparation avec sa mère en même temps que de sa complète dépendance.

Quel effet produit ce don à l'enfant ? Dans sa nouvelle, *Tell me a Riddle,* Tillie Olsen décrit l'amour maternel comme un sentiment si intense et si exclusif qu'il peut estomper temporairement le sentiment de l'identité ou le sens du moi :

> *... La passion qu'on éprouve à soigner... qui croît avec le besoin comme un torrent; et qui, comme un torrent, noie et emporte tout le reste... Et ils posèrent le bébé sur son sein. Le besoin immédiat de prendre dans ses bras... une boule de chair toute chaude qui exprimait ses exigences et refusait tout le reste en reniflant, qui dévorait tout de sa bouche constamment en éveil; toute chaude — de sa vie animale — intensément dans l'instant... cette longue ivresse; cette immersion dans le besoin de l'autre et le fait de lui être indispensable.*

Quand nous nous plongeons dans les soins maternels, nous perdons le sens de notre identité pour en même temps nous consacrer à la vie. Dans cette nouvelle, une grand-mère mourante refuse même de toucher son petit-fils parce qu'en quittant tous ceux qu'elle aime, elle fait aussi un voyage vers elle-même, repoussé jusqu'à présent par toute une vie de don, de soins, consacrée aux besoins des autres, de sentiment d'être indispensable.

Se consacrer entièrement à un bébé nous dépouille momentanément de notre identité et une mère qui ne

ÉLEVER SON ENFANT : TÂCHE COMPLEXE

reçoit aucune aide est souvent menacée par un sentiment temporaire d'effacement.

Dans un poème intitulé *Morning Song*, Sylvia Plath décrit cet oubli de soi provoqué par la grossesse et les soins à un bébé comme un élan animal, impersonnel, aussi fort que la mer — si puissant qu'elle sursaute au premier cri de son bébé :

> *Un seul cri et je sors de mon lit, titubant et lourde comme une vache,*
> *Fleurie dans ma chemise de nuit victorienne.*
> *Ta bouche s'ouvre, aussi grande que celle d'un chat...*

Pourtant, le bébé du poème est comme un miroir qui reflète la sensation de disparition de la mère :

> *Je ne suis pas plus ta mère*
> *Que la buée que distille un miroir*
> *Pour renvoyer son propre et lent effacement*
> *Sous le souffle du vent...*

Des mots comme « se noyer », « ivresse », « immolation » et « effacement », suggèrent que les mères perdent la conscience aiguë des limites entre leur moi et l'autre pendant un moment, en fusion avec l'enfant pour deviner ce dont il a besoin. Certaines femmes adorent cette période ; d'autres aussi, mais à mi-temps seulement. D'autres encore en aiment certains aspects mais ne peuvent s'y consacrer très longtemps sans voir l'impression de perdre leur propre identité. (Une mère m'a dit qu'elle rêvait constamment qu'elle était emportée par une inondation tandis qu'elle essayait de tenir la tête de son bébé hors de l'eau.) Une chose est sûre : cette aliénation par le tout-petit exige plus de don de soi que la plupart des femmes ne l'imaginent avant d'avoir elles-mêmes un enfant.

La signification symbolique du tout-petit

Qu'est-ce qu'un nourrisson pour sa mère ? D'abord une partie de son corps qui se détache mystérieusement, inexplicablement quand il entre dans le monde, presque une partie d'elle-même qu'elle doit soigner puis chasser de son territoire et en perdre le contrôle. Pour certaines mères, l'enfant est un bien qu'on possède ; pour d'autres, un amant passionné. Un tout-petit peut apporter un soulagement énorme, devenir un bouclier, protéger sa mère de tous les ennuis ; et il peut jouer tous ces rôles successivement.

Certains psychologues croient qu'un bébé commence par être un prolongement narcissique — qu'on ne peut pendant un temps considérer comme séparé. Elizabeth Loewald, psychanalyste, pense qu'un bébé devient temporairement une sorte d'objet transitionnel, à la fois la mère et quelqu'un d'autre, adoré mais pas encore distinct de ses fantasmes et de ses désirs. Selon une autre psychanalyste anglaise, Enid Balint :

> *De par son origine instinctive, l'amour maternel ne concerne que le très jeune enfant, celui qui dépend encore du corps de sa mère... Ainsi, de même que la mère est un objet de gratification pour l'enfant, l'enfant en est un pour sa mère...*

Les soins constants à donner aux enfants nous entraînent vers nos souvenirs les plus profonds : dans son livre, *Parenthood as a Developmental Phase*, la psychanalyste

ÉLEVER SON ENFANT : TÂCHE COMPLEXE

Therese Benedek affirme que les tout-petits nous forcent à un retour en nous-mêmes au moyen de souvenirs ravivés par leurs odeurs, leur contact, leurs bruits, leurs désirs et leurs faiblesses, leur mouvement incessant, leurs peurs, leurs joies, leurs jeux, la satisfaction et la terreur de leurs efforts d'autonomie : tout cela nous rappelle notre propre enfance. Cela nous empêche parfois de faire la distinction entre nos propres besoins et nos premières expériences et celles de nos enfants.

Nombre de psychologues considèrent l'état de parent comme une étape du développement. Le psychiatre Peter Blos dit que

> *l'approche plus facile de la mère à ses souvenirs d'enfance, ses souhaits inconscients, ses conflits et ses fixations, le relâchement de son système de défense, tout cela survit aux changements physiques et endocriniens de la grossesse biologique et de la période post-natale. Cette ouverture psychique dure plusieurs mois et commence seulement à s'atténuer lorsque l'enfant atteint le milieu de sa seconde année... Cette période de flexibilité psychique se termine lorsque le bambin prend de plus en plus conscience de son indépendance psychologique et du fait que sa mère l'accepte...*

Les soins des premiers mois sont si épuisants qu'il est essentiel que la mère ressente son bébé comme un prolongement de son psychisme. Mais il arrive un temps où doit prendre fin cette confusion initiale du moi et de l'autre. C'est à ce moment décisif que la mère doit apprendre qui est son enfant, séparément de ses souhaits et de ses fantasmes.

Le sevrage et le retour à la rationalité

On appelle sevrage une des premières ruptures importantes dans la relation fusionnelle entre la mère et son bébé : il accompagne le sevrage réel du sein ou du biberon. Le sevrage, qui met en évidence le fait que la mère et l'enfant ne sont pas une seule personne, provoque toujours un choc, surtout si la mère a retrouvé avec son tout-petit l'intimité et la sensation de plénitude qu'elle avait connues avec sa propre mère. Sa capacité à avoir de nouveau une pensée rationnelle revient avec ce sentiment de différenciation, et elle réexpérimente ce que c'est que d'être séparée, seule, d'avoir des besoins et des désirs qui lui soient propres.

Contrairement aux séparations quotidiennes et de courte durée, adoucies par la dépendance du tout-petit, le sevrage du sein ou du biberon constitue le commencement de la fin. C'est un état d'esprit autant qu'une adaptation aux étapes du développement du tout-petit. C'est un événement qui symbolise un changement dans la relation entre la mère et l'enfant qui cesse d'apparaître comme le bénéficiaire passif et impuissant des soins de sa mère.

Pour certaines femmes, le sevrage ressemble à la fin d'une lune de miel ou de la période passionnelle d'une histoire d'amour ; si on veut que la relation dure ou évolue positivement, le vrai travail commence. D'autres mères accueillent le sevrage avec soulagement comme la fin d'une promiscuité étroite et peu agréable avec un être trop démuni et trop dépendant. Après le sevrage, certaines mères pensent : « Maintenant, mon bébé est un être à part entière, un individu unique. » Tôt ou tard, la personnalité de bébé va émerger avec toute sa force. C'est toujours une surprise car chaque mère fantasme sur son bébé longtemps avant qu'il vienne au monde. Ce qu'il est ou devient

ÉLEVER SON ENFANT : TÂCHE COMPLEXE

est toujours surprenant — au mieux, une bonne surprise ; au pire, c'est une personnalité qu'on refuse.

Que le sevrage soit précipité ou repoussé, qu'il soit pénible ou qu'il soit vécu comme une libération, c'est toujours un rite de passage pour la mère et l'enfant. Chaque mère se comporte très différemment. Certaines femmes supportent difficilement cet état de dépendance et encouragent leurs enfants à être autonomes de bonne heure :

> Roberta, âgée de vingt-cinq ans, qui venait de Bordeaux et avait été transplantée dans la région de Paris, m'a raconté en buvant une tasse de café qu'elle n'avait pas pu supporter de voir son fils téter son biberon. « Je ne cessais de me dire qu'il allait être efféminé en le regardant sucer cette tétine toute la journée », m'a-t-elle dit. Quand son fils a eu onze mois, Roberta a rassemblé tous les biberons et les a jetés. L'enfant a hurlé et pleuré pendant toute une semaine, refusant de manger les bonnes choses qu'elle lui préparait en utilisant tout ce qu'il y avait de meilleur. Quand il s'est arrêté finalement de sangloter et qu'il s'est mis à manger, Roberta a eu l'impression qu'elle avait commencé à en faire un homme.

Le moment où la mère décide du sevrage dépend à la fois de facteurs externes et internes. Certains maris acceptent très mal d'être en compétition avec un bébé. Certaines mères accélèrent le processus du sevrage de crainte de mettre leur couple en danger :

> Françoise m'a raconté que son premier mariage s'était défait après la naissance de son fils. « J'étais si jeune, vingt et un ans, et après l'arrivée du bébé, je ne pouvais pas être épouse et mère à la fois. » Quand elle s'est remariée, à trente ans, elle a décidé de ne pas laisser la maternité s'interposer entre elle et son mari. C'est pourquoi elle a sevré sa fille à

trois mois et confié son bébé à une nourrice pendant une semaine tandis que son mari et elle partaient aux Bahamas pour essayer de se retrouver. Malheureusement, elle a eu les seins gonflés et douloureux pendant tout ce temps-là et elle pleurait tous les soirs dans sa luxueuse résidence. « Mon bébé ne me reconnaissait pas quand nous sommes revenus. Puis, quand elle a entendu ma voix, elle a sangloté pendant des heures. »

La fin de cette relation nourricière très intime peut symboliser d'autres pertes pénibles et provoquer un sentiment dépressif temporaire :

Hélène, qui avait été si heureuse de nourrir ses deux bébés, est devenue dépressive quand son petit d'un an s'est mis à refuser le sein. « Je savais que nous n'aurions pas d'autres enfants. C'était fini. » Hélène m'a dit qu'elle avait été envahie par des sentiments irrationnels, comme si elle avait été repoussée par son bébé. « Il me semblait qu'elle ne s'intéressait plus du tout à moi ; et ça, je ne pouvais pas le supporter. » Elle a commencé à s'en vouloir d'être si égoïste et si possessive. « Je suis devenue incroyablement morbide et ma mère, morte, a commencé à me manquer. J'ai même voulu me jeter sur sa tombe, tellement elle me manquait. » Inquiète de la rapidité de ses émotions en spirale descendante, elle est allée consulter son gynécologue. Il lui a dit que son état était en partie d'origine hormonale, par suite des changements que subit le corps quand la lactation s'arrête. Mais une partie de sa dépression venait de ce sentiment de perte — la perte de l'intimité qu'on éprouve en allaitant.

Certaines mères éprouvent tellement de joie à allaiter qu'elles ne tiennent pas compte des désirs d'autonomie de l'enfant et retardent ses tentatives d'indépendance :

Ruth a passé cinq ans à conseiller des mères en difficulté. Quand son plus jeune fils a eu deux ans, il l'a regardée après avoir tété, le menton dégoulinant de lait et il lui a demandé : « Maman, est-ce que je peux boire un biberon maintenant ? » Rétrospectivement, Ruth s'est aperçu qu'elle avait été insensible à toutes les manifestations de son fils pour exprimer son désir de ne plus téter. Mais elle avait connu un tel bonheur à l'allaiter qu'elle avait refusé de le sevrer. « Parfois c'est eux qui nous demandent de les laisser grandir », a-t-elle ajouté.

Dans son livre *Naître d'une femme**, Adrienne Rich explique que beaucoup de femmes doivent souvent s'efforcer de se « sevrer » elles-mêmes de leurs enfants et de rompre cette intensité passionnelle qui marque les différentes phases de la maternité. Adrienne Rich est l'une des premières femmes à avoir admis ouvertement que ce processus de séparation était difficile pour la mère. Certaines le comparent à un état de manque ; pourtant ce n'est bon ni pour la mère ni pour l'enfant de le vivre comme un manque.

Séparation/individuation du point de vue de la mère

Une des tâches les plus complexes pour les parents consiste à accorder une autonomie progressive, l'individuation, à une personnalité séparée, au très jeune enfant. Il faut beaucoup de force et de maturité pour laisser partir nos enfants, surtout si nous les aimons intensément.

Nous ne pouvons que spéculer sur l'expérience subjective du tout-petit, domaine qui restera toujours un mystère pour nous. Beaucoup de mères affirment qu'au cours de

---

* Denoël, 1980.

la deuxième année, un changement énorme survient à la fois chez l'enfant et dans sa relation avec celle qui s'occupe de lui. On appelle souvent cette période « les deux ans terribles ». Les psychanalystes considèrent maintenant que c'est une étape cruciale et extraordinairement complexe du développement qui a une résonance profonde sur toute la vie future. Margaret Mahler a fait des recherches sur cette phase et ses théories se fondent sur une observation approfondie des enfants et des mères.

Le terme « séparation/individuation », utilisé en psychanalyse, a été inventé par Margaret Mahler et exprime en une formule raccourcie le déroulement de la vie affective de l'enfant entre dix-huit et vingt-quatre mois approximativement. A l'exception de Louise Kaplan dans son livre *Symbiose et séparation**, de Nancy Chodorow dans *The Reproduction of Mothering* et dans un certain nombre d'articles et d'études de cas, peu de gens ont essayé d'étudier cette phase émotionnelle du point du vue de la mère : ce qui se passe en elle quand ses enfants commencent à lutter pour une plus grande autonomie. On comprend aisément pourquoi il est difficile de parler des émotions qui assaillent alors les femmes. Des passions conflictuelles — sentiment de perte, de désir, de dégoût ; l'impression d'être rivale, d'être exploitée et manipulée ; la déception, et même la haine — toutes ces émotions jaillissent de temps en temps chez la mère une fois que le jeune enfant commence à se différencier d'elle. Ce sont des sentiments qu'une mère s'interdit d'avoir ; ils sont pourtant inévitables, universels, pendant cette étape de la séparation vers l'individuation et par la suite.

Pendant cette phase, s'occuper d'un enfant peut mener certaines femmes à la folie. Dans un de ses derniers poè-

---

* Robert Laffont, collection « Réponses », 1980.

mes, Sylvia Plath évoque avec beaucoup de réalisme sa petite fille en train de faire une colère tandis que son bébé, « comme un gros escargot », laisse une traînée de bave sur le parquet. C'est une scène familière aux mères, au moins dans notre société — un de ces instants fugitifs de cauchemar que nous essayons d'oublier — que de voir une mère ramasser sa fille « à plat ventre... en train de lui donner des coups de pied » et la mettre dans une autre pièce en attendant qu'elle se calme, ou bien devoir faire appel à une baby-sitter pour la soulager. Mais Sylvia Plath fait plus que seulement décrire ce qui est le lot commun de toutes celles qui ont affaire à de très jeunes enfants. Au lieu de mettre tout cela sur le compte des « deux ans terribles », elle *recrée* ce que l'on ressent devant deux petits êtres exigeants et déchaînés : la colère, le manque de maîtrise de soi et la culpabilité.

L'expression de sentiments aussi perturbants est nouvelle aussi bien dans la vie qu'en littérature. Nous sommes très réticents à reconnaître la montée et la chute des émotions qui bouillonnent en nous quand nous nous occupons d'enfants de cet âge. Malheureusement, notre culture bombarde les mères d'images de sainteté d'un côté, et de jugements sévères de l'autre. Le message est que les sentiments tels que la possessivité, l'envie et la douleur (sauf lorsque l'enfant meurt) sont si inacceptables qu'on ne doit pas les ressentir, encore moins les avouer.

La séparation d'avec la mère est un phénomène complexe. La mère doit accepter que l'enfant se sépare d'elle en même temps qu'elle vit sa propre séparation d'avec l'enfant. Les deux événements se déroulant simultanément. Son expérience de mère lui rappelle sa propre expérience de bébé. Tandis que son petit de deux ans se révolte contre son impuissance, sa petitesse, sa dépendance dans un monde de géants, *la mère peut ressentir tout cela elle-*

même, ainsi que la perte de ce tout-petit dont l'amour était jusque-là dénué d'ambivalence douloureuse.

Si tout se passe bien, l'enfant, maintenant, s'attachera étroitement à d'autres, en relâchant les liens exclusifs qui le reliaient à sa mère. Dès qu'il commence à manifester son affection profonde pour les autres, certaines mères éprouvent de la honte à admettre qu'elles se sentent jalouses.

L'expérience de la séparation chez le jeune enfant

Le premier contact de l'enfant avec le monde au-delà de sa mère et de lui-même est marqué par la curiosité et l'enthousiasme. Même dans les meilleures conditions, ces premières tentatives d'autonomie font naître chez l'enfant et chez la mère des sentiments de satisfaction et de colère, de joie et de trahison, de perte aussi bien que de ravissement.

Dans son livre, *The Psychological Birth of the Human Infant*, Margaret Mahler explore en profondeur les colères du tout-petit, son ambivalence et son effort pour se séparer de sa mère. C'est un moment où la mère doit accepter d'exercer son rôle différemment de l'époque où l'enfant était plus jeune et entièrement dépendant. Cette période exige un maximum d'altruisme, de don de soi et de soins désintéressés. C'est maintenant que la mère doit apprendre à supporter, entre autres, d'être ignorée un moment puis étroitement enlacée l'instant suivant ; à être là lorsque l'enfant le souhaite puis dédaignée, souvent même rejetée, quand il veut être seul.

D'après Margaret Mahler, les enfants qui commencent à marcher, après avoir goûté aux fruits délicieux de l'autonomie, ont encore besoin de se ressourcer ; en d'autres termes, ils ont besoin que leur mère soit là pour courir vers elle après avoir exploré le monde. Quand les bébés apprennent à se traîner, ramper, marcher, courir loin de leur mère, ils connaissent l'allégresse de découvrir tout à la fois le mouvement, l'exploration, la maîtrise des gestes. Dans un article où elle étudie le processus de séparation/individuation chez les toutes petites filles, Anni Bergman, qui a travaillé en association étroite avec Margaret Mahler, a décrit l'illusion de ne faire qu'un avec la mère et le « sentiment de sécurité et de protection qui en découle ».

La mère est encore le centre de son univers et la petite fille a besoin de ne pas avoir à la remettre en cause, et de revenir auprès d'elle de temps en temps pour se « ressourcer affectivement ». Ce ressourcement affectif est un phénomène important pendant cette étape du développement. C'est déjà ce que fait un bébé fatigué qui tire sa subsistance d'un contact physique rapide avec sa mère et renouvelle ainsi son énergie pour repartir explorer le monde avec ardeur et enthousiasme.

Cependant cet état merveilleux est promis à la rupture au fur et à mesure que l'enfant se développe. Il découvre alors qu'il est petit, maladroit et vulnérable. Inévitablement, il tombe, se fait mal, apprend qu'il ne peut pas faire tout ce qu'il veut. Il comprend peu à peu que sa mère est un être tout à fait séparé et qu'il est seul. Vers deux ans, Anni Bergman explique que « l'illusion d'unité avec la mère, de ne faire qu'un ne peut plus durer ». Cela entraîne un comportement que Margaret Mahler a appelé « l'ambitendance ».

... alternativement le désir d'être seul et celui d'avoir sa mère tout près pour fournir des solutions, seulement pour pouvoir les rejeter dès qu'elles ont été fournies...

Quelle situation exaspérante du point de vue de la mère : être constamment nécessaire et rejetée, attendue — nourricière et protectrice — sans intervenir, sauf quand l'enfant le souhaite. Il n'y a rien d'étonnant à ce que les mères se sentent exploitées à ce moment-là. Les accès de rage de l'enfant sont fréquents lorsqu'il s'aperçoit que sa mère n'est ni son prolongement ni sa domestique. Pourtant, quel que soit son comportement, aussi révoltantes que puissent être ses exigences, la mère se doit de le surveiller constamment.

La nécessité d'imposer des limites : le choc affectif qui en résulte

Afin de mesurer son pouvoir, l'enfant teste sans cesse les limites de son univers. Dans notre société étonnamment permissive, le besoin de discipliner un enfant, de lui imposer des limites, de lui dire : « Non, tu ne peux pas faire ça ! » commence vraiment à ce moment-là. Certains parents ne se sentent pas capables de le faire. Ils craignent de perdre son amour s'ils lui imposent des limites. Le père d'un petit garçon de deux ans m'a dit : « Je crains qu'il ne me déteste maintenant. Qu'est-ce que je peux faire pour éviter cela ? » Quand un petit garçon frappe, mord, crache, lance des regards haineux et méprisants, cela ressemble à une haine d'adulte. Mais ce n'est pas vrai, une des choses les plus étonnantes, avec les enfants de deux ans, c'est qu'ils ne nous en veulent pas, en tout cas pas pour très longtemps.

D'après le docteur Henry Massie, pédopsychiatre, le besoin de l'enfant de connaître ses parents — quels comportements ils peuvent tolérer, ce qu'ils n'acceptent pas et les limites de son propre pouvoir par rapport à eux — est aussi intense que son besoin d'air, de nourriture et d'eau.

> *Dans mon travail, je vois beaucoup trop de parents culpabilisés à l'idée de dire non à leur enfant, et qui par conséquent ne peuvent lui imposer des limites. C'est particulièrement vrai pour les mères qui travaillent et qui sont très culpabilisées de quitter leur enfant tous les jours. Mais les enfants ont absolument besoin de savoir qui sont leurs parents. Ils ont aussi besoin de quelqu'un qui les aide à contrôler leurs impulsions quand ils sont incapables de le faire tout seuls. Si tant de mes jeunes patients ont peur de leurs impulsions, c'est parce que personne ne leur a imposé de limites. J'ai reçu un enfant particulièrement turbulent qui, après avoir tout dérangé dans mon cabinet, a dit qu'il était policier et s'est mis lui-même en prison.*

Les parents pleins de tendresse auront du mal à comprendre que leurs accès de colère constituent la réaction normale devant l'attitude de provocation permanente de leurs enfants. Des gens instruits éprouvent un choc à se trouver en train de hurler après leur enfant comme si c'était un adulte. D'autres craignent vraiment de leur faire du mal en les empêchant d'être insupportables. Nombreux sont ceux qui, opposés aux châtiments corporels, se retrouvent avec stupéfaction en train de donner une fessée. Les enfants mettent souvent à l'épreuve les croyances et les valeurs auxquelles nous tenons le plus :

> Quand la petite fille de Daniel, âgée de dix-sept mois, a touché la prise de courant pour la septième fois, il a fini par lui donner une tape sur la fesse. Professeur de philosophie dans une grande université, Daniel et sa femme, qui travaille à plein temps, se partagent l'éducation de leur fille et d'un petit garçon de trois ans et demi. Daniel reconnaît, plein de

confusion : « Je n'avais jamais pensé que je pourrais frapper un enfant. Maintenant, il n'est plus question de savoir si je lui donnerai une fessée ou non, mais combien je vais lui en donner aujourd'hui. »

Avant que sa fille n'ait essayé d'atteindre la prise de courant, nous avions plaisanté sur la façon dont Hegel et Kant se seraient comportés dans cette situation, et nous nous étions demandé si cela aurait influencé leur pensée. En souriant d'un air coupable, Daniel m'a dit : « Comment pouvais-je savoir jusqu'où me pousseraient mes enfants ? » Cela m'a fait considérer la pensée philosophique sous un jour nouveau.

Craignant de devenir violente avec sa fille, une mère a commencé par l'enfermer dans sa chambre jusqu'à ce qu'elle soit en mesure de maîtriser ses émotions :

> Jeannette avait été débauchée de son travail pour un mois pendant une grève d'infirmières quand sa fille avait deux ans et demi. Ravie de pouvoir enfin passer des journées entières avec elle, ce qu'elle n'avait jamais pu faire sauf pendant les vacances, elle retira provisoirement sa fille de la crèche. « Je ne soupçonnais guère à quel point elle serait difficile. Le troisième jour, elle s'est mise à me frapper chaque fois que je lui interdisais quelque chose. Cette gosse me rendait folle. Je faisais tout ce que je pouvais pour ne pas la battre. Un jour, j'ai dû l'enfermer dans sa chambre au moins dix fois. En dehors du fait qu'elle était insupportable, je craignais vraiment de lui faire du mal.

Une autre mère exprime ainsi sa déception devant le comportement de son fils : enceinte de son second enfant, Hélène a perdu patience devant les colères incessantes et l'opposition de son fils.

Chaque fois que je disais : « Rentrons », il voulait rester dehors. Si je lui disais : « D'accord, restons dehors ! » Il répondait : « Non ! » Chaque fois que je lui demandais de faire quelque chose, il faisait le contraire. Je me suis surprise à le détester — ou à détester la façon dont il me traitait. Qui laisseriez-vous d'autre vous cracher dessus ? Je continuai ainsi un mois ou deux, à la suite de quoi j'aurais aimé retourner travailler et ne pas être enceinte.

Pendant cette période, certaines mères retrouvent les méthodes éducatives de leurs parents quelles qu'elles soient ; d'autres essaient délibérément des méthodes différentes, parfois à l'opposé de celles de leurs parents :

La veille du jour où j'ai parlé à Lorraine, elle avait lavé la bouche de son fils de quatre ans avec du savon. « J'ai absolument horreur de faire des choses pareilles, mais je me suis juré de ne jamais frapper mes enfants — ce qu'on me faisait quand j'étais petite. » Bien que Lorraine évoque ses parents avec respect, elle m'a dit que les châtiments corporels étaient la norme pour elle et ses sept frères et sœurs. « Maman et Papa se servaient d'une lanière. Je me rappelle que j'en étais terrorisée. Je ne peux pas dire que je n'ai jamais donné de fessée à mes gosses. Certains jours, cela n'allait pas si je ne donnais pas une fessée à au moins l'un d'entre eux. C'est le pire pour une mère que de les faire tenir tranquilles. Mais c'est pourtant indispensable. Sinon, ils finiraient par se tuer. »

« Fixer les limites » est une expression bien faible pour décrire le comportement de l'enfant et la réaction de sa mère. Quand ma fille aînée a eu deux ans, je me souviens avoir été bouleversée par ses premiers signes d'hostilité évidente, cette colère que je n'avais jamais connue jusque-là. Un des souvenirs les plus vifs de mes premières années

L'EXPÉRIENCE SUBJECTIVE DE LA MÈRE

de mère se situe un après-midi, passé avec d'autres femmes, inconnues pour la plupart, toutes avec des enfants de l'âge de ma fille. Nous avions, peu de temps auparavant, décidé de nous rencontrer pour faire une thérapie de groupe.

Souvenir : Je suis sur une terrasse ensoleillée et fleurie. Des petits, s'échelonnant de dix-huit mois à deux ans et demi marchent en chancelant autour d'un banc de pierre, entrent et sortent des massifs d'arbustes et d'entre les pots de géraniums, observent les pierres, les feuilles, les pétales, les limaces et les gouttes d'eau.

J'observe ma fille, en train d'explorer le monde sans aucune timidité. Elle est ravie de se trouver au milieu de jeunes enfants de sa taille. Elle est heureuse de jouer avec eux. De toute évidence, c'est ce dont elle a besoin maintenant — être avec d'autres enfants, mais moi étant toute proche — pour pouvoir explorer le monde librement tout en sachant que la sécurité n'est pas loin. La voilà partie bravement à l'aventure, tout à la fois Magellan, Vasco de Gama et Christophe Colomb. Les mères guindées et circonspectes me font penser à la solitude que j'éprouve depuis la naissance de cette petite fille si chérie, car sa naissance m'a écartée de mon travail, de mes collègues, d'intérêts partagés pour entrer dans ce monde inconnu et étranger des mères de famille.

Une mère transporte une bible avec elle. Elle a beaucoup de soucis avec son bébé qui est né avec une insuffisance cardiaque congénitale. Cette femme me semble plus aimable, plus humaine, bien que nous n'ayons pas grand-chose en commun.

Soudain, je vois sa petite fille, plus menue que les autres, ramasser une pierre et la jeter sur sa mère. La pierre frappe le visage de la femme au-dessous de l'œil. « Tu m'as frappée ! » s'emporte la mère. La petite fille s'approche et la frappe de toutes ses forces. Gênées, nous faisons semblant de ne rien voir.

Mais cela me fait penser aux accès de colère de ma fille que j'ai commencé, moi aussi, à subir et je sais à quel point c'est contrariant. L'adoration de ma fille pour moi semble se transformer peu à peu en ce qui ressemble à de la méchanceté délibérée, puis elle revient à des câlins affectueux, ce qui me réconforte. Cela m'a menée à consulter une de mes amies qui, grâce à sa connaissance approfondie des enfants, m'informe de ce qui se passe : « Ils découvrent qu'ils ne sont pas Dieu et cela les rend fous ! », me dit-elle. « Vous n'êtes pas le prolongement d'eux-mêmes comme ils le croyaient. Maintenant, ils commencent à vous aimer et à vous détester en même temps ; c'est nécessaire, c'est la seule façon pour eux de pouvoir entamer la séparation. Cela veut dire qu'ils se sentent suffisamment sûrs de votre amour... Mais empêchez-les de vous battre ; ils sont très malheureux quand ils vous ont réellement fait mal. »

La mère à la bible se crispe de plus en plus, tandis que sa fille la roue littéralement de coups. A ce moment-là, une autre femme se met à raconter : « Ma fille a commencé à faire la même chose — elle mord, donne des coups de pied, elle crache même sur moi maintenant ! »

Une autre mère ajoute : « J'ai dû commencer à enfermer mon fils dans sa chambre tellement il devient insupportable. » Dans le groupe on éprouve un moment de soulagement, les défenses tombent et bientôt chaque mère a une histoire semblable à raconter :

« Le mien m'a mordu le genou si fort que j'ai saigné ! »
« Bobby m'a donné un coup de pied dans les tibias ! »
« Suzanne m'a arraché les cheveux ! »

Des claques, des pincements, de la haine, de la colère, de la rage. Tout cela contre nous ! Comme un chien qui mordrait la main qui lui donne à manger. Comme Adam et Ève croquant la pomme au paradis terrestre après que Dieu leur eut donné un séjour si délicieux. C'est une trahison : ils nous trahissent en nous détestant et en voulant être libres alors que nous leur avons tout donné. Et nous les trahissons de notre côté en nous accrochant à eux ou en les quittant les premiers avant qu'ils ne soient prêts à la séparation parce que nous ne pouvons plus supporter leur attitude provocante.

La culpabilité des parents, la colère, la découverte de soi

Certaines mères veulent à tout prix éviter de faire à leur enfant le mal qu'elles ont subi dans leur jeunesse. Mais ce désir peut faire naître des dilemmes imprévus. Récemment, une de mes vieilles amies, Carole, m'a appelée, en larmes. Une maîtresse de jardin d'enfants venait de lui dire que sa fille se comportait de façon incontrôlable et violente, qu'elle était perturbée sur le plan émotionnel et qu'elle avait besoin d'une psychothérapie. Carole et moi avons grandi ensemble dans le même voisinage. Enfant de parents divorcés, elle passait autant de temps qu'elle le pouvait chez mes parents. Je me souviens de la mère de Carole comme d'une femme désagréable et vindicative qui voyageait beaucoup, puis finalement se remaria en provoquant beaucoup de malheurs. Les gens qui gardaient Carole étaient choisis au hasard, fréquemment remerciés ou remplacés. Carole a sacrifié sa carrière d'avocate pour élever sa fille de la façon qu'elle pensait être la meilleure, ne la quittant jamais sauf pour de courtes périodes quand elle ne pouvait pas faire autrement.

Carole imposait rarement des limites à sa fille. Quand elle était venue me voir, une année plus tôt, elle m'avait dit que cette contrainte se confondait dans son esprit avec la discipline stricte et souvent abusive imposée par sa mère. Elle sentait que les méthodes de sa mère l'avaient sérieusement entravée dans sa vie d'adulte. En imposant des limites à sa fille, elle craignait de contrecarrer son talent créatif ou de lui nuire comme cela avait été le cas pour elle. En larmes, elle me dit :

> Comment une mère peut-elle être sûre de quoi que ce soit ? Je déteste les mères trop sûres d'elles-mêmes ! J'ai fait tout ce que j'ai pu pour donner à Jenny une enfance plus heureuse que la mienne. Ma mère me flanquait une frousse terrible quand elle était à la maison. Je me suis juré de ne jamais faire cela à Jenny. Quant aux gens qu'elle payait pour s'occuper de moi, j'en ai encore des cauchemars. J'ai consacré ma vie à être une meilleure mère que la mienne, pour que ma fille ne souffre pas ce que j'ai souffert... Et maintenant on me dit que j'ai agi aussi mal, peut-être pire, avec mon enfant.

Culpabilité, incertitude, tentative de faire mieux, de donner davantage, d'être une meilleure mère que la nôtre. A cause — ou malgré — de tels sentiments, beaucoup de mères se culpabilisent sans cesse. Elles s'en veulent de faire trop attention, ou pas assez ; de donner trop de liberté à leur enfant, ou pas assez ; de lui donner des fessées ou de ne pas lui en donner — tous ces sentiments sont très fréquents, mais pourtant tenus cachés. La mère qui se sent coupable de travailler ; celle qui s'en veut de ne pas avoir à travailler ; celle qui est bourrelée de remords de faire les deux à la fois : travail à mi-temps et mère à mi-temps, et qui a l'impression que ses deux activités en souffrent ; la culpabilité de la mère qui voudrait s'éloigner de ses enfants, mais qui pense qu'elle n'en a pas le droit ; le remords de la mère qui s'enfuit brusquement en abandonnant son enfant ; celui de la mère dont l'enfant est déséquilibré, malheureux, malade physiquement ; la certitude de lui avoir fait tort de façon permanente, quoi que vous ayez fait ou omis de faire.

D'où vient ce sentiment de culpabilité horrible et oppressant et pourquoi pèse-t-il si lourdement sur les épaules maternelles ? Quelle part de vrai y a-t-il dans tout cela ? Voilà qui pourrait nous inciter à nous examiner et à être de meilleures mères. Si nous n'éprouvions pas de culpabilité, rien ne nous pousserait à nous corriger, et à tirer profit de nos erreurs. Mais le mea-culpa maternel est sûrement excessif : les mères ont tendance à s'autocritiquer pour tout.

C'est la société qui rejette sur les mères la plus grande partie de ce sentiment de culpabilité cruel et destructeur, si bien que les autres ne sont nullement responsables du bien-être de la génération qui suit. Ce sentiment de faute est dû en partie à notre colère devant l'enfant qui exprime ouvertement son agressivité, s'affirme par un comportement insupportable et choquant, et fait ce que nous n'accepterions d'aucun être humain sans représailles immédiates. La colère d'un enfant, même si elle est temporaire, nous rend furieuses. Après tous les efforts que nous avons faits pour prendre soin de lui ! Et pourtant, cette colère envers un jeune enfant sans défense nous paraît en fin de compte bien déplacée.

Les parents comprennent souvent qu'ils se sont trompés dans une direction ou dans une autre, en étant trop permissifs ou trop stricts. Jadis, le support plus solide des valeurs religieuses aidait les parents à régler les problèmes de discipline. Grâce à leur croyance inébranlable, ils étaient convaincus que, quoi qu'ils fassent, ils agissaient bien, même s'ils brutalisaient leurs enfants. Par contraste, à notre époque, le manque de certitudes nous a fait remettre en question des valeurs jadis considérées comme vérité absolue. Ce sentiment d'impuissance et de perplexité mène à une attitude trop permissive, si fréquente de nos jours. Quand on est perplexe et replié sur soi-même, on ne peut pas trouver la force intérieure de dire « non ».

Non seulement on a tendance à se comporter comme ses propres parents vis-à-vis de ses enfants, mais on a souvent les mêmes sentiments. L'aspect douloureux de notre relation avec notre mère resurgit quand nous nous occupons d'un enfant. Le travail émotionnel de l'éducation implique le soin d'une nouvelle vie précieuse et fragile tout en faisant revivre les liens et les conflits de notre première enfance. Rien d'étonnant à ce que les gens se précipitent sur les théories éducatives nouvelles afin d'écarter ces sentiments que les enfants font naître en eux. Mais peu de parents sont capables de suivre avec beaucoup de conviction ces méthodes à la mode. Découvrir ce que nous sommes vraiment et comment nous réagissons à des expériences affectives conflictuelles est un des éléments les plus fascinants et les plus redoutables de la maternité.

Dans les trois premières années de la vie de l'enfant, celle qui s'occupe de lui au tout début doit accomplir des tâches très complexes : elle doit créer un lien avec un être tout neuf et minuscule qui, par sa fragilité et sa dépendance, nécessite une présence permanente ; elle doit aussi travailler à ordonner le monde de l'enfant et soutenir son moi fragile qui commence à se former. Dès que la mère a maîtrisé ce savoir-faire intuitivement, elle doit apprendre tout un ensemble de signaux, de tâches et de comportements nouveaux : comment imposer ses exigences, comment infléchir et structurer les actions de l'enfant, comment accepter son adoration et ses colères, son attachement et sa révolte — tout l'éventail des sentiments positifs et négatifs. Pendant que cette première relation décisive s'établit, la mère doit en même temps revivre et surmonter à nouveau les tensions et les conflits qu'elle a connus — le désir de sa propre mère et le désir de liberté ; le besoin de l'autre pour l'aider à maîtriser et contrôler les impulsions indisciplinées et la douleur qui en résulte.

3.
LE DÉSIR DE MÈRE
ET LE DÉSIR D'ENFANT

> Donner la vie peut être pour la mère la réalisation du double souhait d'être un enfant et d'avoir un enfant... Elle peut revivre la symbiose avec sa propre mère... et l'éloignement progressif de ses enfants sera ressenti comme une double perte : celle de son enfant et celle de sa mère.
>
> ANNI BERGMAN,
> *Early Female Development...*

> Chez un homme, le désir d'avoir un enfant est le moindre de ses besoins humains.
>
> Janine CHASSEGUET-SMIRGEL,
> *The Feminity of the Analyst...*
> (La Féminité de l'analyste).

Notes prises au cours d'entretiens

S'il vous est déjà arrivé de souffrir d'un sentiment d'insignifiance, la maternité le fera disparaître complètement. Totalement. Je ne me suis jamais sentie aussi forte que lorsque j'ai expulsé ce bébé et que la sage-femme a posé sur ma poitrine cette petite chose vivante qui respirait ! Ce vrai bébé bien vivant ! C'était trop fort. Je n'ai jamais rien ressenti de pareil, et je ne pense pas que cela puisse se reproduire avant une autre naissance. Et je vais vous dire : je sens quelque chose en moi qui voudrait continuer d'avoir des enfants tous les ans. (Maxine, vingt-quatre ans, mère d'un enfant.)

Quand vous êtes enceinte, vous vous sentez vraiment quelqu'un ! Vous êtes quelqu'un. Tant que vous avez ce bébé en vous, personne ne peut vous enlever cette impression ! (Serena, quarante-trois ans, mère de sept enfants.)

Certaines de ces adolescentes enceintes sont terriblement perdues et seules. C'est effrayant ce besoin des autres que je trouve chez certaines mères adolescentes. Plus elles sont jeunes, plus elles sont inquiètes. La gamine avec qui j'ai parlé aujourd'hui était d'une tristesse incroyable... Je pense qu'elle a cru qu'étant enceinte, le bébé serait comme une de ses poupées. Le problème, c'est qu'un bébé donne énormément de travail. Si vous aviez vu cette gosse, assise dans cette cuisine crasseuse à écouter du rock et mourant d'envie d'aller faire du patin avec ses copines, et au lieu de cela clouée là par cette petite chose entièrement dépendante, tenant son bébé comme une poupée de chiffon. Et elle jouant à l'adulte. Comment peut-on ruiner sa vie de cette façon ? Deux vies ruinées, pas seulement une. (Une assistante sociale.)

Impératif biologique, besoin psychologique, ou courant culturel, le désir humain d'avoir des enfants peut être totalement indépendant des ressources disponibles pour les nourrir après la naissance. Chez certaines femmes, le besoin d'être enceinte et de mettre au monde est totalement différent de la capacité ou même du désir de soigner un jeune être vivant. Plus fort que l'intellect, étranger au bon sens, le désir d'avoir des enfants paraît enraciné dans notre être irrationnel, biologique, ou dans les replis secrets de notre inconscient.

La naissance d'un enfant est une expérience impressionnante qui ne procure pas seulement une sensation de puissance et de mystère, mais aussi le sentiment d'un renouveau. Quand les circonstances sont favorables, la décision d'avoir un enfant est habituellement révélatrice d'espoir, de foi en soi, dans le monde et les forces créatrices de la vie qui triompheront des forces de destruction. L'espoir, la foi et la croyance sont des mots associés aux aspirations religieuses et aux aspects spirituels de la vie humaine. Rien d'étonnant donc si les principaux symboles des religions tant modernes qu'anciennes sont le dieu créateur, la naissance d'un sauveur, ou la déesse de la fertilité.

Le désir d'avoir des enfants semble si naturel qu'on le remet rarement en question. S'interroger sur ce mystère apparaît comme impie, ou presque un sacrilège contre la nature humaine. La réaction instinctive de certaines religions à interdire le contrôle des naissances vient peut-être en partie du respect pour la vie et de cette capacité miraculeuse, qui est la nôtre, de nous reproduire. Cependant cette vénération pour la fertilité incontrôlée n'a de sens que lorsque les ressources aussi bien affectives que matérielles sont suffisantes pour apporter aux enfants à naître tous les soins qu'ils réclament.

Le désir d'avoir des enfants

Dans l'idéal, la conception et la naissance d'un enfant concrétisent l'amour de deux personnes, la véritable incarnation de leur désir de participer ensemble à la création et au développement d'un être nouveau qui sera à la fois unique et partie d'eux-mêmes. C'est peut-être aussi la manifestation du désir plus intime et plus secret qu'éprouvent deux personnes à « mêler leur sang », à se fondre et à s'unir symboliquement dans le corps d'un autre.

L'homme se reproduit aussi pour d'autres raisons,

LE DÉSIR DE MÈRE ET LE DÉSIR D'ENFANT

moins mystiques et moins ésotériques. Certains ont des enfants parce qu'ils sont seuls ; d'autres à cause de la pression sociale ; d'autres encore pour des motifs terre à terre qui tiennent plus de l'esprit de compétition et de l'instinct de propriété que du désir d'avoir des enfants.

Maintenant que la conception est libre pour la plupart des gens, pourquoi souhaitent-ils avoir des enfants ? En interrogeant des personnes de classe moyenne, ayant fait des études, j'ai pu constater que leurs motivations dans ce domaine paraissaient étrangement prosaïques. Un homme m'a dit qu'il voulait un fils « qui puisse suivre ses traces ». Lorsque je lui ai demandé ce qu'il entendait par là, il a précisé qu'il voulait que quelqu'un reprenne l'entreprise familiale quand il se retirerait. Deux femmes plus âgées m'avouèrent avoir été fortement influencées par les pressions sociales et familiales.

> A l'époque de mon mariage (les années quarante), on attendait normalement des jeunes femmes qu'elles aient des enfants. Si je n'en avais pas eu, on m'aurait plainte, ou bien on se serait moqué de moi. Je ne sais même pas si je voulais des enfants mais, à cette époque, les femmes ne se posaient même pas la question. Je ne crois pas que j'aurais eu la force d'être « différente ».

> Mes parents voulaient des petits-enfants. Ils m'en parlaient tout le temps. J'aurais eu l'impression de les abandonner si je n'avais pas de gosses.

Une autre femme m'a dit qu'elle avait eu des enfants « pour voir ce que c'était ».

> Je voulais tout connaître, et je pensais qu'il me manquerait quelque chose si je n'avais pas au moins un enfant.

Une autre mère a reconnu qu'elle enviait la fécondité de sa jeune sœur. La vue de ses adorables neveux et nièces la rendait tellement jalouse qu'elle finit par « céder » et avoir elle-même deux enfants, en dépit du fait que sa carrière très prenante d'avocate lui laissait peu de temps à passer avec eux.

Une femme a vécu la maternité comme une aventure et le fait d'élever des enfants comme une telle distraction qu'elle était désolée pour ceux qui se privaient d'une telle joie. Une autre m'a dit :

> Je ne peux pas imaginer ce que serait ma vie sans enfants. J'ai tellement de souvenirs heureux qui me viennent de mon enfance ! J'ai toujours désiré avoir des enfants rien que pour leur donner tout ce que mes parents m'ont apporté. Ma mère était merveilleuse, mon père aussi. Nous étions une famille très unie. Jamais je n'ai pensé qu'ils n'aient pas voulu nous avoir. J'ai du mal à imaginer quelqu'un qui ne voudrait pas d'enfants.

D'autres raisons ont été invoquées : la peur d'une vieillesse sans enfants, vide insupportable ; désir d'immortalité ; recherche d'un sens à la vie ; désir de retrouver, même chez quelqu'un d'autre, l'innocence de la jeunesse. Ces différentes motivations s'exprimaient de la manière suivante :

> Je n'ai jamais voulu avoir d'enfant avant la trentaine. A ce moment-là, tout ce que je faisais m'a semblé vide. C'était peut-être une réaction biologique, mais je ne crois pas. C'était plutôt un signal affectif ou spirituel. Je voulais avoir un enfant parce que plus rien d'autre n'avait d'importance à mes yeux.

LE DÉSIR DE MÈRE ET LE DÉSIR D'ENFANT

> Mes poèmes, mes romans, ne sont que des substituts poussiéreux, qui seront lus une fois ou même pas du tout. Alors que mes enfants sont vivants, bien réels, et que leurs enfants et leurs petits-enfants gambaderont et vibreront tout au long des âges.

> Je suis terrorisée à la pensée de vieillir sans enfants. J'ai la hantise de me réveiller un matin stérile et vide et toute seule. C'est peut-être un motif très égoïste pour avoir des enfants, mais c'est une de mes plus grandes peurs.

> A trente-quatre ans, j'avais un jugement cynique sur tout, le visage déjà ridé, un corps ramolli et monté en graine. Je voulais créer quelque chose de jeune et d'innocent. Rien n'est plus beau ni plus précieux que l'innocence des enfants.

Certains couples invoquaient de mauvaises raisons : il s'agissait pour eux d'éviter la lassitude du couple ou de sauver un mariage en perdition :

> Ma femme et moi, nous n'avons jamais pu supporter d'être seuls à table l'un en face de l'autre. C'est sans doute pour cette raison que nous avons eu tant d'enfants. Nous n'avions pas grand-chose à nous dire et, avec tous nos enfants, nous n'avions plus à le faire.

> Mon mari et moi avions de graves problèmes dans notre couple. Je crois que nous comptions sur un enfant pour sauver notre mariage. Nous pensions qu'un gosse réglerait tout et nous réunirait, mais c'est le contraire qui s'est produit. Cela nous a fait nous disputer encore plus et nous séparer davantage.

D'autres ont déclaré ressentir une extrême solitude et un désir d'intimité qu'ils ne pensaient pouvoir satisfaire que par la présence d'un enfant :

Après mon divorce, j'avais l'impression que personne ne m'aimait. J'étais terriblement seule. Je me rappelle avoir dit à une amie : « Si seulement j'avais un bébé, j'aurais quelqu'un qui m'aime vraiment. » Après mon second mariage, je me suis tout de suite trouvée enceinte, et je pense que c'était afin de ne plus jamais me sentir aussi seule.

Une amie me parlait sans cesse du contact et de l'intimité qu'elle avait avec son bébé et me disait que c'était bien meilleur et bien plus intense qu'avec son mari...

Des parents traumatisés par une enfance malheureuse m'ont confié leur besoin d'évacuer leurs souvenirs, en donnant une enfance « normale » à la génération suivante. Ainsi, un père m'a dit :

Notre enfance a été un cauchemar, pour mes frères et pour moi. Je crois que j'ai voulu rattraper tout cela en donnant à mes enfants tout ce qu'il y avait de mieux. Mon père était un vrai salaud. Si je vous racontais tout ce que nous avons vu, vous ne me croiriez pas. J'ai toujours voulu avoir des gosses, même quand j'étais enfant, pour leur donner le bonheur que je n'ai jamais connu.

Certains exprimaient à la fois le besoin d'être aimé et choyé et le désir d'aimer et de soigner. Une femme m'a parlé de la passion intense qu'elle éprouvait pour sa mère et de l'espoir d'assouvir cette passion en étant mère elle-même :

Je m'ennuyais de ma mère. Nous avons déménagé pour nous installer très loin dans un autre État et je me suis sentie terriblement seule. Je me suis dit que le mieux, pour remplacer cette famille qui me manquait, était d'en créer une autre. Heureusement, ma mère est venue me voir quand le bébé est né, mais elle n'est pas restée assez longtemps. Je ne peux pas vous dire combien j'ai pleuré quand elle est partie.

Les moments de bonheur profond éprouvés en élevant les enfants sont d'autant plus intenses et délicieux qu'ils évoquent pour nous l'époque où nous étions nous-mêmes l'objet du soin et de l'affection de nos parents. En choyant nos enfants, notre besoin d'amour maternel est inversé, et réactivé par une sorte de « transfert sur les autres du droit à la satisfaction de nos désirs » (c'est la définition même de l'altruisme selon Anna Freud).

Le désir de mère

Parmi les sentiments humains, le désir d'être aimé — d'être l'objet de soins maternels — est peut-être le plus mal accepté, tout en exerçant le plus d'influence à tous les niveaux sur notre pensée et notre comportement. La façon dont ce besoin d'affection est satisfait dans notre société par la mère ou celle qui la remplace établit des schémas d'affection partagée, de pensée et de sentiment qui, en fin de compte, influencent notre vision du monde.

Peu de temps après la naissance, le besoin de nourriture, de chaleur et de protection se transforme en désir affectif de la personne qui les satisfait. Le contentement et la satisfaction de nos besoins les plus primitifs provoquent au bout du compte le sentiment d'être aimé. Du fait que le besoin devient attachement et que l'attachement devient amour, les frontières entre mère et enfant s'estompent, si bien que la personne qui soigne le bébé et lui renvoie ses gestes devient elle-même l'enfant pour quelque temps. Bien que le désir de mère soit très vite refoulé chez l'enfant et refusé par l'adulte, sa force nous apparaît si nous observons les réactions d'un bébé de neuf mois lorsqu'il perd sa mère de vue. Dès cet âge, si une relation normale s'est établie, la mère est devenue l'élément essentiel du bien-être affectif de l'enfant. Les forces qui animent le bébé dirigent bientôt son attention vers le monde extérieur. Il doit maîtriser la mobilité et le langage, explorer son univers immédiat. Ensuite, l'enfant apprend à supporter ses pulsions, en particulier lorsque son développement physique et mental l'incite à plus d'indépendance et lui fait désirer de plus en plus d'autonomie.

Bien que chez la plupart des adultes l'attirance vers la mère, que j'appelle aussi désir de mère, soit strictement maintenue hors du champ de la conscience, elle persiste dans l'inconscient pour réapparaître à des moments plus intenses de notre vie, tels que les périodes qui précèdent ou qui suivent la naissance d'un enfant, ou bien dans les cas d'extrême désarroi. (Par exemple, les dernières paroles d'un pilote de ligne confiées à la boîte noire juste avant que son avion s'écrase près de San Diego ont été : « Maman, je t'aime ! »)

Les enfants nous offrent la possibilité de satisfaire par substitution notre propre désir d'être aimé. Parmi les motivations qui poussent à avoir des enfants, une des plus fortes pourrait bien être de revivre ou de recréer l'expérience d'être aimé en aimant les autres. Pour beaucoup de gens, le désir d'avoir des enfants vient du désir de revivre leur premier environnement affectif (ou bien, si cette expérience a été pénible ou traumatisante, de tenter le contraire afin de dominer ou de réparer les torts subis). Notre plus profond manque ou besoin d'amour maternel se trouve ainsi transformé en désir d'avoir des enfants.

Il existe une différence entre les mères idéalisées que nous désirons avoir et nos propres mères. Notre besoin d'imaginer l'amour parfait d'une mère dispensatrice de

LE DÉSIR DE MÈRE ET LE DÉSIR D'ENFANT

toutes les bontés nous conduit souvent à déformer ce que nous avons connu pendant notre enfance. En d'autres termes, cette mère que nous souhaitons est souvent différente de notre vraie mère.

Après les fatigues de l'accouchement, une des premières réalités auxquelles une mère doit faire face est l'urgence des soins continus qu'exige l'enfant. Dans un contexte idéal, pendant la première année de la vie du bébé, une mère reçoit de l'aide à la maison, ainsi que soutien affectif et protection contre les influences extérieures qui pourraient la perturber. Sans un entourage affectueux, les mères se trouvent souvent submergées par les tâches difficiles et complexes qu'exige cet être tout neuf. Mais même si les meilleures conditions sont réunies, les femmes éprouvent un besoin puissant et irrationnel de retrouver leur mère pendant cette période où elles se sentent vulnérables.

Une des femmes que j'ai interrogées et qui avait toujours eu des rapports difficiles avec sa mère m'a déclaré qu'elle avait ressenti pour elle une très grande tendresse après la naissance de sa fille. Agée de vingt-sept ans, Patricia m'a raconté qu'elle avait supplié sa mère de prendre l'avion pour venir la rejoindre. Mais aussitôt après son arrivée, la réalité se révéla en opposition complète avec son rêve rassurant d'une mère qui l'aurait aidée de tout son amour à élever son enfant :

> Comment avais-je pu oublier le caractère de ma mère ? Mais aussitôt après la naissance, je désirais si fort l'avoir auprès de moi que j'ai oublié comment elle était : me critiquant sans cesse et très exigeante. C'était affreux, comme si j'avais eu deux enfants au lieu d'un. Si ce n'est que ma mère me donnait encore plus de travail que le bébé. J'ai été soulagée quand elle est partie, mais j'ai fait une grave dépression. J'étais là, à vingt-sept ans, souhaitant la présence d'une

« bonne mère » qui m'aide pour que je puisse m'occuper de mon bébé !

Une autre femme m'a dit qu'elle était si débordée et si épuisée après la naissance de son fils qu'elle a dépensé presque toutes ses économies pour payer à sa mère son billet d'avion afin qu'elle puisse venir la voir. Elle avait oublié à quel point cette femme était autoritaire et dominatrice. Le lendemain de son arrivée, elle a commencé a agir comme si le bébé était le sien :

> J'ai eu terriblement envie que ma mère vienne m'aider après la naissance de mon bébé. La sage-femme m'avait dit pendant ma grossesse quel bonheur ce serait d'avoir un enfant. Mais comment faire avec les lessives et les courses ? J'espérais que ma mère m'aiderait pour que je puisse m'occuper du nouveau-né, je pensais que je ne pourrais pas m'en sortir toute seule. Après un jour ou deux, j'ai eu une impression affreuse : ma mère allait prendre ma place, me voler mon bébé. Je me sentais nulle : comme si elle savait mieux s'en occuper que moi. Avec elle, j'avais l'impression que je faisais tout de travers. Un vrai cauchemar, jusqu'à ce qu'elle s'en aille. A ce moment-là, j'étais encore plus épuisée que quand elle est arrivée !

Bien que les dépressions post-natales soient dues en partie aux profonds changements hormonaux qui se produisent après la naissance, elles proviennent aussi du désir intense de retrouver la mère et en même temps de la certitude que ce désir instinctif ne sera jamais vraiment satisfait.

Peu après la naissance de son second fils, Ella, vingt-neuf ans, a fait une grave dépression post-partum et a dû être hospitalisée pendant plusieurs semaines. Elle a déclaré que pendant la semaine qui a suivi son accouchement, elle appelait sa mère plusieurs fois par jour, pleurant au téléphone et lui demandant de venir l'aider. Quand le bébé avait dix jours, le mari d'Ella est parti en voyage d'affaires. Elle a vécu dans la terreur que son bébé ne meure, puis elle a commencé à avoir des idées de suicide et a consulté un médecin qui lui a ordonné une hospitalisation immédiate. La mère d'Ella a aussitôt pris l'avion pour venir s'occuper des deux garçons. Tout en étant consciente de la situation, elle a avoué ressentir un sentiment très fort pour sa mère.

> J'avais honte, je voulais mourir. Le plus affreux, c'est que je voulais que ma mère s'occupe de *moi*. Je voulais être prise dans ses bras et qu'on me donne le biberon comme à un bébé. J'en suis encore honteuse. Mais l'idée qu'il faudrait désormais que je m'occupe de deux bébés me paraissait insurmontable. Cela me paraissait impossible parce que j'avais l'impression que je ne pourrais même pas m'occuper de moi. Je voulais prendre la place du bébé pour que ma mère m'aime autant que lui. Quand je me suis rendu compte que cela n'était pas possible, j'ai pleuré pendant des jours et des jours.

Lorsqu'une femme met un enfant au monde, cela la force à reconsidérer ses rapports avec sa mère. Afin de pouvoir faire face à la dépendance complète de son enfant à son égard, il faut qu'elle refasse l'expérience de l'attachement qu'elle a autrefois ressenti pour sa mère. A travers l'amour et les soins donnés à un enfant, nous pouvons accomplir une réparation à l'égard de nos mères, pour ce qu'elles nous ont donné ou même ne nous ont pas donné. En choyant son enfant, une mère peut éprouver un substitut d'amour maternel qu'elle n'a pas connu. Quand tout se passe bien, une sollicitude active pour son bébé remplace chez la femme ce besoin d'amour pour sa mère et devient directement gratifiant.

Besoin d'amour et origine de l'intolérance

La meilleure façon de comprendre ce désir de mère est peut-être de citer tout ce qui lui manque : satisfaction, désirs comblés, sentiment de sécurité, autonomie, indépendance. Tous ces mots évoquent la nature frustrante du désir, et c'est cette frustration qui influence notre mode de pensée et notre comportement. Dans une certaine mesure, les mères doivent imposer des frustrations à leurs enfants pour les encourager à devenir adultes. Même dans le meilleur des cas, lorsque ce processus est suffisamment atténué, une violente colère contre la mère est inévitable. Mais dans certaines circonstances éprouvantes, la rage de l'enfant à l'égard de la personne qu'il aime le plus au monde peut dominer tous les autres sentiments, en particulier si cette colère trop intense, ressentie trop tôt, n'est pas atténuée par des soins constants et affectueux. Rage contre ceux que nous aimons, amour envers ceux que nous haïssons et dont nous envions la puissance ; besoin affectif de celui qui nous impose des frustrations : cette ambiguïté est parfois si douloureuse que les enfants la repoussent aussi longtemps qu'ils le peuvent, préférant une image de la mère nettement tranchée : celle de la « bonne mère » ou celle de la « méchante sorcière » des contes de fées.

Pour certains psychologues, s'apercevoir que l'on déteste la personne qu'on aime le plus au monde constitue le sentiment le plus douloureux de toute notre enfance. Et aimer constitue le plus grand bonheur. Ne pas pouvoir aimer est un désastre psychologique dont il est difficile d'imaginer l'importance. Le besoin de croire en une bonne mère est une nécessité psychologique — même si cela implique une déformation complète de la réalité. Et du fait que les enfants ne peuvent supporter de détester leur mère, ils détournent leur colère et leur déception sur quelqu'un ou sur quelque chose d'autre. Si ce sentiment persiste à l'âge adulte, ce détournement de la haine peut devenir dangereux. Si ces sentiments intenses d'amour, de haine et de désir pour la même personne ne sont pas intégrés et résolus au cours de l'enfance, ils peuvent provoquer chez l'adulte une tendance à l'intolérance et au préjugé — et, dans certains cas, un besoin de haïr qui dure toute la vie. Pour protéger l'image idéalisée de la mère qui aime ses enfants, on doit transposer sa colère et la diriger sur quelqu'un ou quelque chose d'autre. En d'autres termes, l'ambivalence des sentiments à l'égard de la mère peut devenir si douloureuse et si insupportable chez les adultes qu'elle risque de mener à des actes d'irresponsabilité et de violence.

Une autre façon d'évacuer ce douloureux sentiment consiste à confondre ce besoin pénible de la mère avec le désir d'avoir un enfant. La grossesse et l'accouchement jouent alors le rôle de manœuvres défensives, ayant pour but d'éliminer la lourde déception et la torture mentale subies lorsqu'on s'aperçoit que c'est la même personne qu'on déteste et dont on a besoin. Être mère à son tour est une manière d'oblitérer cette attirance vers la mère toute bonté et tout amour qui hante notre imagination. En ayant des enfants, certaines femmes cherchent seulement à oublier qu'elles souhaitent être aimées comme seuls les bébés peuvent l'être, et pour essayer de trouver dans la maternité l'amour et la sollicitude qu'elles n'ont jamais reçus de leur propre mère.

Les naissances compulsives

Un des plus grands drames humains est sans doute la naissance d'un enfant ni désiré ni aimé, et dont on ne peut pas satisfaire les besoins. Avec les horreurs que connaît le XXe siècle, la possibilité d'anéantissement général de l'humanité, nous pouvons nous interroger sur les raisons qui poussent encore les humains à avoir des enfants, dans tous les cas où les ressources matérielles et émotionnelles sont inexistantes, et même sur le simple désir d'avoir une famille.

La fragilité du nouveau-né peut susciter chez la mère une férocité instinctive à la pensée du mal que l'enfant peut subir. Un sentiment puissant et intuitif de protection envers son « petit » paraît tellement normal que beaucoup le croient transmis génétiquement de génération en génération. Ainsi, lorsque nous constatons que l'instinct de reproduction s'accompagne de négligence et de mauvais traitements, nous sommes déconcertés. Avec le développement du contrôle des naissances et la généralisation de l'éducation sexuelle, on peut désormais adapter le désir de maternité aux conditions les plus propices conduisant à créer des enfants heureux. Pourtant, comme le prouve l'existence de tant d'enfants non désirés ou maltraités, les raisons pour lesquelles certains individus procréent demeurent obscures.

Au niveau de l'inconscient, les femmes enceintes ont souvent l'impression d'être à la fois comme leur mère, qui les a nourries symbiotiquement pendant neuf mois, et comme des déesses créatrices. Pendant la grossesse, le fœtus peut donc symboliser aussi bien la femme elle-même dans le ventre de sa mère qu'un nouvel être vivant. Dans un environnement favorable, le sentiment d'unité avec la mère qui nous a nourrie se transforme en un sentiment d'unité avec le bébé qui vient de naître. Ce dernier peut alors apparaître pendant un certain temps comme une version réduite du moi qui fut autrefois choyé et va redevenir l'objet de tous les soins.

Mais si une fille a souffert d'un grave manque affectif et se trouve en quête extrême d'amour maternel, elle pourra confondre les deux notions : mettre un enfant au monde et être un enfant (parce qu'elle croira, dans son imagination, que le fait de porter un enfant lui donnera l'amour et l'affection qui lui manquent).

Si le besoin d'être aimées et choyées est trop intense chez certaines femmes, elles essayeront qu'on s'occupe d'elles au lieu de s'occuper de leur bébé. Dans ce cas, l'amour fait place à la rancœur et à une avidité qui les poussent à priver leur enfant de ce qu'elles n'ont jamais pu obtenir de leur mère. En pareil cas, certaines perdent tout intérêt pour leur bébé et s'en occupent le moins possible.

D'après le docteur Christine Wendel, psychothérapeute, certaines mères n'acceptent pas de laisser leur fille se développer en tant qu'individu. Une mère dépendante et excessivement « en demande » ressentira en fait l'autonomie croissante de sa fille comme une menace, comme une sorte d'abandon. Cela peut inciter la fille à devenir mère elle-même plutôt que de trahir sa propre mère en se séparant d'elle. Ce que le docteur Wendel explique en ces termes :

> *Il se peut qu'une fille s'assimile trop complètement à la vie de sa mère, dont elle ne peut s'écarter. Du fait que la mère est seule ou insatisfaite, elle s'accroche à sa fille comme si elle était une partie d'elle-même. Pour lutter contre son manque affectif, elle ne laisse pas la fille partir. Inconsciemment, la fille ressent la panique éprouvée par sa mère à l'idée de rester seule. Quitter la mère, devenir adulte sont synonymes de trahison et d'abandon. Alors que le développement*

physique de la fille la pousse à aller vers le monde extérieur et à nouer des relations avec d'autres, un sentiment de culpabilité la retient enchaînée à sa mère. Alors, en dépit de l'information sexuelle et de toutes les formes de contraception disponibles, elle se trouvera enceinte pour chasser l'idée d'avoir abandonné sa mère pour affirmer son indépendance.

Autrement dit, certaines mères éprouvent elles-mêmes un tel sentiment de vide et de manque qu'elles ne peuvent supporter l'inévitable séparation d'avec leur fille. Les tentatives pour la retenir peuvent, sans qu'on s'en doute, encourager la jeune fille à devenir mère plutôt que d'acquérir progressivement les moyens et la force de prendre son autonomie.

Le docteur Wendel dit alors que certaines jeunes filles essayent d'« acheter » leur liberté à leur mère en lui « donnant » leur premier enfant :

> *Quelquefois des adolescentes donnent à leur mère leur premier bébé, un peu comme une monnaie d'échange pour leur faire accepter la séparation. Tout se passe comme si elles lui disaient : « Je te donne un bébé qui me ressemble si tu veux bien me laisser partir. » Après la naissance du bébé, l'adolescente s'aperçoit qu'elle ne veut pas s'en occuper parce qu'elle désire en fait qu'on s'occupe d'elle, qu'on l'aime exclusivement — comme on doit aimer les enfants, et comme elle n'a sans doute pas été aimée. Comme il est trop tard pour qu'elle obtienne cet amour maternel, elle continue d'avoir des enfants, en espérant y parvenir de cette façon. Ensuite, imitant sa mère, elle essaye de forcer ses enfants à s'occuper d'elle... et ses filles, elles aussi, se retrouvent enceintes très jeunes. C'est un vrai cercle vicieux.*

L'incapacité à aimer et à soigner un enfant engendre des sentiments de manque. Un environnement affectif médiocre pendant la première enfance prépare le terrain pour un désir insatiable d'amour maternel. Ce besoin d'être aimé et entouré de soins se confond facilement avec le besoin d'avoir des enfants. Chez certaines femmes, le désir de poursuivre le rêve d'une « mère parfaite » idéale en devenant mères à leur tour les pousse à être enceintes sans pour autant qu'elles désirent ou puissent s'occuper de chaque enfant après sa naissance.

Idéalisation et dévalorisation : mères parfaites et vraies mères

Dans les pays développés, la tendance au XXe siècle est d'avoir moins d'enfants (ou de décider de ne pas en avoir du tout, attitude désormais admise dans notre culture). De telles décisions peuvent susciter chez les femmes à la fois des besoins instinctifs et le désir d'acquérir d'autres formes de créativité. Certes, les enfants nous épuisent et usent notre énergie, mais ils nous empêchent aussi de nous sentir vides et seuls, et même d'avoir peur de la mort. De ce fait, vivre sans enfants, ou voir ses enfants s'en aller à mesure qu'ils grandissent nécessite souvent de la part des parents courage, aptitude au recyclage et individuation.

Dans les années vingt, Virginia Woolf — romancière anglaise qui avait choisi de ne pas avoir d'enfants — écrivit un roman qui exprime de manière poignante la nature de notre désir de mère et de notre besoin d'avoir des enfants. Mais en même temps, elle évoque très finement le désir croissant chez certaines femmes de refuser les contraintes et les fatigues de la maternité. Dans *La Promenade au phare**, Virginia Woolf déplore la perte d'une

---

* Stock, 1973.

image de mère dont la seule fonction dans la vie serait de consoler, de rassurer, de s'occuper de ses enfants ainsi que des personnes qui l'entourent. Dans le personnage de Mrs. Ramsey, mère dévouée de huit enfants, Virginia Woolf décrit une femme qui possède toutes les qualités associées au mot « maternel ». Pour ses enfants, elle désire tout ce qu'il y a de mieux et qu'elle pressent instinctivement. Elle donne généreusement sans rien attendre en retour. Tout ce qu'elle désire, c'est aimer et faire tout son possible pour rendre les autres heureux. Elle est la mère que nous désirons avoir en secret et la mère que nous voudrions être pour nos enfants mais que, d'une certaine façon, nous ne pouvons jamais être tout à fait.

La force de ce roman provient de l'art de Virginia Woolf à nous montrer Mrs. Ramsey, la mère parfaite en qui nous croyons, et Mrs. Ramsey, la *vraie*, qui donne et donne jusqu'à épuisement et qui continue encore à vouloir apporter sa sollicitude et son affection à tous ceux qui l'entourent. Virginia Woolf suggère avec finesse que cette mère aimante qui a consacré toute sa vie à s'occuper des autres est en fait minée par leurs désirs insatiables et peut-être par son propre besoin d'être indispensable.

Ce roman est riche des rapports subtils entre le désir de mère et le désir d'enfants ; domaine si féminin et maternel de fusion avec l'autre, et sentiment de symbiose qui fait qu'en donnant à autrui on a l'impression de donner à soi-même — mais pas tout à fait. Le désir qu'éprouve Mrs. Ramsey d'avoir des enfants — et son aptitude à en mettre huit au monde — écarte loin d'elle tout sentiment de solitude et d'inutilité. C'est par son rôle de mère dispensatrice qu'elle se définit et prospère, et, au bout du compte, se détruit.

Même si Mrs. Ramsey est présentée comme « un déluge d'énergie », « la fécondité bienheureuse », « la fontaine et l'ondée vivifiantes », ce don permanent d'elle-même est condamné. D'une part, personne ne la choie, personne ne lui rend jamais ce qu'elle donne. Elle ne rencontre aucune réciprocité dans ses rapports avec les autres, pas même avec son mari. Virginia Woolf laisse prévoir l'effondrement inéluctable de cette mère, lorsqu'elle décrit les moments où « ... tout l'édifice s'écroula de lui-même ; épuisée, elle n'avait même plus la force de lever le petit doigt ».

Virginia Woolf suggère que lorsque les responsabilités des femmes en tant que dispensatrices d'affection deviennent si écrasantes et si essentielles, les qualités masculines traditionnelles se manifestent unilatéralement et de ce fait s'affaiblissent et disparaissent. Parce qu'il fait jouer à Mrs. Ramsey le rôle de sa mère en même temps que celui de sa femme, Mr. Ramsey reste à l'arrière-plan et ses qualités intellectuelles se limitent à jouer et à briller en société. N'étant jamais confronté à lui-même ni à ses désirs, il devient lâche, puéril et dépendant. Jamais satisfait dans son besoin de sympathie et d'attention, il faut qu'il soit constamment rassuré et protégé contre la vérité. Et d'une manière surprenante, tout en étant le bénéficiaire de ses attentions affectueuses, Mr. Ramsey exagère l'ignorance de sa femme en estimant qu'elle est « sans intelligence, complètement dépourvue de culture. Il se demandait même si elle comprenait ce qu'elle lisait. Sans doute pas, à son avis ».

Quand l'image et le rôle de la « mère parfaite » sont assimilés à l'inconscience et à l'ignorance — même par ceux qui en tirent avantage — c'est que quelque chose s'est vraiment perverti. Virginia Woolf montre sans équivoque à quel point l'humanité a minimisé et déformé le besoin de mère aussi bien que la mère elle-même.

La plupart des lecteurs aiment Mrs. Ramsey. En fait,

elle pourrait bien être une des dernières mères parfaites de la littérature. Pourtant, Virginia Woolf en fait un personnage réel, en laissant entendre que lorsque les mères sont dévalorisées, mal aimées et en manque d'affection, elles n'ont plus souvent que la dépendance des autres pour se satisfaire. La mère idéale que nous avons créée dans notre imaginaire, à cause du désir réprimé que nous avons d'elle, peut dans la réalité devenir aveugle et envahissante. Virginia Woolf nous présente Mrs. Ramsey comme maternelle mais directive, et traitant quelquefois les adultes comme s'ils étaient des enfants. L'intelligence intuitive de cette mère pleine d'amour fait disparaître les limites et les distinctions. Du fait qu'elle est incapable de se détacher de son rôle de mère, même dans les relations où il ne devrait pas intervenir, Mrs. Ramsey ne parvient pas à distinguer ses propres aspirations de celles des personnes qui sont dans sa dépendance et ne les perçoit jamais assez clairement pour sentir ce qui les différencie d'elle-même.

Sous le poids de la contrainte, beaucoup de mères débordées enchaînent les autres à elles-mêmes, dans une sorte « d'arrêt de croissance » psychologique. (Terme utilisé pour décrire les enfants qui cessent mystérieusement de grandir malgré le fait qu'ils soient bien nourris et ne souffrent d'aucun trouble physiologique. J'emploie ce mot pour désigner les mères qui cessent leur croissance émotionnelle, en intelligence comme en esprit, bien qu'elles paraissent comblées matériellement.) Dans un monde où les mères sont dévalorisées et surchargées de travail, où les pères sont aussi avides d'amour que leurs enfants — ce qui les conduit à entrer en compétition avec eux ou à se mettre à l'écart — celles qui donnent les soins aux enfants ne peuvent pas trouver les conditions favorables pour le faire. Ce grave manque affectif peut devenir « la norme » d'une société tout entière. Virginia Woolf suggère très subtilement que les femmes qui ont besoin de la dépendance des autres se trouvent non seulement dévalorisées par ceux qu'elles aiment, mais deviennent aussi les instruments de leur propre oppression. Leur excessif besoin d'affection fait qu'elles ne peuvent le satisfaire ni pour elles-mêmes ni pour leurs enfants. Malgré l'épuisement, elles continueront peut-être d'avoir des enfants pour éviter ce sentiment d'appauvrissement, atténuer leur conscience d'être exploitées et détestées en secret, et le chagrin de leur solitude finale.

Sommes-nous en train de créer une société dans laquelle ces graves frustrations perpétuent nos échecs dans nos rapports avec nos enfants et avec nous-mêmes ? Avec les progrès de la technologie, ne sommes-nous pas en train d'affaiblir notre capacité à aimer et à choyer nos enfants ?

La naissance d'un enfant ne recrée pas seulement des sentiments de joie et des perspectives d'avenir. Elle nous apporte aussi la possibilité d'aimer de manière nouvelle et vivante. Jamais encore nous n'avions eu pareille occasion de « bien faire ». En plus du confort matériel, nous découvrons progressivement ce qui peut être bénéfique à la fois pour la mère et pour l'enfant lui-même, afin que les conditions optimales puissent être réalisées. En observant à quel point nous dévalorisons la mère et son rôle auprès de l'enfant, nous commençons à comprendre que c'est nous-mêmes et nos enfants que nous dévalorisons.

Paradoxalement, c'est par l'examen approfondi des rapports entre notre désir de mère et notre désir d'enfants et par la connaissance de notre identification étroite avec notre propre mère et avec nos enfants, que nous pouvons en définitive affronter l'expérience douloureuse de la frustration et travailler à l'atténuer, en transformant le vide en plénitude, et le manque en amour.

Deuxième partie

La crainte de savoir, la crainte de devoir

4.

LA PEUR DE SAVOIR

> ... L'enfant reçoit de l'extérieur la notion première de son identité... C'est dans le regard de sa mère qu'il découvre « qui il est » et « ce qu'il doit être » s'il veut être aimé et reconnu...
>
> RAQUEL ZAK DE GOLDSTEIN,
> *The Dark Continent and its Enigmas.*

> ... Le développement de la personnalité dépend en partie de la façon dont l'entourage se comporte.
>
> D.W. WINNICOTT, *Jeu et réalité.*

Témoignages de mères, 1983-1984

J'ai extrêmement mal supporté de recommencer à travailler quand ma fille a eu un an. Je l'imaginais pleurant sans arrêt pour que je revienne; je pensais à elle tout le temps, et je me disais que je manquais le meilleur de la maternité, que je lui faisais du mal, que je contrariais son développement. Quant à mon fils, j'ai dû le laisser alors qu'il n'avait que six mois. Les femmes qui peuvent rester à la maison pour s'occuper de leurs enfants ne connaissent pas leur chance; vraiment je les envie. (Sheila, trente ans, deux enfants.)

Pourquoi est-ce qu'on n'en parle pas ? Pourquoi est-ce qu'on dit que ça n'est pas du travail ? Pourquoi est-ce qu'il faut toujours faire comme si c'était facile et agréable de garder des enfants, comme si c'était une merveilleuse récompense ? Moi, je les envie, les mères qui doivent travailler ; mais j'ai tellement honte de penser cela. Jamais je n'oserai dire à mon mari, quand il rentre du bureau, que je n'ai rien fait d'aussi épuisant, d'aussi difficile que de m'occuper du petit qui a deux ans. Non, je l'écoute me dire qu'il est épuisé, lui. (Gloria, vingt-huit ans, un enfant.)*

Le plus dur, c'est quand je rentre du travail à cinq heures, et qu'il faut s'occuper des enfants. Ils ont deux et quatre ans et, à cette heure-là, ils sont comme des fous ! Ils rentrent de la crèche tellement excités que je n'arrive plus à voir clair. Je ne pense qu'à une chose : retourner au bureau, au calme, avoir la paix, de l'ordre, être respectée. (Léonore, trente-quatre ans, deux enfants.)

On n'élève pas des enfants par instinct : c'est un apprentissage et un choix. Au fond, tout se passe comme si l'éducation était un miroir de l'âme. A travers elle, apparaissent les désirs profonds, les nostalgies, les pulsions destructrices, l'aptitude à aimer. Aussi ne faut-il pas s'étonner si les êtres humains refusent de voir ce qu'être éducateur leur révèle d'eux-mêmes. Les sentiments ne se choisissent pas ; ils s'imposent, qu'on les accepte ou non. C'est pourquoi les émotions, les conflits qu'éveille l'enfant sont des points sensibles, des zones de faiblesse où se met à nu ce que l'on voudrait cacher aux autres, ce que l'on préférerait ignorer soi-même.

Les raisons du silence

La découverte de ce profond désordre qu'entraîne le fait d'avoir des enfants est récente ; il convient d'y voir des raisons historiques. Des siècles de mortalité infantile élevée n'ont guère permis d'appréhender les sentiments qu'engendrent les enfants. La curiosité disparaît avec la perte ; et la peur de la perte annihile la pensée. Parmi les sentiments qu'éprouvent les parents, on trouve bien sûr l'attachement, l'amour, mais aussi l'envie, la rancune, le narcissisme, la possessivité. Il serait sans doute trop dur et trop culpabilisant de s'avouer ces sentiments si l'enfant qui les éveille n'a que peu de chances de survie. Tout aussi intenses que les sentiments à l'égard des parents, les sentiments à l'égard des enfants engendrent le refoulement ou l'amnésie.

Pendant des siècles, des maternités répétées ont bâillonné les mères. La grossesse, la naissance, l'éducation ne laissent guère de temps à l'introspection. Il n'est possible d'observer l'apprentissage graduel de l'autonomie chez sa progéniture, de voir se développer sa personnalité, que si l'on a peu d'enfants : ce qui constitue un luxe récent. Or, il est certain qu'une femme qui a le loisir d'observer ces changements chez ses enfants, pourra plus facilement réfléchir aux sentiments qu'elle éprouve.

Autrefois, les personnes les mieux éduquées, les plus aptes à la réflexion, soit n'avaient pas d'enfants, soit n'avaient pas besoin de se charger de leur éducation. L'égal accès des hommes et des femmes au savoir, et donc aussi aux ambitions et aux besoins qu'ils entraînent est un fait de fraîche date. Jamais auparavant autant de femmes n'ont reçu une éducation ; jamais auparavant elles n'ont eu si peu d'enfants et autant de temps pour ressentir clairement toute la gamme des sentiments et des conflits qui naissent avec eux.

Celles qui sont à l'abri du besoin peuvent contempler la part émotionnelle de la maternité sans plus se préoccuper du souci de la survie quotidienne ni des contraintes économiques. Et c'est là que parfois le bât blesse. Car s'il est facile de comprendre qu'une mère doive quitter son enfant chaque jour pour assurer sa subsistance, ou que la pauvreté, l'exploitation et le désespoir entraînent le manque d'affection et les mauvais traitements, celle qui, sans soucis matériels, néglige ou maltraite ses enfants sera instantanément cataloguée comme « mauvaise mère ». Il faut beaucoup de courage pour aller au-delà de cette appellation et découvrir le vécu émotionnel qui est à la source de ces comportements.

Nos civilisations sont indifférentes à la réalité quotidienne de la maternité et s'attachent à des idées reçues : une mère ne quitte ses enfants que parce qu'elle doit travailler, croit-on. A l'opposé, on croit aussi que la réussite ne peut se mesurer qu'à l'aune des succès professionnels. Il n'y a rien d'extraordinaire, entend-on, à être une mère au foyer ; il n'y a rien de plus souhaitable pour la mère et pour l'enfant tandis que le quitter durant les premières années de sa vie peut causer un traumatisme irrémédiable. Plus grave encore est la conviction absolue que les mères sont d'instinct aimantes et maternelles, qu'elles ne sauraient rien souhaiter pour elles-mêmes, mais seulement pour les autres. Et pourtant, petit à petit, le mythe s'érode au sein de nos sociétés urbanisées et techniciennes : il n'est guère évident qu'une mère n'ait d'autres besoins que ceux de ses enfants. Apparaît l'idée dérangeante que, de plus en plus, les besoins de la mère et ceux de l'enfant s'opposent.

Une double perte de pouvoir

Les mères occidentales sont déchirées entre deux types de perte de pouvoir : soit elles ne peuvent exercer cette influence de tous les instants, cette intimité constante qui, de manière subtile, forme l'esprit et la pensée de l'enfant ; soit elles renoncent au monde extérieur, au jeu de l'ambition, à agir, à saisir la fortune, le pouvoir ; elles renoncent à peser de leur poids sur leur avenir, sur celui de leur famille, celui des autres. Être mère au foyer, c'est, dans une certaine mesure, se retirer du monde. Les soins incessants que les tout-petits exigent obligent les femmes à renoncer dans une plus ou moins grande mesure au pouvoir qu'elles pourraient détenir dans ce monde d'hommes. Une mère qui travaille garde sa part de pouvoir sur le monde extérieur. A la Bourse, au tribunal, à l'école, à l'université, dans les affaires, en politique, elle pèse sur des choix qui concernent l'ensemble de la communauté ; elle doit alors confier à d'autres le soin des enfants pour une grande partie de la journée. Une mère qui, par choix ou par nécessité, travaille à l'extérieur, doit accepter l'idée de passer moins de temps avec ses enfants, de voir disparaître certains moments privilégiés avec eux, et diminuer son influence maternelle. La maternité à temps partiel, c'est la dépendance par rapport à d'autres personnes souvent extérieures à la famille, indispensables pour pourvoir aux besoins physiques et affectifs des enfants. Dans le meilleur des cas, ce sera le mari ou la famille qui assureront ces tâches ; mais c'est, pour le plus grand nombre, le rôle de la crèche ou de la nourrice. Qui peut encore s'assurer les services de spécialistes à plein temps, de gouvernantes, de répétiteurs ?

Pour comprendre les conflits qui agitent la mère au travail, il faut l'imaginer angoissée à l'idée d'abandonner pour la journée son enfant adoré dans les mains d'un « étranger », parfois même hors de la maison, en un endroit dont on est convaincu qu'il ne lui convient pas. Il faut l'imaginer coupable, en proie au doute, et sentir disparaître son autorité, les joies de l'intimité, ressentir la frustration d'être privée du délicieux contact d'un corps jeune, de ce que Dorothy Dinnerstein décrit ainsi dans *The Mermaid and the Minotaur* « la chair enfantine... encore vierge du dégoût de soi ».

Mais à l'inverse, qui pourrait imaginer combien il est éprouvant d'être enfermée avec des enfants qui absorbent toute notre énergie, d'être désarmée face au monde extérieur, de savoir que l'on a perdu au grand match de la carrière (même si gagner ne veut guère plus dire que la possibilité de changer d'entreprise) ? Il est difficile d'exprimer ces sentiments d'impuissance et peu de gens sont prêts à écouter une mère avec une attention bienveillante. L'expérience ne rencontre que rarement sympathie et compréhension. Les mères d'aujourd'hui vivent dans un monde où trouver un emploi ou une aide maternelle est possible, mais où il est difficile d'exprimer ses déchirures et de trouver un quelconque réconfort moral. J'ai rencontré bien des mères blessées, indécises, perturbées par le mépris ambiant pour leurs difficultés, par l'indifférence pour leur dilemme : soit assumer les soucis qu'entraîne le fait d'élever son enfant, soit souffrir de le quitter trop tôt, sans être prête à l'abandonner à d'autres. Pour certaines d'entre elles, la solitude des grandes villes rend les problèmes encore plus grands : ce n'est plus le voisinage, mais le bureau qui est devenu le centre de la vie sociale.

Deux points de vue

Les mères se divisent en deux camps : celles qui travaillent et celles qui restent à la maison ; elles ne connaissent guère les soucis de l'autre et n'y compatissent guère non plus. Ainsi, Patricia, vingt-huit ans, qui se sentait « complètement perturbée » par la naissance de son fils déclare n'avoir retrouvé son équilibre qu'en reprenant son travail trois mois plus tard. En l'observant, soignée et méticuleuse, j'avais du mal à l'imaginer désorientée par ses premiers mois de maternité.

> Et pourtant, dit-elle, j'ai perdu tout sens de l'organisation en rentrant de la maternité ; je ne savais pas m'occuper du bébé, je me sentais terriblement isolée. Tout ce que je voulais c'était retourner au boulot, cesser de me sentir si bête. J'avais l'impression d'avoir perdu toute ma personnalité, toute mon efficacité. Je ne sais vraiment pas comment les mères au foyer ne deviennent pas folles.

Le cas d'Élisabeth est totalement opposé. Malgré des ressources réduites, elle et son mari décidèrent de faire de nombreux sacrifices pour qu'elle puisse élever leurs deux enfants pendant qu'il continuait ses études. Pour Élisabeth, il semblait inimaginable de quitter ses enfants durant les premières années, quelles que soient les circonstances ; pendant que nous bavardions dans la cuisine de leur petit appartement, elle donnait le sein à son fils de quatre mois et sa fille de deux ans et demi jouait tranquillement par terre. Pour elle, qui a été élevée dans une ferme, la chose la plus importante au monde est d'être une « bonne mère ».

> Je ne crois pas beaucoup à la protection sociale, mais j'aimerais mieux en dépendre entièrement plutôt que de confier mes enfants à quelqu'un d'autre. Je crois vraiment

qu'ils ont besoin de leur mère ; toutes ces histoires de crèche, même ici, même les meilleures, ça me donne froid dans le dos. C'est vrai, certaines mères n'ont pas le choix ; c'est ça ou laisser le bébé mourir de faim. Mais j'en connais beaucoup qui ont le choix et qui travaillent sans en avoir vraiment besoin même quand leurs enfants sont tout petits. Tout ça pour gagner un peu plus d'argent... ça, je ne le comprendrai jamais.

Le cas de Janine est encore différent. Janine est biologiste dans un laboratoire national de recherche océanographique, et a dû recommencer à travailler à plein temps quand sa fille avait deux semaines.

Mon mari et moi nous nous sommes séparés alors que j'étais enceinte de six mois. Pour continuer mon travail, j'ai dû laisser Laura à la crèche de sept heures du matin à six heures du soir, du lundi au vendredi. Les gens de la crèche ont été formidables. En ce moment, elle apprend à être propre, et pourtant elle fait pipi au lit toutes les nuits. Mais parfois, j'ai l'impression que Laura ne me reconnaît pas ; il lui arrive de se comporter avec moi comme si j'étais devenue une inconnue. Elle a l'air d'être une enfant heureuse, mais je me sens quand même coupable tout le temps. A deux ans et demi, elle a déjà l'air indépendante. Alors, je lui fais des cadeaux ; c'est probablement ce que je préfère en tant que mère : sa chambre est un véritable magasin de jouets. Il y a des moments où c'est vraiment dur mais on s'en sort.

Colette, trente-six ans, laisse ses enfants en nourrice toute la journée. Pour elle, le plus dur est le sentiment de jalousie vis-à-vis de cette nourrice qu'elle a embauchée au moment du sevrage. Colette est anesthésiste, elle n'a le temps d'être une « vraie mère » que le week-end et, bien qu'elle l'admire et la respecte, elle ne peut s'empêcher d'éprouver des sentiments mêlés pour l'« autre ».

> J'ai eu beaucoup de chance de tomber sur Hélène ; elle s'occupe parfaitement des enfants et je peux partir le matin en toute confiance. Mais je n'aurais pas cru que je deviendrais aussi jalouse ; quand il est malheureux, c'est elle que mon fils appelle, même quand je suis là ; et puis c'est la seule qui puisse calmer le bébé. Je sais bien que c'est normal, et que c'est même une chance étant donné mon emploi du temps ; mais c'est parfois si dur ! J'ai l'impression qu'ils l'aiment plus que moi, que je suis une étrangère pour eux. Ce sont mes enfants mais parfois on dirait qu'en fait ce sont les siens.

Comme Élisabeth, Carla a choisi de rester chez elle pour s'occuper de ses trois enfants. Mais elle avoue que son métier de mère est épuisant et peu gratifiant, et qu'il ne lui vaut aucune reconnaissance, ce qui la rend parfois amère :

> Je passe mon temps à les moucher, à les changer, à empêcher le deuxième de taper le bébé, à trouver pour l'aînée un jeu intéressant et qui la tienne tranquille. Et pendant ce temps-là, mon mari croit que c'est facile parce que je n'ai pas besoin d'aller travailler ! Si nous sortons, quand on me demande ce que je fais dans la vie et que je réponds « mère au foyer », alors là, il n'y a plus personne ! C'est dur d'élever des enfants parce qu'il faut continuer à le faire, jour après jour, semaine après semaine, au milieu de gens qui ne se rendent pas compte de ce que cela représente. Parfois je me dis que je vais recommencer à enseigner, et prendre quelqu'un pour s'occuper d'eux. Mais je n'y arrive pas ; je me dis qu'il faut au moins que j'attende que le petit soit à la maternelle. Pourtant, je n'ai jamais rien vécu d'aussi épuisant, autant physiquement que moralement, et ça n'a rien à voir avec l'amour que j'ai pour eux.

Il y a de moins en moins de mères au foyer comme Carla et Élisabeth, et notre société a de moins en moins de considération pour elles. C'est vrai, de nombreuses mères sont matériellement contraintes de travailler, mais il y a aussi d'autres raisons plus complexes.

Les réalités socio-économiques et le rôle de la mère

De plus en plus, des femmes recherchent des situations de mieux en mieux payées, la même reconnaissance sociale que les hommes. A l'inverse, l'éducation n'est pas une activité rémunératrice, ni prestigieuse. Les mères au foyer sont déconsidérées et on les méprise pour ne pas rejoindre les classes laborieuses, en dépit de l'énorme travail qu'elles accomplissent. Quant aux hommes, ils méprisent les tâches éducatives quotidiennes, à moins d'être professeur ou psychologue et d'être payés pour les accomplir. Dans notre société, élever un enfant est la tâche la moins reconnue et la moins rémunérée. Une femme de ménage gagne plus qu'une baby-sitter, un éboueur qu'un enseignant ou, pis encore, qu'une puéricultrice. A l'exception de celles de pédiatre et de psychologue, les professions liées à l'enfance sont mal payées, particulièrement au regard d'autres secteurs d'activité.

La cellule familiale s'est affaiblie ; la famille nucléaire a supplanté la famille élargie ; il y a maintenant aux USA autant de foyers où seul le père ou la mère est présent (et le plus souvent c'est de la mère qu'il s'agit) que de foyers où vivent les deux parents. Les liens du sang, autrefois sacrés, ont cédé la place aux engagements commerciaux. Nancy Chodorow, dans *The Reproduction of Mothering*, attribue cet affaiblissement des liens familiaux à « la prééminence dans notre société de rapports de classe, fondés sur des liens non affectifs ».

La société se définit de plus en plus en termes de fortune et de pouvoir, et ses maîtres sont les puissants et les riches. Dans nos cultures, ce sont les hommes qui prennent la plupart des décisions législatives, sociales et économiques qui pèsent sur la famille et son devenir. Bien des femmes commencent à influer de plus en plus sur la conduite des affaires du monde mais c'est au prix d'une attitude de compétition et d'une pugnacité, d'une morale qui excluent les valeurs de la maternité. De ce fait, les besoins, l'expérience, le travail de celles qui élèvent les enfants sont tenus pour quantité négligeable par ceux qui nous gouvernent.

L'affaiblissement des liens familiaux est aussi attribué à des causes économiques par Alexander Mitscherlich dans *Vers une société sans pères** :

> *Dans les sociétés rurales, les enfants représentaient un capital, une source de main-d'œuvre supplémentaire, l'annonce d'une vieillesse paisible. Dans les sociétés industrielles, l'allongement des études entame le capital ; quant à la subsistance des personnes âgées, elle est prise en charge par la collectivité. Chaque génération est ainsi livrée à elle-même.*

On ne considère plus les enfants comme une promesse d'avenir, au sens le plus primitif. Alexander Mitscherlich souligne aussi qu'« on ne tire plus de ses enfants le même profit qu'autrefois ; parents et enfants vivent les uns sans les autres ».

L'anthropologue Marvin Harris va plus loin encore

---

* Gallimard, 1969.

dans *Cultural Materialism* en suggérant que l'on n'a de sentiments à l'égard de ses enfants qu'à proportion de ce qu'ils rapportent. Aujourd'hui, les enfants sont un investissement coûteux et peu rentable ; c'est pour cette raison que nous en avons moins. Autrefois, un enfant représentait une source de revenus, une protection (il partait faire la guerre), une aide pour les vieux jours.

> *Aujourd'hui, dit-il, dans les pays développés, le taux de croissance de la population décline continûment à mesure que le coût d'un enfant pour ses parents, de la naissance à l'âge adulte, en vient à dépasser cent mille dollars avec des profits futurs qui tendent vers zéro (cf. Minge-Kahlman, 1978). Ce phénomène se produit aux États-Unis à un moment où les revenus sont faibles, où le capital s'expatrie à la recherche de bas salaires et que l'inflation qui s'ensuit oblige les classes moyennes à disposer de deux salaires par foyer.*

Tout ceci peut sembler particulièrement froid et cynique. Mais l'est-ce vraiment, dans un monde incapable de garantir aux générations futures non seulement leur sécurité matérielle mais aussi la sauvegarde de leurs ressources naturelles ?

Donner sans recevoir

Notre monde nous apprend que tout travail mérite salaire. Le don gratuit (sans même une déduction fiscale...) est mal vu. Et pourtant, la relation de mère à enfant est un don sans retour. Hormis le plaisir fugace de la tendresse et de l'affection dont certaines femmes se contentent, il n'y a pas de réciprocité entre la mère et l'enfant. Longtemps, l'un donne et l'autre prend. Cela peut épuiser les forces et l'énergie d'une mère. Cette exigence constante des enfants peut éveiller bien des frustrations et des rancœurs inavouées ; le manque de soutien affectif de qui que ce soit frappe bien des mères que j'ai interrogées, et ce, qu'elles soient ou non mères au foyer. A moins de payer pour cela, la plupart de ces mères ne bénéficient d'aucune aide. Pour elles-mêmes, leurs proches n'ont pas grand-chose à offrir, ne fût-ce qu'en termes de sympathie et d'affection. L'une d'elles m'a même avoué que ce n'était qu'en se perdant dans le travail qu'elle pouvait arriver à ne plus penser à cette solitude.

On oublie trop souvent ce qu'élever au quotidien un enfant exige d'altruisme ; on oublie la fatigue et les efforts qu'exigent un soin, un souci, une affection constants. Tout se passe comme si l'on refusait d'explorer le spectre des émotions qu'entraîne l'attention incessante ainsi portée à un être incapable, en tout cas pour longtemps, de le rendre. Il est facile d'oublier à quel point une mère ou un père peuvent se sentir coupés du monde, épuisés par un labeur permanent.

Quels sont les effets de cette attention à sens unique ? En tentant de faire témoigner des mères sur leurs sentiments, j'ai eu l'impression d'entrer en territoire hostile dès que l'on sortait du domaine de l'amour et de l'affection, volets clos, portes fermées. Rien d'étonnant à ce que les femmes se taisent et refusent de raconter franchement leur expérience de mère : reconnaître cette ambivalence des sentiments revient à avouer être une mauvaise mère, c'est-à-dire la pire des choses aux yeux de ces femmes. Certains témoins portaient la discussion sur le terrain des résultats : elles essayaient à tout prix de me démontrer que leurs enfants étaient les plus beaux, les plus brillants, les plus heureux, qu'elles avaient avec eux une relation très intense, en un mot que tout était parfait. Elles mettaient tout leur pouvoir de conviction en jeu face à moi, face aux autres, et face à elles-mêmes : elles *ne pouvaient pas* être de mauvaises mères, elles élevaient bien leurs enfants. Plus que tout, des parents refuseront d'admettre qu'ils aient pu blesser leurs enfants, qu'ils n'aient pas été assez présents. Très peu auront le courage d'avouer qu'il est difficile de toujours donner sans rien attendre en retour.

La plupart des gens élèvent leurs enfants pour que ceux-ci leur renvoient une image valorisante d'eux-mêmes. On veut être fier de ses enfants, ou, à tout le moins, on ne veut pas en avoir honte ; mais rien ne saurait être plus embarrassant pour des parents que d'admettre qu'il leur faut faire non ce qui est bon pour eux, mais pour soi. Osons l'avouer, il est facile de faire d'un enfant, même inconsciemment, l'instrument de ses propres désirs, de ses propres ambitions. Sommes-nous, en définitive, capables de désintéressement ?

Mais aussi, la distinction est parfois difficile entre une opportunité réelle pour l'enfant et une projection de ses propres désirs. La mère d'une jeune prodige me disait un jour : « Je ne sais pas qui a le plus le trac, d'elle ou de moi. Quand je la vois sur scène, j'ai l'impression qu'elle réalise mon rêve. »

On essaie toujours de réaliser ses rêves à travers ses enfants. On voudrait pour eux tout ce que l'on n'a pas eu, et peut-être aussi la possibilité de faire un choix qu'on n'a pas su faire. A l'inverse, l'indifférence envers un enfant est sûrement la pire des choses. Il est parfois difficile de distinguer ses propres intérêts de ceux des autres. Ce serait un miracle de toujours choisir les intérêts de l'enfant, alors même que nous vivons dans un monde de compétition, dans une société matérialiste. C'est pourtant ce qu'exige un enfant ; pour un psychanalyste jungien interviewé, c'était d'« héroïsme » dont il convenait de parler ; au sens de ce qui exige, pour être supporté, le plus de courage. Pour lui, choisir ce qui est le mieux pour l'enfant, dans notre société, à notre époque, est une entreprise héroïque.

La maternité et le refus de savoir

Les femmes écrivains explorent les aspects les plus douloureux de la maternité, en en jetant à bas la sacralisation sentimentale. La balance penche plus vers une vision complexe et sombre que vers l'image radieuse et classique de la Vierge à l'Enfant, qui illustre notre nostalgie d'une mère protectrice et aimante.

Dans un article intitulé « Le fantasme de la mère idéale »*, Nancy Chodorow et Susan Contratto ont montré la prééminence dans la littérature féminine d'aujourd'hui de la « pensée réflexe », dominée par les sentiments irrationnels, inconscients. Pour elles, cette littérature donne à penser que la maternité suffit à tuer une femme ou à la transformer en assassin (...), qu'elle détruit soit la mère, soit l'enfant. Pour Mmes Chodorow et Contratto certaines œuvres d'Adrienne Rich, Jane Lazarre, Dorothy Dinnerstein ou d'autres « décrivent mais ne condamnent pas » la violence maternelle, ce qui laisse à penser que « si les antiféministes ont, plus que les féministes, critiqué les mères, les féministes critiquent plutôt l'enfant et la maternité ».

Parce que l'on s'identifie à l'enfant vulnérable, on évacue des relations entre la mère et son enfant, comme irrationnel et effrayant, tout ce qui n'est pas de l'amour (fût-il

---

* Gabrielle Rubin, *Les Sources inconscientes de la misogynie*, Robert Laffont, collection « Réponses », 1977.

fade et doucereux). Il est difficile et déconcertant d'envisager l'un et l'autre en tant qu'êtres distincts, où il arrive que ce qui est bon pour l'enfant soit mauvais pour la mère, et vice versa. Cela apparaît clairement, et parfois tragiquement, quand une mère aborde le sujet avec franchise. L'abstraction éthérée des articles scientifiques donne une fausse vision de la maternité, expérience heureuse et exaltante, mais parfois insupportable, frustrante, angoissante.

Pourquoi notre société refuse-t-elle à ce point de savoir ce que les mères ressentent ? Pour le psychanalyste Thomas Ogden, l'empathie conduisant à la compréhension de l'autre exige que l'on soit capable d'être l'autre, d'intégrer tel ou tel de ses sentiments. Dans *The Matrix of the Mind*, il explique que ce jeu de rôles n'est possible que si l'on se sent à l'abri « d'être piégé au point de se perdre dans l'autre ». Sans cette capacité d'empathie, il est impossible de jouer avec ce « sentiment d'être l'autre » qui donne accès au sens le plus profond du comportement maternel. Éprouver de la sympathie, être solidaire des mères risque de mener à la perte de l'identité, de l'individuation. La crainte et l'adoration mêlées que tout enfant éprouve pour sa propre mère entraînent une vision de toute relation mère-enfant déformée, partagée entre le sentimentalisme et le détachement scientifique. Pourquoi ? Parce que comprendre vraiment ce que représente une mère, c'est courir le risque d'être prisonnier de ses souffrances, de ses frustrations, d'être submergé par son angoisse, son sentiment de culpabilité, son ambivalence. C'est évoquer le souvenir du petit enfant désarmé que l'on fut. On idéalise ou l'on critique les mères pour garder à l'écart celle dont on ne savait plus autrefois si elle n'était pas une part de soi-même. Acerbes, froids ou insensibles, tous refusent d'admettre leur refus de l'enfant, hommes ou femmes, féministes ou antiféministes. Ce faisant, il est impossible d'évaluer ce que l'on est capable de donner, impossible de comprendre la maternité, impossible de connaître les véritables besoins des enfants.

La peur de l'ambivalence

On imagine toujours l'amour maternel entier, sans restrictions. Une bonne mère, en compagnie de ses enfants, ne connaîtra jamais la colère, l'envie, l'ennui ou l'indifférence. Au contraire, on associe l'amour maternel à l'épanouissement, à la joie d'élever, au désir de passer du temps à prendre soin de sa progéniture. Cependant, les études menées ces trente dernières années ont laissé entrevoir l'ambivalence féroce des sentiments qu'un enfant ressent à l'égard de ses parents. Bien que ce fait soit souvent négligé, il est néanmoins révélateur de nos propres sentiments. A moins d'être un saint, l'ambivalence engendre l'ambivalence.

Dans les pays développés, les mères au foyer mènent une vie isolée ; celles qui travaillent rentrent à la maison trop fatiguées pour s'occuper vraiment des enfants, et pour faire le point sur leurs sentiments. Peu de mères ont les moyens d'échapper, ne fût-ce que brièvement, à leurs enfants pour exprimer leurs frustrations et reconstituer leurs forces.

Malgré tout, il est difficile d'admettre la complexité de ses propres sentiments ; les avouer éveille la crainte inconsciente d'être indifférent, inattentif, égoïste. Nous avons peur d'avoir trop besoin d'amour pour être capables d'en donner nous-mêmes ; et pourtant, nos sentiments vis-à-vis de nos enfants sont aussi multiples que vis-à-vis de nos propres parents.

LA CRAINTE DE SAVOIR, LA CRAINTE DE DEVOIR

Ce qui sous-tend la crainte de savoir, c'est la silhouette indécise de celle qui nous éveilla au monde, qui redevient proche alors que nous devons prendre soin de nos propres enfants, et dont l'influence sera toujours une part de nous-mêmes. Les soins donnés aux nouveau-nés raniment des émotions inconscientes et éteintes : besoin sensuel du corps de la mère, crainte d'être submergé par elle ; besoin d'intimité et crainte de disparaître. Sous l'éloge ou la critique de la mère subsistent nos sentiments pour la nourricière originelle qui a imposé des limites à nos instincts, qui a vu et compris combien nous étions petits et faibles, comme nous dépendions de ses soins. Il reste des traces inconscientes de la fureur de l'enfant face à son impuissance ; ces traces mènent l'adulte à dénigrer les femmes et surtout les mères. Des femmes elles-mêmes réagissent ainsi ; de là une vision dévalorisante de la maternité.

C'est sur l'image de la mère que l'on projette le plus souvent le pire de soi-même. Ainsi, par le contrôle des naissances et l'avortement, notre société projette un choix de refus de l'enfantement ; mais ceux qui soutiennent ces droits des femmes ne sont-ils pas injustement accusés ? Après tout, c'est l'ensemble de la société qui, aujourd'hui, crée des conditions empêchant la vie et la reproduction.

Les premiers enseignements maternels sont aussi nos premiers souvenirs ; c'est la mère qui apprend à être, et mêle aussi son être propre à notre personnalité, et peut-être est-il en définitive impossible de mettre fin à cette imbrication. Pour tout être humain, la mère demeure pour toujours une sorte de membre fantôme, sensible bien qu'amputé, arraché du jour où nous n'étions plus capables de renvoyer l'image de ce qu'elle voulait voir en nous.

A notre tour, nous élevons nos enfants sans comprendre l'importance et le sens de nos messages cachés sans vraiment avouer nos désirs ; mais dans une certaine mesure, c'est justement parce que nous ne pouvons tout comprendre que les enfants ont une libre part de développement ; l'éducation nous apprend l'humilité. On ne sait jamais absolument quel message l'on transmet, et l'on n'en mesure jamais totalement les conséquences. Peut-être n'acceptons-nous notre condition et peut-être ne pouvons-nous pardonner à nos mères qu'une fois devenus nous-même le « membre fantôme » de la conscience de nos propres enfants.

Aimer son enfant, c'est aussi lui dire « non » ; le nourrir mais aussi le frustrer. L'idée d'un amour tout de don, et qui exclut tout refus, s'avère dès l'abord utopique. Il n'y a d'autre choix que de reconnaître qu'il n'y a ni bien, ni mal absolus, qu'il est parfois impossible de satisfaire son enfant. Et le refus de l'éducation quotidienne vient peut-être de ce qu'elle implique la prise de conscience de ceci : nul n'est absolument bon ni absolument mauvais.

Le refus de savoir naît de l'ambivalence des rapports entre parents et enfants, et aussi de la transmission de cette ambivalence de génération en génération. Il naît aussi du refus des contraintes quotidiennes de l'éducation ; toute empathie à l'égard de la tâche ingrate des éducateurs est exclue de peur de l'intégrer, et de s'y retrouver pris, impuissant et malheureux devant l'insoutenable évidence : nul parent n'est jamais parfait, et souvent ne peut satisfaire les besoins légitimes de sa progéniture.

5.
GÉNITEURS ET PAPAS POULES
OU LE MYTHE DU MAUVAIS PÈRE

> Le jeune garçon naît comme immergé dans la féminité maternelle. Pour développer son identité masculine, cette symbiose originelle doit disparaître, c'est l'identification au père qui lui permet de se délivrer de ses liens pour aller vers le monde réel...
> JANINE CHASSEGUET-SMIRGEL,
> *The Feminity of the Analyst.*

> La nature a fait en sorte que la relation physique entre le père et son enfant ne soit jamais aussi intense qu'avec la mère.
> PHYLLIS GREENACRE,
> *Traumatisme, croissance et personnalité.*

> Bien que le rythme original vienne de la mère, les enfants (élevés par leur père) semblent capables d'intégrer également les rythmes du corps de leur père. Peut-on en déduire qu'à travers l'éducation, tout être humain montre un potentiel inné de synchronisation intime, indépendante du sexe ?
> KYLE D. PRUETT,
> « Infants of Primary Nurturing Fathers »,
> in *Psychoanalytic Study of the Child.*

Témoignages

Je vois de plus en plus dans ma clientèle de ruptures liées aux enfants. Une de mes patientes divorce parce que son mari refuse de l'aider à s'occuper de leur fille; le moment est vraiment mal choisi pour la petite qui, à quatre ans, adore son père! Une autre était incapable de dire à son mari: « Je n'y arrive pas, il faut que tu m'aides, je ne peux pas les élever toute seule. » Elle en venait à se sentir moins isolée après le divorce, grâce aux groupes d'aide aux parents célibataires; mais je crois qu'elle aurait bien voulu punir son mari. Nous vivons dans le monde de Jason et Médée, où les enfants sont l'instrument sacrifié de la vengeance des parents. (Un analyste jungien.)*

Les hommes ont toujours aimé l'action, lutter dans l'arène, etc. Le problème, c'est que maintenant, les femmes veulent la même chose, et qu'en définitive, plus personne ne veut faire le sale boulot, c'est-à-dire s'occuper des enfants. Pourquoi est-ce qu'il y avait un modus vivendi *entre Freud et Hélène Deutsch? Pourquoi est-ce qu'ils évacuaient soigneusement la maternité de l'analyse? Moi, je crois qu'en fait ni l'un ni l'autre n'osaient s'avouer que c'est formidable de ne pas être à la maison, de ne pas s'occuper d'un sale moutard. C'est peut-être bien ça que les hommes (les femmes aussi maintenant) refusent: s'avouer à eux-mêmes leur envie de laisser à quelqu'un d'autre le souci de les élever. (Un psychiatre.)*

Quand j'étais enfant, les pères n'étaient pas censés être des éducateurs. Dans les années quarante, on leur demandait seulement d'assurer la subsistance et la protection de leur famille, et certainement pas de s'occuper quotidiennement de leurs enfants. Voir mon propre père jouer avec moi était un merveilleux cadeau et je me souviens encore de ces moments si rares. A vrai dire, il semblait plus important qu'il subvînt généreusement à nos besoins. Le « bon père » était celui qui offrait à ses enfants ce dont ils avaient besoin : aussi bien leur confort matériel que leur éducation. La génération de mes parents avait été marquée par la guerre. Pour eux, être à l'abri du besoin signifiait tout simplement être à l'abri de la faim. Il est difficile aujourd'hui d'imaginer la pauvreté d'alors. Dans mon quartier, on aurait regardé comme un excentrique égoïste quiconque aurait eu l'idée saugrenue d'aspirer à plus que la sécurité matérielle et à une certaine évolution sociale.

On voit comme le concept de « bon père » a pu évoluer. Aujourd'hui, plus de cinquante pour cent des femmes travaillent, et l'on attend du père un engagement quotidien. La publicité montre des pères s'occupant amoureusement de leurs bébés, changeant leurs couches... Il n'est cependant pas certain que ce soit l'image de la réalité. La plupart des mères que j'ai rencontrées se plaignaient de ce que leurs maris évitaient le plus possible de s'occuper de leurs enfants. Plus on demande aux pères d'être présents, moins il semble qu'ils y tiennent.

Le mythe du mauvais père

Les hommes semblent avoir des difficultés à comprendre et satisfaire les besoins des autres, et en particulier de leurs enfants, alors que les femmes donnent l'impression d'y parvenir naturellement. Bien sûr, certaines femmes sont incapables d'établir des liens étroits avec eux : il n'en demeure pas moins que dans nos sociétés, cette incapacité est considérée comme un trait masculin, non tenu d'ailleurs pour blâmable ; le père a trop à faire ailleurs, occupé qu'il est à défendre sa place et à affirmer sa virilité. Il n'empêche que cet égocentrisme masculin révèle peut-être une incapacité à s'intéresser à quiconque, une certaine mort intérieure.

LE MYTHE DU MAUVAIS PÈRE

Au mythe de la mauvaise mère répond le mythe du mauvais père, détaché, insensible, plus destructeur et inhumain que la mère. On accuse celle-ci de gâcher la vie de ses enfants ; on condamne celui-là pour des désastres plus généraux. Alors que la capacité destructrice des femmes s'arrête à leur progéniture, celle des hommes semble sans bornes : les grands de la terre décident de bombardements bactériologiques ou nucléaires en jouant au golf ; les nazis envoyaient les juifs à l'holocauste aux accents de Mozart. Une mère peut être cruelle avec ses enfants mais il est difficile de l'imaginer ordonnant des destructions massives ou des génocides. En un mot, la mauvaise mère, c'est la Folcoche de *Vipère au poing*, le mauvais père, c'est le docteut Folamour.

Quelles réalités, derrière ces deux mythes ? Leurs mères la plupart du temps absentes, les enfants ont de plus en plus besoin d'intimité avec leurs pères ; le refus par ceux-ci des tâches quotidiennes apparaît aujourd'hui comme pire que de l'indifférence. Les enfants ont un constant besoin d'amour ; le rejeter serait de l'inconscience. Et pourtant, de nombreux pères continuent à ne pas se sentir concernés, et quand bien même ils le sont, il leur est difficile d'offrir à leurs enfants les soins et le temps qu'ils réclament. Or, il faut approfondir ceci : ce refus paternel de la tendresse et de l'éducation, même quand l'un et l'autre sont matériellement possibles, en dit long sur la difficulté pour qui que ce soit d'aimer ses enfants.

On pense souvent que les femmes sont plus attentionnées que les hommes, pour des raisons biologiques et hormonales ; ou bien qu'elles éprouvent forcément plus d'intérêt que les hommes pour leurs enfants parce qu'elles les ont portés pendant neuf mois, et qu'ils sont de ce fait un prolongement d'elles-mêmes.

Dans *The Reproduction of Mothering*, la sociologue

Nancy Chodorow émet l'hypothèse que les mères ont des liens plus étroits, moins différenciés avec leurs filles qu'avec leurs garçons. Les mères, dit Nancy Chodorow, voient ceux-ci différemment et les traitent toujours comme s'ils étaient plus indépendants que leurs filles qu'elles tiennent pour leur double, leur véritable descendance. Aussi, Nancy Chodorow pense que les filles ont une certaine prédisposition au contact avec autrui, et qu'elles désirent être mères pour reproduire cette intimité qu'elles ont connue avec leur propre mère.

Malgré cette prédisposition, certaines femmes ne sont pas de bonnes mères. De nombreux témoignages révèlent qu'en fait certains hommes sont aussi heureux de s'occuper des enfants que leurs épouses, sinon davantage. Des études récentes le montrent ; la capacité d'aimer ses enfants n'est pas plus sexuellement différenciée que le talent, le génie ou l'ambition. Non seulement les hommes doivent participer à l'éducation des enfants, mais encore ils savent le faire et souvent très bien.

L'importance du père dans la première enfance

Les études de Mischel (1958) et de Siegman (1966) ont montré à quel point l'absence du père, pendant les quatre premières années de la vie de l'enfant, pouvait favoriser un comportement asocial et de l'impatience face au besoin d'être socialement reconnu. En 1963, le rapport Glazer-Moynihan a démontré que le QI des enfants dont le père était absent était inférieur en moyenne de six points à la normale, quelle que soit la catégorie socioprofessionnelle. De même, les études de Kotelchuck (1976), Parke et Sawin (1976), Pedersen *et al* (1980) ont révélé que les bébés soignés, lavés, cajolés par leur père entre le cinquième et le vingt-quatrième mois étaient plus vifs et moins émotifs. En 1976, Ernst Abelin a pu démontrer que l'attachement initial au père n'est guère différent de l'attachement à la mère : dans un cas comme dans l'autre, on tend vers la symbiose. « Les bébés recherchent l'affection, la tendresse de celui des parents qui est le moins présent : plus longue est l'absence, plus fort est ce besoin. »

Malgré l'avantage initial de la mère, porteuse et nourricière, l'amour des enfants au quotidien ignore la biologie. En 1978, Frodi et Lamb ont mesuré les réactions de pères et de mères soumis à l'écoute d'un enregistrement de pleurs et de rires d'enfants : « Les réactions aux pleurs (...) suivent un schéma identique pour l'homme et la femme. »

Les hommes semblent *a priori* moins prêts que les femmes à assurer des tâches éducatives, et pourtant, selon Kyle Pruett, les enfants élevés par leur père sont plus équilibrés physiquement, émotionnellement et intellectuellement. Pourquoi ? Il semble que dans la plupart des cas étudiés, le couple existe : or, même si elle travaille à plein temps, la mère conserve son attachement à son enfant, reste fortement impliquée dans son éducation. Ainsi, l'enfant bénéficie vraiment de deux parents attentifs, au lieu « d'un et quart » dans le cas le plus courant de la mère au foyer et du père absorbé par son travail. Comme le souligne Kyle Pruett : « Les enfants principalement élevés par leur père peuvent être vifs et solides, et particulièrement sensibles aux stimulations du monde extérieur. Ils ont plus de chances que les autres d'arriver à établir ces liens d'affection intenses qui sont essentiels aux débuts du jeune être humain. » Toujours d'après Kyle Pruett, l'attachement et l'identification du fils à sa mère sont positifs, favorisant ensuite l'affectivité vis-à-vis des enfants sans pour autant mettre en cause le développement de la virilité. Malgré ce besoin égal du père et de la mère, et malgré les bienfaits avérés de l'amour paternel, la plupart des hommes continuent de se tenir à l'écart de l'éducation des enfants. Pourquoi ?

Les différentes formes de l'affection paternelle

Les hommes s'interrogent de plus en plus sur leurs responsabilités de père, sur les sentiments parfois conflictuels que leurs enfants leur inspirent. La plupart des pères que j'ai rencontrés étaient parfaitement conscients que leur amour pour leurs enfants était entravé par les contraintes du monde extérieur. De même, ils se rendaient compte à quel point il était difficile d'offrir aux enfants toute l'attention qu'ils exigent.

Plus d'hommes que je ne l'aurais cru se sont, à un moment ou à un autre, occupés constamment de leurs enfants, et ce par nécessité dans la plupart des cas. Une fois le premier choc passé, certains se sont rendu compte qu'ils n'avaient aucune envie de voir se distendre ce lien si fort qu'ils avaient tissé avec leurs enfants. L'expérience paternelle les avait marqués pour toujours.

David, un ingénieur de trente-sept ans, m'a raconté les difficultés auxquelles il a dû faire face, physiquement et psychologiquement. Jusqu'à ce que sa femme tombe sérieusement malade, son foyer reposait sur le schéma classique. Il entretenait sa famille et sa femme élevait leurs trois enfants. Bien qu'il aimât ceux-ci, il n'avait jamais pu passer beaucoup de temps avec eux, sauf les week-ends où il ne jouait pas au football.

> Nous n'étions pas des étrangers, simplement, je n'avais jamais passé beaucoup de temps avec eux jusqu'à ce que ma

LE MYTHE DU MAUVAIS PÈRE

femme soit malade. Et puis, elle a été hospitalisée plusieurs mois : ça a été le cauchemar. Jusqu'à ce que je trouve une femme de ménage, j'ai dû tout faire moi-même : les courses, le ménage, les conduire à l'école. Jamais ne n'avais eu à ce point l'impression d'être perdu dans la jungle sans carte et sans boussole. Pas une seconde à soi... et puis, le petit a été vraiment malade : quarante et un de fièvre, il fallait lui donner des bains glacés, etc. Je suis resté trois jours à son chevet, à le voir souffrir, à avoir peur qu'il meure. Ça a été très dur de rester là, sans pouvoir rien faire pour lui. J'aurais voulu être malade à sa place. Jamais je ne m'étais rendu compte jusque-là de ce que faisait une femme, et jamais je n'ai été aussi soulagé de la voir rentrer à la maison.

David affirme que cette expérience a bouleversé sa vie : « Plus jamais, dit-il, je ne sous-estimerai le travail de ma femme ; plus jamais je ne le tiendrai pour acquis. »

Un autre père décrit de façon très éclairante l'intensité et la variété des sentiments qu'il ressent pour ses enfants. Joseph est au chômage et sa femme a repris son poste d'institutrice à plein temps. Quand je l'ai rencontré, c'était au square. Il était en train de consoler son fils de trois ans, qui venait de tomber du toboggan. Ses deux autres enfants (cinq et sept ans) étaient à l'école.

Je ne sais pas comment ma femme y est arrivée, je ne sais pas comment ma mère y est arrivée. Je tire mon chapeau aux femmes. Rester à la maison et s'occuper des enfants, c'est le boulot le plus difficile qui soit. Les gamins sont des vampires, inhumains, amoraux. Ils prennent tout, ils ne donnent jamais rien en retour. C'est ça qui me tue. Il faut donner, toujours donner, et eux ils prennent, prennent, prennent. Heureusement qu'une fois de temps en temps, il y a un instit qui vous dit : « C'est un gamin extra, vous devez être un père extra », comme l'autre jour. Je veux dire que je sais qu'on a que ce que l'on mérite, et tout ça, mais ces gamins qui ont sans arrêt envie ou besoin de quelque chose, qui ne nous laissent pas une seconde pour penser, pour discuter, pour travailler, pour vivre...

Et puis, parfois, j'en viens à me dire : et alors ? Vous savez, maintenant que ma femme travaille, elle s'est détachée d'eux. Quand elle rentre du travail, elle les gronde comme je faisais avant... et elle me disputait pour ça ; mais maintenant, c'est moi qui la dispute, qui lui interdis de s'approcher d'eux tant qu'elle ne sera pas calmée. On ne peut pas aimer les enfants vaguement, pas quand il faut s'en occuper tous les jours. Les enfants, ça n'a rien de vague : soit on se sacrifie, soit ils souffrent.

Tout ça, c'est ce qui m'est arrivé de mieux dans ma vie. Maintenant, je connais mes enfants, et on ne peut pas aimer quelqu'un qu'on ne connaît pas. Dix fois par jour, je me dis que j'aurais envie de les tuer, mais je les aime, et ils m'aiment. Je ne suis plus un inconnu qui rentre à la maison avec la paie et qui leur dit de foutre le camp : je suis leur petit papa adoré, quoi que je fasse.

Ces pères qui assurent l'éducation de leurs enfants parlent tous de cet attachement profond qui s'est formé, de leur rôle de protecteur, de la joie que leur donne leur rôle. Larry a vingt-neuf ans, il élève seul ses enfants depuis que sa femme l'a quitté alors que leur cadet avait un an et demi. Il reçoit régulièrement des nouvelles de sa femme, mais il continue de penser qu'elle se drogue, et qu'elle ne ferait pas une bonne mère. Pendant la pause-café, Larry m'a expliqué qu'il avait renoncé à se remarier, de peur que ses enfants ne soient à nouveau victimes de quelqu'un qui les néglige.

Je suis à la fois leur père et leur mère. Deux fois, j'ai eu envie de me remarier ; deux fois, j'ai reculé au dernier moment, à cause des gosses. Je suis très exigeant sur les femmes que je fréquente, je me demande toujours si elles seraient de bonnes mères pour mes enfants. La leur les a si maltraités que j'ai peur qu'ils aient une belle-mère qui en fasse autant.

Ce n'est pas facile. Je travaille neuf heures par jour pour faire marcher le navire. Ils sont à la crèche toute la journée, et ce n'est pas ce qu'il y a de mieux pour eux. Quelquefois, je pleure quand je vais les chercher et que je vois qu'ils ont été malheureux. Je n'ai jamais vu de bons puériculteurs, à vrai dire. Bien sûr, quand je suis avec eux, je fais tout ce qu'il faut : je leur ai appris à aller au pot, à faire leur toilette, à lacer leurs chaussures, à s'habiller tout seuls. Le plus dur c'est de ne pas les battre parce que parfois, ça me démange. Il faut être honnête ; on finit toujours par avoir envie de leur flanquer une raclée parce qu'ils arrivent toujours à vous rendre fou.

Alors, on s'aperçoit qu'on les aime si fort, qu'on aime tant les tenir dans ses bras... Les enfants, c'est physique. Ils aiment nous câliner, vous finissez par aimer ça autant qu'eux. Jamais je ne pourrai me sentir aimé par aucune femme comme je me sens aimé par mes enfants.

Bien d'autres témoins ont évoqué, avec Larry, les contraintes, mais aussi le bonheur d'être aimé par ses enfants.

L'exclusion du père

Certains témoignages montrent que certaines mères tendent à exclure leurs maris de l'éducation des enfants et leur font nécessairement sentir qu'ils sont inutiles. De nombreuses mères ont l'impression d'être les seules à savoir vraiment ce qu'il faut faire ; de plus, la société tout entière renforce cette impression. Mais est-ce la vérité ?

LA CRAINTE DE SAVOIR, LA CRAINTE DE DEVOIR

Certaines mères m'ont assuré que leurs enfants n'étaient pas physiquement en sûreté avec leur père ; elles craignent pour eux dès qu'elles doivent les laisser parce que leurs époux sont distraits, négligents, incompétents. Ainsi Marthe explique :

> Je me suis toujours occupée de mes trois enfants, et j'en suis vraiment heureuse. Mon mari est très distrait, et il n'a ni le temps, ni l'envie de se consacrer à eux ; il dit que c'est moi qui les comprends ; chacun fait ce qu'il fait le mieux, et je pense qu'il est plus utile pour l'humanité dans son laboratoire de recherche. En fait, on devrait interdire à certains hommes de s'occuper des enfants : ils sont dangereux. Mon mari est beaucoup trop distrait : un jour, je lui ai demandé de garder l'aîné, qui avait deux ans à l'époque ; juste une demi-heure, le temps de faire une course. Quand je suis rentrée, le petit était en équilibre au bord d'une poutre. Il aurait pu tomber et se fracasser le crâne. Vous comprenez pourquoi je ne laisse jamais mon mari seul avec les enfants ?

Marthe, et d'autres mères avec elle, sont claires : elles estiment qu'il ne servirait à rien de demander à leur mari d'être plus attentifs ou de se rendre plus utiles.

Parce que l'implication d'un homme dans l'éducation de ses enfants n'est pas, elle, sous-tendue par neuf mois de grossesse, parce qu'ils ne peuvent donner le sein, il est possible qu'ils aient plus besoin d'encouragements que les mères. On peut quand même se demander si les femmes n'essaient pas, plus ou moins consciemment, de tenir leur mari à l'écart. Un psychiatre considère ce fait comme une riposte des mères à leur exclusion de la société. Les témoignages recueillis suggèrent que, par-delà ces exclusions inconscientes, se trouvent des schémas extrêmement rigides hérités des générations précédentes.

Frank, quarante-deux ans, avait vingt ans quand il s'est

marié pour la première fois. Il était encore étudiant. Après ses études et après avoir été courtier pendant un an, il s'est installé avec sa femme à la campagne pour devenir écrivain. Tout allait bien jusqu'à la naissance de leur fils, à la suite de quoi leur mariage commença à s'effriter.

Ma première femme ne me laissait pas m'approcher du bébé. Ça me semblait normal ; mon propre père ne s'est jamais vraiment occupé de moi, ni de mon frère, alors, quoi d'étonnant à cela ? Après la naissance, je me sentais exclu. Ma femme tenait toujours le bébé dans ses bras, le nourrissait, le changeait, le baignait. A cette époque-là, on vivait en pleine campagne, assez isolés. Je me revois, je me sentais terriblement seul et je me disais que ma femme était une garce.

Je suis sûr que c'est la naissance de mon fils qui a tout cassé. Petit à petit, nous nous sommes éloignés l'un de l'autre ; elle se fichait de mon travail. Je ne sais pas... Les choses auraient peut-être été différentes si j'avais suivi la méthode d'accouchement sans douleur avec ma femme, si j'avais pris le bébé dans mes bras à la naissance, tous ces trucs pour créer des liens. Peut-être, mais ça ne se faisait pas à cette époque-là ; c'était à la fin des années cinquante, j'avais vingt et un ans. Je ne me suis jamais beaucoup occupé de mon fils. J'en veux encore à mon ex-femme d'avoir favorisé cette distance. Elle me faisait comprendre que j'étais trop maladroit, que je risquais de le faire tomber, que j'étais trop brutal avec lui, que je lui faisais peur.

Ma faute à moi ? Je n'en sais trop rien. C'était il y a longtemps. Je n'ai peut-être pas fait beaucoup d'efforts, mais elle non plus. Je crois que je ne m'intéressais pas beaucoup à notre fils, pas plus qu'aux autres enfants en général. Peut-être étais-je trop blessé par l'indifférence de ma femme. J'étais très égocentrique, à l'époque ; si je ne pouvais attirer toute son attention, elle ne m'intéressait pas. Peut-être est-ce que de toute façon, elle ne m'intéressait déjà plus.

LA CRAINTE DE SAVOIR, LA CRAINTE DE DEVOIR

Quand Frank a eu son deuxième enfant, il a connu l'expérience inverse avec sa fille et sa seconde femme. Frank y voit deux raisons : tout d'abord les temps avaient changé, et l'on attendait des hommes une participation plus active. Et puis, à trente-huit ans, Frank avait envie d'un enfant, envie de se plonger dans son éducation.

La concurrence est fréquente dans les familles où père et mère s'occupent des enfants. L'amour d'un enfant est une joie profonde ; le perdre, ou en avoir l'impression, est une chose terrible. Il faut une grande maturité pour laisser un enfant aimer quelqu'un d'autre que soi. Certaines mères peuvent se sentir dépossédées, surtout si elles n'ont pas l'habitude de partager le bébé avec leur mari. Nombre d'entre elles m'ont avoué être particulièrement jalouses de voir l'affection de leur fille pour leur père se muer en adoration.

Le rôle du père est toujours essentiel ; mais, à certains âges de la vie, il devient absolument dominant. Pour certaines mères, c'est un choc, ainsi que me le décrit une vieille amie :

> J'avais tellement pris l'habitude de la voir se glisser près de moi dans le lit pour me demander un gros câlin, tous les matins... et puis, à trois ans et demi, elle a commencé à se glisser entre son père et moi ; et puis, c'est à lui qu'elle a demandé le gros câlin ! Ça a été vraiment dur ; j'avais donné à cette gamine presque quatre de mes plus belles années et pour quoi ? Pour qu'elle me délaisse.

Un poème d'Anne Sexton nous montre les aspects complexes de l'attachement maternel. Dans *J'ai de la peine pour toi*, on voit une enfant blessée par un cheval qui lui a écrasé le pied ; c'est son père, et non sa mère, qui la soigne.

LE MYTHE DU MAUVAIS PÈRE

> *C'est son père, le mercurochrome à la main*
> *Qui accomplit le rite et qui panse sa plaie.*

Ce n'est pas sa mère que l'enfant réclame, ce n'est pas elle qui la soigne. « Aveuglée par la peur », « raidie contre sa douleur », l'enfant dit :

> *Ô mon Dieu, aide-moi !*
> *Et là où un enfant aurait hurlé : « Maman ! »,*
> *Là où c'était Maman qu'elle aurait dû entendre,*
> *Elle mordit le linge, implora le Seigneur*
> *Et je vis alors son existence tout entière,*
> *Je la vis dans les douleurs de l'enfantement,*
> *Je vis alors, à ce moment précis, sa mort...*

Les mères assimilent fréquemment à la mort la séparation d'avec leur enfant. Cette séparation peut éveiller chez elles la panique, la peine, la solitude. Une des épreuves les plus dures de la maternité est de reconnaître sa fille en tant qu'être distinct ; la laisser développer une relation exceptionnelle, exclusive, avec les autres, fût-ce avec quelqu'un d'aussi essentiel que son père, c'est perdre une partie de soi-même. Il faut parfois un grand courage pour laisser un enfant s'attacher à d'autres êtres, même si c'est pour son bien.

Le rejet des enfants

Maintenant que les femmes sont de plus en plus nombreuses à travailler, on attend des hommes qu'ils s'intéressent davantage à leurs enfants et on les encourage vivement à passer avec eux de plus en plus de temps. Et pourtant, nombreuses sont les mères qui pensent que les hommes le font à peine plus que par le passé, malgré la mode des papas poules. En fait, on peut dire que les hommes sont loin de s'impliquer autant que les femmes dans l'éducation de leurs rejetons.

Si l'on en croit un spécialiste en relations publiques, l'attitude générale à l'égard du père est en train d'opérer un changement radical :

> Si on veut faire monter la cote de popularité de quelqu'un, la première chose à faire est de le photographier en train de jouer avec ses enfants. Cela marche à tous les coups. Peu importe s'il s'agit du président ou d'un de ses adversaires : il faut montrer au public que cet homme adore ses enfants ou ses petits-enfants. Cela n'a pas toujours été le cas, mais c'est vrai pour notre époque. Voyez comme les temps changent vite !

Quand j'ai interrogé cet homme sur son expérience personnelle, il m'a répondu qu'il ne voyait ses enfants (deux ans et quatre ans) que le samedi soir. Assis dans son beau bureau, Étienne m'a expliqué que son métier exigeait qu'il consacre ses samedis après-midi et ses dimanches au travail et aux contacts indispensables avec ses clients. Étienne et sa femme, qui exerce la profession d'agent immobilier, ont une nourrice qui s'occupe de leurs enfants à plein temps, et en couple ils passent leurs vacances. Toute la semaine, Étienne part tôt le matin et rentre quand les enfants sont déjà couchés. A la question : « Êtes-vous satisfait de voir si peu vos fils ? », il m'a répondu que ses rapports avec eux étaient excellents et que c'était la norme pour la plupart des pères de famille de sa connaissance. En fait, la solution d'Étienne est considérée comme normale par beaucoup de pères que j'ai interrogés. Ces hommes ne souhaitaient pas avoir davantage de contacts avec leurs enfants. Ils se sentaient avant tout responsables financièrement. Certains précisaient que puisqu'ils gagnaient l'argent du ménage, ils n'avaient ni le temps ni le loisir de se consacrer à leurs enfants. Georges, associé de son cabinet juridique, m'a confié lui aussi :

> Je fais des journées de douze heures minimum. Cela ne laisse pas beaucoup de temps à passer avec mes enfants. Mais je peux leur payer de bonnes études. Ils vont dans les meilleures écoles avec les meilleurs professeurs. Ils iront dans les meilleures universités et je suis sûr qu'ils réussiront. Ils sont déjà les premiers de leur classe. Ils font du ski l'hiver. Je leur fais donner des leçons de flûte, de piano, de tennis, d'équitation. Sans l'argent que je gagne, ils ne pourraient pas apprendre tout cela. Toute la famille profite de mon salaire. Et même si je ne peux pas passer avec eux autant de temps que je le souhaiterais, je leur assure une vie aussi agréable que possible.

Bernard conçoit lui aussi son rôle de père comme celui d'un pourvoyeur. Propriétaire d'une grande entreprise de transports, il est fier de sa réussite qu'il ne doit qu'à lui seul.

> J'ai fondé mon entreprise il y a huit ans. Je pourrais vous dire à n'importe quel moment où se trouvent mes camions. Ma femme est une mère admirable. Je ne suis pas le genre de père à rester toujours avec ses enfants. De mon temps, les gosses devaient se débrouiller seuls. Je ne voyais même jamais mon père. Quand j'étais au lycée, je faisais trois jobs à la fois. Ma femme est merveilleuse avec les enfants. C'est son domaine.

Jadis, dans la plupart des familles, la répartition des tâches était nette et sans problèmes : les femmes s'occupaient des enfants, même si elles travaillaient à plein temps. Les enfants dérangeaient les hommes et les fatiguaient. Certains pères ne cachaient pas leur répugnance à s'occuper des enfants et préféraient confier ce soin à d'autres. Un an et demi après la naissance de son premier enfant, Tom, programmeur en informatique, vingt-sept ans, m'a confié :

> Les bébés ne viennent pas naturellement vers moi. Chaque fois que je m'en occupe, mon fils braille comme si on l'écorchait vif. Bien sûr, je préfère que ma femme s'en occupe. Quel homme pourrait réagir autrement ? Mon ordinateur ne geint pas, lui. Les ordinateurs ne font pas de colères, n'ont pas de couches malodorantes, et on n'a pas besoin de les nourrir. On branche le courant et ils font ce qu'on leur demande. Ma femme s'occupe du bébé, moi, je m'occupe de mon ordinateur. Nous sommes à égalité. Je consacre mon temps à concevoir des programmes, sérieusement. Ce que je fais me rapporte plus que ce que fait ma femme comme professeur remplaçant. Et puis cela me vient naturellement... C'est autre chose que de s'occuper d'un enfant.

Pourquoi les hommes peuvent-ils si facilement s'abstraire et ne pas s'occuper de leurs rejetons, même pendant leurs loisirs ? On comprend peut-être mieux ceux qui restent à l'écart, quand on sait qu'ils craignent parfois les impulsions sexuelles ou violentes que peuvent susciter les soins donnés à des tout-petits. Certains craignent de faire mal à l'enfant et c'est pour cela qu'ils lui consacrent le minimum de temps. Ils se tiennent à l'écart pour se protéger de réactions brutales qu'ils ont peur de ne pouvoir maîtriser. Pierre, par exemple, avait appris à quitter la maison quand il sentait venir une de ses crises. Quand ses enfants étaient petits, il se maîtrisait difficilement :

> J'ai toujours eu tendance à m'emballer. Ma femme devait me calmer. Elle me disait : « Ne frappe pas les enfants. Tu

vas leur faire du mal. » Je pensais que je me comportais comme tous les pères. Quand j'étais gosse, on recevait tous des coups de martinet. On n'en faisait pas une affaire. Et vous savez, les mômes peuvent vous pousser à bout. J'avais donc appris à prendre le large quand je sentais que cela devenait urgent. Quand je sentais l'envie de les frapper monter en moi, ma femme me disait de partir et c'est ce que je faisais — et ce que je fais encore.

Patrick, ancien combattant de la guerre d'Indochine, est un exemple plus extrême et plus tragique de la crainte d'impulsions et de fantasmes de violence. Quand il est revenu d'Indochine il a, dit-il, fait de grands efforts pour se réinsérer « dans la vie ordinaire », c'est-à-dire pour se marier et avoir des enfants. Après la naissance de son fils, tout s'est effondré :

> Mon ex-femme a recommencé à travailler quatre mois après la naissance du bébé. Je suivais alors des cours à l'université, je lui donnais son biberon, je le changeais quand elle partait travailler l'après-midi. J'adore mon fils mais finalement je n'ai pas pu continuer à vivre avec ma femme et avec lui. C'est à cause de mes trois années passées en Indochine. J'en suis arrivé au point où chaque fois que j'étais avec mon fils, je voyais des enfants du Viêt-cong réduits en bouillie. Bientôt, dès que je fermais les yeux, je me suis mis à voir des enfants mutilés qui sautaient sur des mines. J'ai passé près de six mois dans un service de psychiatrie. Ma femme a demandé le divorce. Je ne les ai revus ni elle ni mon fils pendant un an.

L'expérience tragique de Patrick est peut-être due au traumatisme de la guerre. Mais des femmes qui n'ont pas été soldats ni victimes de la guerre sont tourmentées par des fantasmes semblables qui leur font détester être avec leurs enfants.

Les hommes sont particulièrement horrifiés par leurs sentiments et fantasmes liés à la sexualité. Un père raconte :

> Je vais vous dire quelque chose mais je ne veux pas qu'on cite mon nom. Je vous le raconte parce que si cela est arrivé à d'autres pères, cela les soulagera peut-être. J'avais des érections à chaque fois que je prenais ma petite fille dans mes bras. Je n'arrivais pas à me maîtriser — cela arrivait sans que je puisse rien faire. Tout a été très différent après la naissance de mon fils. Mais je me suis toujours senti un peu mal à l'aise avec ma fille...

Les femmes, quand elles nourrissent l'enfant au sein, peuvent avoir des réactions très sensuelles vis-à-vis de leur bébé. S'il arrive à une mère d'être troublée sexuellement, elle ne court jamais le risque d'un phénomène aussi physiquement évident qu'une érection pour la perturber dans son rôle de mère. Les tout-petits et les bébés éveillant toutes les formes de sensualité, un homme risque davantage d'avoir à les refouler en s'occupant d'eux.

Des pulsions sexuelles et sadiques parfois incoercibles peuvent rendre effrayant l'attachement à un enfant, pour une femme comme pour un homme. Devant de tels sentiments, les gens recherchent la sécurité offerte par n'importe quel travail à l'extérieur, pour se protéger d'émotions pénibles, et éviter de se trouver exposés aux contraintes de l'intimité et du don de soi.

Soins à l'enfant et régression

En essayant de comprendre pourquoi tant d'hommes ne participent pas aux soins des tout-petits dans notre société, dans notre culture et par le passé, la psychanalyste Grete Bibring écrit :

> En plus de l'habitude qu'ont les pères dans notre culture de ne pas s'occuper régulièrement de leurs bébés, ils ont tendance à évacuer les impulsions de leur propre enfance éveillées par la dépendance absolue du bébé, des soins à lui donner, du sevrage, de la dentition et des couches, en évitant de s'en occuper.

D'après Grete Bibring, si on peut éviter ces liens étroits et intimes avec l'enfant, on évite d'être exposé aux sentiments infantiles provoqués par les besoins fondamentaux de l'enfant. Certains pères se sentent pourtant très à l'aise dans ces rapports intimes créés avec le tout-petit, d'autres n'en ressentent que du trouble.

On attend des hommes dans notre société qu'ils soient indépendants. Beaucoup de pères traitent leurs enfants comme *eux-mêmes* ont été traités et ils attendent qu'ils se comportent comme *eux-mêmes* ont été dressés à le faire. Ces hommes-là acceptent difficilement l'état de dépendance du nourrisson ; plus l'enfant est jeune et plus il leur est difficile de s'occuper de lui.

On pense que la pression des réalités économiques tient les pères à l'écart mais il faut aussi tenir compte du conditionnement social. On fait croire qu'élever un enfant est du ressort des femmes et que les hommes sont efféminés s'ils y participent trop. Comme ils n'ont pas le pouvoir de créer dans leur corps, ils ont tendance à aimer les prolongements mécaniques d'eux-mêmes (les voitures, les fusils, les motos et les ordinateurs) ou le sport — toutes activités qui demandent des qualités stratégiques, de la force et des performances physiques. Cependant, rien de tout cela ne justifie l'attachement des parents adoptifs pour leur enfant. De nombreuses femmes, également, préfèrent la réussite, le mouvement, la puissance, la fortune à la maternité, surtout de nos jours où on attend des femmes qu'elles se définissent en dehors de leur rôle de mère.

Comme s'occuper d'un tout-petit entraîne une régression, cela exige peut-être d'un homme plus de force personnelle, de courage et de dévouement. Tous ceux qui s'occupent d'un enfant sont automatiquement replacés dans le « monde de la mère » (à moins d'avoir été élevés par leur père et par leur mère) ; un homme qui a des doutes sur son caractère masculin peut craindre d'avoir ce que nos stéréotypes culturels rigides appellent « un comportement maternel ». Les soins aux jeunes enfants exigent une réaction intuitive à leurs besoins fondamentaux : cela peut aisément faire naître en nous un désir de passivité. Selon le psychothérapeute Jack Erwin :

> *Les femmes peuvent deviner aisément ce qu'un bébé ressent afin de savoir ce qu'il lui faut et ce qu'il veut. Pour prendre bien soin de lui, il faut comprendre ce que c'est que de « vouloir sa maman ». Dans notre société, un homme qui veut sa mère est considéré comme une mauviette. Les hommes doivent faire plus d'efforts que les femmes pour réfréner le désir d'avoir leur mère. Mais si un homme a été élevé à la fois par son père et par sa mère, il ne craindra pas de perdre sa virilité en s'occupant de son bébé.*
>
> *J'ai eu plusieurs patients qui « maternaient » littéralement leur bébé après sa naissance. Leurs femmes travaillaient à plein temps. Ils étaient d'excellentes nourrices. Un homme m'a raconté qu'il s'était mis à s'asseoir pour uriner. Je ne sais pas si cela menaçait sa virilité mais il m'a expliqué qu'il*

ne pouvait faire autrement quand il tenait le bébé dans ses bras. Ce qui pourrait faire craindre à certains de s'efféminer, de perdre leur virilité, etc. car s'occuper quotidiennement de son enfant constitue pour un homme un acte volontaire — et menaçant. Il est donc plus facile de l'éviter mais cela exige en même temps plus de courage et d'engagement personnel pour celui qui décide de s'y consacrer.

Les conséquences de l'éloignement paternel

Dans la psychanalyse traditionnelle, le rôle du père consiste à soutenir la personnalité adulte de la mère ; à aider finalement à contrôler et limiter les fantasmes de puissance de l'enfant et son désir de destruction, à encourager la maîtrise et la réussite de celui-ci grâce à des efforts soutenus. Cette vision assez froide reflète nos habitudes culturelles vis-à-vis du rôle du père : on n'attend pas des pères qu'ils soient nécessairement source d'amour, mais plutôt qu'ils accentuent la séparation et l'indépendance d'avec la mère. En 1955, Margaret Mahler affirmait que la relation avec le père peut être importante beaucoup plus tôt dans la vie d'un enfant :

> *... l'image stable du père ou d'un autre substitut maternel dès l'âge de dix-huit mois et même avant est... peut-être un prérequis nécessaire pour neutraliser et contrecarrer l'hypersensibilité égocentriste du tout-petit au danger de réintégrer le corps de sa mère.*

Cette absorption, ici, indique l'intense désir du bébé pour sa mère, et la crainte de ce désir — car il sape ses efforts d'autonomie. Si la réalité renforce ses craintes intérieures et si le père n'atténue pas l'attachement à la mère, cette relation primaire peut être gâchée par une ambivalence trop forte.

Ces sentiments mêlés — de dépendance et de rancœur, de colère et de désir — ont plutôt tendance à s'intensifier qu'à se relâcher. Comme la fille du film d'Ingmar Bergman, *Sonate d'automne*, certains individus éprouvent des sentiments si ambivalents pour leur mère qu'ils ne peuvent pas s'en séparer, qu'ils s'accrochent à elle toute leur vie durant et qu'ils ne peuvent, en tant qu'adultes, établir de relation satisfaisante avec les autres.

Malheureusement, l'amour de l'enfant pour son père est souvent plus fort que la réciproque. Au cours de nombreux entretiens avec les mères, on devine que lorsque le père n'est pas disponible sur le plan affectif, ce qui est fréquent, la mère endosse *elle-même* la responsabilité de *tout* le travail affectif, même celui d'encourager ses enfants à se séparer d'elle.

En fait, bien des mères se donnent beaucoup de mal pour aider leur enfant à devenir autonome, en trouvant ou en créant des expériences qui favorisent l'individuation, en encourageant des rapports qui aident l'enfant à devenir solide et indépendant. Ces mères sont souvent accablées par cette responsabilité *totale* du bien-être de l'enfant, qu'elles soient seules ou avec leur mari, qu'elles aient une profession ou qu'elles restent au foyer. Autrement dit, certains pères s'occupent rarement de leurs enfants, même s'ils en ont la possibilité, même s'il est clair que femme et enfants souffrent de cette négligence et de cet abandon.

Une affection distante, l'absence, la mort du père ou son incapacité à réagir avec amour et sollicitude risquent d'être dramatiques pour l'enfant. S'il n'y a pas un oncle, un grand-père ou un autre homme qui accepte de jouer ce rôle, l'enfant peut s'attacher à une absence, à une ombre qu'il essaiera sans cesse de combler ou de matérialiser. Les sociétés industrielles et postindustrielles maintiennent le père hors du foyer la plus grande partie du temps ; beaucoup d'enfants sont privés de cette relation intense et décisive qui ne peut se développer qu'avec la présence physique du père et par des activités quotidiennes étroitement partagées.

Idéalement, l'enfant s'identifie autant au père qu'à la mère, rivalise avec eux deux, et finalement essaye de les surpasser l'un et l'autre. Le vieux proverbe bouddhiste : « Honore ton maître en le surpassant », sous-entend que l'identification et une rivalité positive avec les parents peuvent raisonnablement être considérées comme un *cadeau qui leur est fait*.

Il est navrant de constater que dans les sociétés technologiques et urbanisées, le père devient une silhouette vague ; il est parti presque toute la journée et a peu à offrir à l'enfant quand il rentre à la maison : les choses ont commencé à changer, mais bien lentement.

Quand on n'a pas connu un père vraiment aimant, on doit dépenser beaucoup d'énergie à créer et recréer cette image. Les hommes qui ont eu des rapports rares ou difficiles avec leur propre père doivent presque toujours faire des efforts pour faire apparaître un modèle affectueux qui les aide à s'occuper de leurs propres enfants. Et de façon assez ironique, c'est en soignant leurs propres enfants qu'ils peuvent créer le modèle d'un père aimant. Dans son étude sur les pères, premiers dispensateurs de soins, la psychanalyste Kyle Pruett suggère que « l'identification au tout-petit peut aider à régler la douleur et la déception ressenties devant la négligence de son propre père ».

LA CRAINTE DE SAVOIR, LA CRAINTE DE DEVOIR

Les poèmes de Sylvia Plath sur son père

Dans deux de ses poèmes les plus célèbres, *Le colosse* et *Papa*, Sylvia Plath décrit une réaction affective extrême devant l'absence du père. Le premier poème exprime ce besoin pressant de tout enfant d'un père aimant, protecteur, en chair et en os, et elle montre comment l'enfant le crée et le recrée dans ses fantasmes jusqu'à ce qu'il prenne des proportions mythiques s'il est absent. Pourtant, dans ce poème, le père mort est devenu si lointain et si obscur dans sa mémoire qu'elle décrit ainsi ses sentiments :

Je n'arriverai jamais à te reconstituer entièrement,
Pièce par pièce, à te recoller, à te réunir comme il faut.

... Je me traîne comme une fourmi en deuil
Sur ton vaste front envahi par les mauvaises herbes
Pour réparer ton immense boîte crânienne, et nettoyer
Le tumulus blanc et dénudé de tes yeux...

L'écrivain nous raconte qu'elle a mis trente ans à découvrir la vraie personnalité de son père, à comprendre son message, mais l'image la plus bienveillante qu'elle pouvait s'en faire est celle d'un colosse antique ravagé par le temps et l'anarchie. Peu importe que la protection qu'il lui apporte soit aussi impersonnelle que celle de la pierre :

... La nuit je reste accroupie sur la corne d'abondance
De ton oreille gauche, à l'abri du vent...

Ce besoin d'un père aimant et généreux qui nous protège de la dureté du monde est si fort que l'écrivain a

LE MYTHE DU MAUVAIS PÈRE

perdu une grande partie de sa vie à essayer de maintenir cette vague silhouette :

... Ma vie a épousé une ombre...

La plupart des poèmes de Sylvia Plath nous montrent que ni la réalité ni le rêve d'un père aimant n'ont pu l'aider à briser sa relation écrasante avec sa mère, ni l'aider à avoir un rôle d'éducatrice avec les autres. Quand la vision du père revient dans *Papa*, un des derniers poèmes qu'elle écrivit avant son suicide, c'est une image pleine de colère et de paranoïa. Il y est ainsi décrit : « Non pas Dieu mais croix gammée... Un homme en noir à l'allure de *Mein Kampf*. » Le père n'est plus lointain mais proche, haineux et persécuteur. Il est frappant de voir que *Papa*, poème dans lequel le père se confond avec un nazi, est un des plus connus. Il semble exprimer notre colère clandestine et collective envers tous les pères qui furent responsables du troisième Reich, de la bombe atomique, d'Hiroshima et Nagasaki, du napalm au Viêt-nam, des réserves sans cesse grandissantes d'engins nucléaires — la liste est interminable. Le père lointain et distant qui se transforme en SS sadique est le reflet de nos cauchemars les plus profonds. Nous soupçonnons les hommes — nos pères — de diriger le monde et de le faire très mal. Quand ils sont au pouvoir, au niveau où se prennent et s'exécutent les grandes décisions politiques, ce sont nos *pères* — pères de la cité, pères de nos pays, nos pères en chair et en os — qui créent les conditions propices à la guerre, la destruction, la violence et les souffrances inutiles.

Le choix de Sophie : la métaphore du sacrifice

Peut-on vraiment penser que les hommes sont finalement plus impitoyables et plus sadiques que les femmes ? Les *pères* sont-ils responsables des atrocités de ce siècle et de la menace permanente d'extermination totale ?

Dans son roman, *Le Choix de Sophie**, William Styron décrit une scène qui résume la cruauté humaine dans toute son horreur. Sophie, jeune mère polonaise qui a été emprisonnée dans un camp de concentration avec ses deux enfants, apprend que l'un d'eux doit mourir. L'autre sera épargné, mais c'est elle qui doit choisir lequel sera sacrifié.

Juste avant cette scène horrible, Styron nous montre les SS, leurs femmes et leurs enfants, chez eux, là où Sophie travaille comme domestique. Les enfants sont effrontés, égoïstes, cruels, mais *pas si mauvais* que ça, pas tellement différents des autres enfants. Les femmes se donnent du mal pour entretenir leur maison. Les officiers SS ont mal à la tête, sont stressés : ils se font du souci pour leur carrière, veulent faire leur chemin, contenter leur patron. William Styron dépeint les SS de la même façon que les a décrits Primo Levi qui a survécu aux camps de concentration :

> Ils étaient du même bois que nous, c'étaient des êtres humains moyens, moyennement intelligents, moyennement méchants : à part quelques exceptions, ce n'étaient pas des monstres, ils avaient le même visage que nous...

William Styron décrit minutieusement le SS qui doit choisir qui va mourir. Il souffre de dépression, tant il est tourmenté par une décision aussi horrible. Pour être temporairement soulagé, il va faire supporter le poids du

---

* Gallimard, 1983.

choix à Sophie. Sous l'impulsion du moment, quand il arrive à l'endroit où se tiennent en rang Sophie et ses enfants, il l'oblige à décider lequel des deux doit mourir. Et Sophie sacrifie sa fille aux SS.

Cette scène monstrueuse est une métaphore : lorsque les hommes mettent en action leur mécanisme brutal de destruction, en décidant qui doit vivre et qui doit mourir, ils se sentent coupables, frappés d'horreur et se détestent. Pour obtenir quelque soulagement, peut-être pour éviter de voir réellement ce qu'ils font, ils obligent les femmes, les *mères*, à choisir parmi ceux qu'elles aiment celui qui sera sacrifié. Mais l'essentiel est que ce sont les *hommes* qui se trouvent derrière cette misère inutile.

C'est ainsi que se trouve perpétué le mythe du mauvais père : puisqu'ils sont en position de force, il semble que les hommes *pourraient*, s'ils le voulaient, transformer ces actions horribles et destructrices en actions créatrices, les privations artificielles en distribution raisonnée des richesses, la guerre en paix. Bien entendu, les hommes n'ont pas le monopole de la méchanceté. Mais parce que les hommes *semblent* avoir plus de difficultés que les femmes à partager leurs sentiments et à répondre à ceux des autres, il est plus facile de les blâmer pour les décisions économiques et politiques qui mettent les vies en danger. Et cette critique ne tient pas compte des problèmes de la complicité et de la collusion.

Nous sommes tous impliqués quand il s'agit de savoir qui survivra et qui ne survivra pas. Il semble qu'il y ait toujours une personne ou un groupe qui doive être perdant, souffrir, disparaître : blancs ou noirs, hommes ou femmes, mari ou épouse, mère ou enfant, fils ou fille, aîné ou cadet. Il peut s'agir d'une vraie mort ou d'une mort affective ou spirituelle (bien que chez nous ce soit souvent les deux).

Les enfants et la conscience morale

Est-ce que nous devenons meilleurs en élevant un enfant ? Evidemment non, dans la plupart des cas. Néanmoins, nous ignorons ce que nous sacrifions de notre humanité lorsque nous évitons d'avoir des enfants. Le refus des hommes à s'impliquer dans la vie des petits n'est pas seulement nuisible à l'enfant, il déshumanise le père également — ne serait-ce qu'en le rendant aveugle à ce qu'il est et aux conséquences de ses actes. Toute action entreprise avec un enfant a des conséquences visibles dont on tient compte ou qu'on laisse de côté. Elever un enfant semble nous rendre ou meilleurs ou pires que nous ne sommes, plus ou moins sensibles, compréhensifs, humains. Au moins, ce rôle nous donne-t-il l'occasion de voir, de comprendre, de développer certains aspects de nous-mêmes qui autrement seraient restés en veilleuse ou cachés.

La discipline et la force nécessaires à l'éducation d'un enfant — la capacité à discerner ce qui est le plus intéressant pour l'autre et à donner sans attendre rien en retour dans l'immédiat —, tout cela permet d'entretenir et d'approfondir une forme de conscience qui demande complicité et compréhension. Les soins nourriciers peuvent — plus que toute autre chose — faire éclater la coquille de son propre narcissisme, rendre plus humain par la connaissance qu'on acquiert de ses enfants et de son moi profond. Cette prise de conscience n'est pas seulement l'apanage des mères et des femmes. Quand elle s'applique au monde, elle peut nous pousser à vouloir résoudre les problèmes de la faim, de l'injustice, de la guerre, de la pauvreté et du racisme.

Même si les rôles de la mère et du père sont en mutation, les tâches de l'éducateur restent les mêmes : créer cet attachement initial très fort et très proche qui tire l'enfant de son sommeil utérin ; apprendre la propreté à l'enfant et lui imposer des limites ; entamer ce très lent processus séparation/individuation qui permettra à l'enfant d'entrer peu à peu dans le monde réel et d'affirmer son individualité et son autonomie. Celui qui s'occupe d'un enfant dans ses premières années fait tout cela, qu'il soit homme ou femme. Beaucoup considèrent que c'est une activité difficile, pénible et fastidieuse. Certains préféreraient se livrer à des occupations plus gratifiantes. Mais si les pères ne prennent pas une part plus active dans l'éducation de leurs enfants, on ne pourra pas faire diminuer le stress qu'elle fait naître.

Maintenant que les hommes et les femmes travaillent à l'extérieur, c'est vraiment l'occasion de s'aider mutuellement. Pour la première fois dans notre histoire, les pères et les mères peuvent se partager la tâche, et les pères peuvent avoir une responsabilité égale — et jouer un rôle aussi déterminant — sur l'avenir de leurs enfants.

Des liens étroits avec l'enfant après sa naissance, ainsi que pendant les premiers mois et la petite enfance, au moment où le bébé réclame le plus de temps, d'amour, de complicité et de compréhension, auront un impact intrapsychique très profond sur le père et créeront un attachement très fort à l'enfant. Ce rôle nourricier nous fait envisager et traiter le monde différemment. Si les hommes établissent des liens d'intimité et d'amour avec leurs enfants, ils seront aussi plus attentifs au monde et à son avenir.

Troisième partie

Amour et renoncement

6.

LE TRAVAIL DE LA SÉPARATION

> Lorsqu'il est temps de sevrer l'enfant, la mère noircit son sein : ce serait vraiment une honte qu'un sein ait l'air délicieux s'il ne faut pas que l'enfant le prenne.
>
> SOREN KIERKEGAARD,
> *Crainte et tremblement.*

> ... [les gens] même capables d'une forme d'amour adulte et altruiste qui prend en compte les intérêts du partenaire — gardent vis-à-vis de leur propre mère une attitude naïve et égoïste... [ils pensent] que les intérêts de la mère et de l'enfant sont les mêmes... que la valeur de la mère se mesure à sa véritable perception d'intérêts... que la mère ne doit rien souhaiter qui soit contraire aux désirs de l'enfant.
>
> ENID BALINT, *Love for the Mother.*

> C'est presque trop loin pour pouvoir se souvenir...
> Le temps où je n'avais pas d'enfants... [cet] Instant-là où je leur ai donné la vie
> Comme on offre soudain sa vie à Dieu.
>
> SHARON OLDS, *That Moment.*

Extraits d'entretiens

Je ne comprends vraiment pas cette histoire d'albums de photos de famille. Je conserve seulement quelques photos et c'est tout. Au point que je ne peux plus supporter de voir des photos de mes gosses quand ils étaient bébés. A quoi bon garder des souvenirs ? C'est une époque qui n'existera plus jamais — c'est terminé, bien fini, et je ne peux pas le supporter. Cela m'arrache le cœur. Regardez comme elle était mignonne. Elle ne voulait pas se séparer de cette couverture sale. Et lui, regardez-le, avec son ours. Quand je vois comme ils étaient adorables, j'ai envie de pleurer. Comment peut-on trouver de la joie et du réconfort à se rappeler quelque chose qui est fini et bien fini ? C'est trop dur — non pas qu'ils ne soient pas chouettes maintenant. Ils sont différents. Tout ce qu'ils attendent de moi c'est de leur préparer le dîner ou de les conduire chez leurs copains. Je ne suis plus vraiment une mère. Je suis devenue cuisinière et chauffeur. *(Antoinette, trente-cinq ans, deux enfants.)*

Maintenant qu'ils sont tous les deux à l'école toute la journée, j'ai enfin trouvé le temps de faire cet album. Voilà six ou sept ans que je voulais le faire et je n'avais jamais eu une minute. J'ai mis toutes les photos par ordre chronologique, à partir de leur naissance. Nous avons de si merveilleux souvenirs de ces premières années. Regardez celle-ci. Est-ce qu'il n'est pas adorable ? C'était un si beau bébé. Elle était un vrai diable, mais tellement mignonne, vous ne pouvez pas savoir ! Nous avons été tellement heureux quand ils étaient bébés. Maintenant, j'essaye sans cesse de retrouver ces moments inestimables. *(Nora, quarante et un ans, deux enfants.)*

Dans les premières années de la vie d'un enfant, nous établissons un lien si intense avec lui que nous ne pouvons le briser ou même le relâcher sans un effort surhumain. En accomplissant cette tâche nourricière, nous contenons et partageons souvent les sentiments et les sensations extrêmes de l'enfant. De la même façon que nous nous sommes habitués à cette sensation d'intimité physique et à ces attaques quotidiennes contre nos propres défenses, les émotions débridées et à l'état brut de l'enfant commencent à nous user extérieurement et intérieurement.

Vers cinq ou six ans, l'enfant maîtrise peu à peu son énergie sans limites en acquérant de nouveaux savoir-faire et en essayant constamment de se dominer. Si nous nous sommes habitués à ses démonstrations d'affection, à son amour qui le rend dépendant de nous, nous allons réagir à cet effort nouveau pour s'assumer et se contrôler. A ce moment-là, notre rôle d'éducateur va se dégager de cette expérience sensuelle pour nous faire connaître, en tant que témoin de ces aptitudes intellectuelles et physiques nouvellement acquises, une jubilation toute différente. Si nous avons joui de cette intimité des premières années, il nous faut apprendre à y renoncer. Une des tâches les plus difficiles pour la mère est de laisser l'enfant s'éloigner peu à peu, ce qui exige nécessairement d'elle plus de maturité, d'évolution et d'individuation. Pour permettre à nos enfants de grandir, nous devons développer notre aptitude à apprécier et encourager (et à supporter) les différents stades où ils se détachent de nous.

Historiquement, peu de mères ont pu trouver leur identité au-delà de leur rôle de nourrices. Pendant des siècles, on les a dissuadées de réussir un type quelconque d'individuation. Bien sûr, elles poussaient leurs fils à être autonomes, mais n'encourageaient pas l'indépendance chez leurs filles. Globalement, on élevait les femmes pour qu'elles s'occupent des autres. Ce processus de développement intellectuel et émotionnel était si solitaire et si douloureux pour les mères que seules les plus rebelles, les plus douées ou les plus malheureuses s'y essayaient.

AMOUR ET RENONCEMENT

Les différentes pressions socio-économiques et des occasions plus nombreuses permettent à un nombre croissant de femmes de s'affirmer et de réussir dans des domaines extérieurs à la maternité. En même temps, l'immersion dans l'expérience intense que vit la mère influence le désir, l'aptitude et la qualité de son développement en tant qu'individu distinct. Renoncer peu à peu aux premiers liens entre la mère et l'enfant demeure complexe et problématique.

Dans le domaine symbolique, rien n'égale la séparation d'avec la mère. Notre relation initiale avec celle qui a commencé à s'occuper de nous est une relation fusionnelle où notre être se mêle à celui de l'autre. Nous pouvons conserver pour toujours la mère ou une partie d'elle-même dans les plaisirs que nous nous donnons, la douleur que nous provoquons ou que nous supportons, le travail ou les distractions que nous choisissons ; on peut ressentir la séparation d'avec la mère comme une sorte de mort psychique qui nous sépare de toute l'humanité. Comme notre relation avec nos enfants reflète celle que nous avons eue avec nos propres parents, s'occuper de la génération suivante peut nous éviter un sentiment de solitude insupportable.

A la froide lumière de la réalité, cependant, cette union symbiotique n'existe pas. Ce que notre culture valorise le plus c'est l'indépendance et l'individualisme. Pendant nos heures de veille, nous n'aimons pas nous imaginer en êtres dépendants, qui se confondent avec quelqu'un d'autre, surtout lorsqu'il s'agit de nos mères et de nos enfants. Lorsque nous fonctionnons au niveau de la conscience, nous nous sentons très séparés et sommes heureux de l'être. Et quand nous avons des enfants, la société attend que nous les encouragions à être autonomes. Le moment venu, une bonne mère ou une assez bonne mère doit laisser partir son enfant.

LE TRAVAIL DE LA SÉPARATION

Quel est l'impact émotionnel de la transition entre les soins intimes du premier âge et cette relation plus distante, qui s'impose quand l'enfant atteint l'âge scolaire? Très peu d'études sérieuses ou de récits complets et directs ont été faits sur le processus de séparation vu dans la perspective de la mère. Sauf dans le domaine de la poésie et du roman, on a très peu d'informations sur les sentiments profonds et les problèmes qui naissent de cette expérience. La psychothérapie s'intéresse habituellement à l'enfance du patient, mais pas à son expérience de parent. La plupart des études de cas contemporaines analysent l'adulte qui se sépare de sa mère et non pas la mère qui se sépare de son ou de ses enfants. On n'accorde que peu d'importance à ce qui peut se passer chez elle à ce stade.

La dévotion à distance

Beaucoup de parents ressentent très profondément l'éloignement physique et affectif de l'enfant qui commence à cette phase du développement. Les avantages sont évidents : moins d'attention et de soins constants pour le protéger du danger. On passe de plus en plus de temps loin de l'enfant, et la mère le ressent souvent comme une libération. Mais cet éloignement produit des réactions plus complexes qu'on ne pourrait le croire. On perd et on gagne en même temps, et c'est une époque de transformation profonde.

Quand l'enfant est en âge d'aller à l'école, il est devenu plus docile, adorateur et adorable, mais il prend aussi ses distances. Il canalise de plus en plus ses accès de colère et ses crises de larmes dans les sports et les jeux d'imagination. C'est une période de créativité mesurée ; l'intérêt grandit pour la règle, l'ordre, il partage l'opinion générale sur le bien et le mal ; il fait des efforts démesurés et parfois sans succès pour s'adapter et copier le monde adulte. Les psychanalystes appellent ce stade du développement — à partir de cinq ou six ans jusqu'au début de la puberté — *le temps de latence* (probablement parce que les pulsions sexuelles semblent en veilleuse à ce moment-là).

Pour certaines mères, cette relation nouvelle et distante avec l'enfant le rend encore plus désirable. Ses nouvelles compétences et son adresse diminuent d'autant la nécessité d'un contrôle extérieur. L'oubli s'installe chez la mère et l'enfant, mais pour des raisons différentes. L'enfant a besoin d'oublier à quel point il a été dépendant auparavant et combien il l'est encore. La mère cherche à oublier cette période si épuisante et si troublante sur le plan émotionnel. La tendance à donner une valeur sentimentale aux moments si gratifiants de l'intimité est liée à un sentiment de perte pénible et très réel.

Même les mères qui travaillent au-dehors et quittent leurs enfants chaque jour pendant de longues heures, bien avant l'âge scolaire, ne sont pas à l'abri de ce sentiment de perte. Ce qui change complètement, c'est la *qualité* des liens avec l'enfant, en même temps que l'influence de la mère diminue. Comme le disait une petite fille de huit ans à sa mère : « Maman, je t'aime bien, mais je n'ai pas besoin de toi. »

Après s'être assigné pour tâche de satisfaire les besoins des autres, la mère de l'enfant d'âge scolaire doit s'effacer tandis que l'enfant essaye de dominer et d'oublier sa dépendance vis-à-vis d'elle. Marsha, quarante et un ans, artiste graphiste sur ordinateur, a ainsi ressenti ce sentiment de perte si éprouvant :

> J'ai toujours travaillé au moins à mi-temps, et souvent à temps complet. Je n'ai pas vraiment ressenti le départ des

deux aînés pour l'école. Cela me soulageait de ne pas avoir à me soucier d'eux pendant une partie de la journée. Mais le départ de la plus jeune m'a démoralisée. Elle ne veut même plus que je l'embrasse pour lui dire au revoir. Elle ne veut pas que j'entre dans l'école. Elle refuse que je lui lise des histoires. L'autre soir, elle m'a dit que ce n'était pas la peine que je lui chante des chansons, juste au moment où j'allais la câliner, avant de dormir. Je crois que je n'ai jamais rien connu d'aussi pénible.

Pour certaines mères, rien n'est plus gratifiant que d'élever leurs enfants. Quand l'intimité disparaît, elles en éprouvent beaucoup de souffrance. Claude, quarante-six ans, quatre enfants, m'a dit que pour elle rien ne pourrait jamais égaler cette expérience :

> Quand mon petit dernier est allé à l'école, j'ai cru en mourir. Il adorait l'école — et s'impatientait pour partir chaque matin. Je pleurais à en sangloter. Finalement, je suis retournée à la fac et suis devenue psychologue scolaire. C'est formidable de travailler avec des gosses. Mais rien ne pourra jamais remplacer le bonheur que j'ai eu avec mes propres enfants. Je rêve encore que je suis enceinte.

Le poème de Sharon Olds, *En les regardant dormir*, exprime l'intensité de ses sentiments pour son fils et sa fille d'âge scolaire, qu'elle décrit avec tant de minutie en les regardant dormir. A cet âge-là, elle ne peut plus les observer qu'en cachette, de peur qu'ils ne remarquent l'intensité de son amour et ne se reprochent de se détacher d'elle. Elle énumère les choses étranges et bizarres qu'ils font dans leur sommeil, leurs différences et leurs particularités. Ce poème raconte l'amour dans ses détails, la connaissance de ce qui fait de chaque enfant un être unique. Il faut cacher cet amour, le déguiser pour ne pas entraver l'indépendance naissante. Cette clandestinité des sentiments semble accroître leur profondeur, leur champ d'action et leur intensité :

> ... *Oh mon Dieu!*
> *Comme je les connais bien tous les deux.*
> *Quand l'amour vient à moi*
> *Pour me demander ce que je connais, je réponds :*
> *Cette petite fille, ce petit garçon.*

Au moment où la distance s'accroît, comment restons-nous en contact avec notre enfant ? A ce stade — et surtout si la mère travaille à l'extérieur — il est difficile de garder une relation avec l'enfant qui envoie ce message évident : « Maman, je t'aime, mais je ne te veux plus. Maintenant, je suis indépendant et je n'ai plus besoin de toi ! » Il a bien sûr encore besoin de nous, mais de plus en plus extérieurement, sauf lorsqu'il est malade, qu'il a mal ou qu'il est en danger.

Dans d'autres poèmes, Sharon Olds décrit la souffrance affreuse des parents devant les accès de fièvre, les bosses, les fractures — quand on ne peut que regarder, espérer ou prier. Tout mal de gorge, toute grippe intestinale, toute otite fait souffrir la mère autant que l'enfant (ou celui qui est très proche de l'enfant). Cette identification est une des expériences les plus pénibles de l'amour maternel. Sharon Olds se tourne vers l'époque où ses enfants étaient encore dans son ventre ou protégés par sa présence physique. On est comme un dieu pour un tout-petit. Tenir un enfant malade et le bercer peut apporter un grand soulagement. Il est plus difficile de s'occuper d'un enfant d'âge scolaire malade qui fait tous ses efforts pour lutter contre ce besoin passif de la présence maternelle, et le plaisir régressif d'être soigné comme un tout-petit.

LE TRAVAIL DE LA SÉPARATION

A ce moment où intervient une séparation plus prolongée, les mères exultent devant cette liberté nouvelle. Après des années d'abnégation, elles ont maintenant plus de temps pour faire ce qui leur plaît. Lara, trente-quatre ans, après dix ans de maternité intensive, m'a expliqué qu'elle se sentait à la fois libérée et coupable, quand son troisième et dernier fils est entré à l'école élémentaire. « Je me sentais si merveilleusement libre... mais cela me paraissait affreux d'être si heureuse *de ne plus avoir* à m'occuper de mon propre enfant. » Je lui ai demandé ce qu'elle faisait maintenant que les trois garçons étaient à l'école et elle m'a répondu :

> Il me semble quelquefois que je sors de prison. Je pense sans cesse que j'agis mal, comme si je les négligeais, puis je me dis que je ne les néglige pas puisqu'ils sont à l'école. Quand j'ai fini mon travail à midi, je joue au tennis au lieu de me précipiter à la crèche. Parfois, je fais des longueurs de piscine. Ou bien je ne fais rien, pour la première fois depuis des années.

Les mères ont le sentiment d'avoir réussi quand l'enfant est assez grand pour aller à l'école. Nous ne pouvons qu'être fières et soulagées quand il commence à compter sur lui-même et à se prendre en charge. Les responsabilités de l'éducation se partagent officiellement avec d'autres, la maternité devient davantage une démarche non interventionniste et elle est beaucoup moins épuisante, à bien des égards. Comme le remarque une mère : « Une fois qu'ils ont su nager et traverser la rue sans se faire écraser, ma vie a complètement changé. Maintenant, c'est au tour des instituteurs de s'occuper d'eux pendant la plus grande partie de la journée. »

Les parents ne sont pas pour autant libérés. Dans notre

société, les enfants, de six ans à la puberté, sont toujours considérés comme des enfants. Les soins sont différents et leurs problèmes apparaîtront plutôt à l'école qu'à la maison. L'enfant a besoin maintenant d'espace plutôt que d'intimité. On juge souvent les parents sur la réussite de leur enfant, et on les blâme en cas d'échec. En d'autres termes, l'éducation devient davantage une œuvre collective. Les critères d'évaluation des parents se calculent en fonction des résultats scolaires, sportifs et sociaux. Comme me l'a fait remarquer le père de deux garçons dynamiques : « Les instituteurs de mes fils me parlent de telle façon que j'ai quelquefois l'impression d'être en liberté conditionnelle. »

Même dans les quartiers aisés, le monde dans lequel nous envoyons nos enfants peut être dangereux. Nombreuses sont les mères qui se plaignent amèrement du faible niveau de l'école où elles doivent envoyer leur enfant — ce qu'une d'elles a trouvé de plus difficile à supporter quand elle a confié son fils dyslexique et turbulent à des maîtresses, c'est leur dureté et leur manque de patience. Il lui a fallu des années avant qu'elle trouve l'établissement capable d'aider son fils. Une autre mère m'a raconté qu'en deuxième année d'école primaire, l'institutrice de sa fille était si brutale que l'enfant rentrait en larmes à la maison, tous les soirs. D'autres parlent de rebuffades, de drogue, de violence, pour décrire l'environnement de soutien de l'enfant la plus grande partie de la journée. Cela incite certains parents à jouer un rôle actif et à essayer — à l'école, en politique — d'améliorer les choses. D'autres n'ont ni le temps ni le goût de changer le système éducatif, ou n'ont pas le courage de s'attaquer à une tâche aussi lourde.

Les réalités émotionnelles de l'éducation des enfants d'âge scolaire

C'est, pour certaines mères, une époque de confusion, d'amertume et de réévaluation. Roseline, trente-six ans, est l'exemple même de la mère qui modifie son choix de carrière en fonction de ses enfants. Grande et souple, Roseline m'a raconté les six années où elle a été danseuse et combien il lui avait été difficile de s'arrêter :

> Avant d'avoir des enfants, j'avais commencé une carrière de danseuse et c'était toute ma vie. Après une première césarienne, je ne pouvais plus danser très longtemps. Au moment où mon corps reprenait ses formes, nous avons décidé, mon mari et moi, d'avoir un autre enfant. Ma vie a complètement changé. Quand mon second enfant a eu trois ou quatre ans, j'ai commencé à en vouloir à mes enfants, pendant un certain temps. Comme si j'avais compris qu'il était trop tard et que je leur reprochais de m'avoir pris ce que j'aimais le plus au monde et de l'avoir rendu impossible. J'avais eu de grandes ambitions comme danseuse. Au lieu de cela, je me suis mise à enseigner la danse. Bien sûr, c'est ce que finit par faire toute danseuse. Seulement, cela est venu plus tôt que je ne l'aurais souhaité. Je ne crois pas qu'on puisse parler d'enfants sans parler d'abnégation. Quand je compare mon sacrifice avec ces deux enfants et mon amour pour eux — je me demande ce qui est vraiment important.

L'exemple de Jeannette montre à quel point il est nécessaire de se recycler quand les enfants grandissent. Quand sa fille unique a commencé à aller à l'école, elle a trouvé très déprimant d'être infirmière en pédiatrie. Jeannette et son mari avaient décidé, pour des raisons financières et malgré leur grand désir, de ne pas avoir de second enfant. Ce n'est qu'après avoir décidé de s'orienter vers la psychiatrie qu'elle a compris que s'occuper de jeunes enfants lui était devenu trop pénible. Sa propre fille, en fin de cycle élémentaire, passait de plus en plus de temps à l'extérieur. Tous les bébés dont elle s'occupait lui rappelaient l'intimité qu'elle avait eue avec elle et lui faisaient désirer un autre enfant.

Il faut maintenant accepter des séparations fréquentes et plus longues. Les poèmes de Sharon Olds nous montrent que la tendresse maternelle est ressentie de façon plus poignante dans les gares et dans les aéroports, quand la séparation est imminente. Dans son poème, *The Signs*, des parents inquiets attendent autour d'un car qui est sur le point de partir pour un camp d'été. Pour tenir en échec la douleur de la séparation, ils scrutent les vitres teintées une dernière fois. L'écrivain s'émerveille de voir les parents reconnaître leur enfant à une touffe de cheveux, à la courbe d'un menton, agiter « une main mince et fine/ qui tourne comme un essuie-glace ». Les enfants abandonnent leurs parents dans « la puanteur ténébreuse des gaz d'échappement », les quittant dans « un nuage de crainte et de désir / (qui) plane sur le départ qui a duré trop longtemps ».

Incapables de supporter des séparations de plus en plus fréquentes, certaines femmes souhaitent un autre enfant. Hélène, qui a adoré les joies de la maternité avec un toutpetit, a été très troublée par cette distance qui s'accentuait entre ses enfants et elle. Pendant un moment, elle a souhaité désespérément un autre enfant. Elle aimait beaucoup son métier de conseillère conjugale et familiale, et son désir de maternité n'a été calmé que par sa crainte que cette naissance ait un effet désastreux sur son couple :

> Nous aurions pu, financièrement, avoir un autre enfant, mais nous n'aurions pas pu nous le permettre sur le plan

affectif. Je me suis rappelé comme cela avait été difficile pour lui quand je m'investissais complètement dans la maternité. Plus les enfants grandissaient, plus je pouvais lui apporter. Malgré mon désir d'enfant, j'ai pensé que c'était trop risqué. Je venais de voir un couple de nos amis se briser après la naissance d'un troisième enfant.

A la différence d'Hélène, d'autres mères choisissent d'avoir un autre enfant. Le docteur Bruce Bess, psychologue, explique :

> *Les parents deviennent dépendants de l'enfant et c'est normal. Dans les premières années, les soins aux tout-petits vous occupent, comme peu d'autres activités peuvent le faire. C'est dur d'être abandonné par des enfants à qui vous avez tout donné. Si la mère travaille, cela peut l'aider dans une certaine mesure. Mais j'ai vu également des mères en activité souffrir profondément quand leurs enfants vont à l'école. Quand elles comprennent comme le temps a passé vite et tout ce qu'elles ont manqué, elles décident d'avoir un autre enfant.*

Si cette période semble plus facile à beaucoup de mères, certaines trouvent que c'est une période troublée. D'après la conseillère conjugale et familiale, Barbara Kinsey, les problèmes de couple surgissent inévitablement à ce moment-là parce qu'il y a maintenant moins de distractions :

> *Les enfants sont un vrai danger pour le mariage. J'ai traité de plusieurs cas de divorce dans ma clientèle dus au désintérêt qui s'est installé quand les enfants étaient petits. Les parents amènent souvent leurs enfants dans un centre médico-pédagogique — quand ils commencent à aller à l'école — mais ce n'est pas l'enfant qui pose problème. Ce*

sont les parents qui sont devenus des étrangers l'un pour l'autre. Toute l'énergie a été dépensée pour s'occuper de l'enfant et rien n'a été gardé pour le couple. Puis, d'un seul coup, on a du temps libre. On a accumulé des années de ressentiments qu'on ne pouvait régler tant que c'étaient des tout-petits.

Les femmes qui travaillent et qui ont mis temporairement leurs ambitions en veilleuse ont des difficultés à évaluer combien leurs enfants ont besoin d'elles à ce stade, et combien elles peuvent se consacrer maintenant à leur travail.

Même s'ils sont moins dépendants, les enfants ont encore besoin d'attention, de quelqu'un de disponible pour les urgences ou pour reprendre des forces — au cas où ce serait nécessaire. A la différence des adolescents dont la maturité physique montre clairement qu'ils deviennent adultes, les enfants de la période de latence ont manifestement besoin d'être guidés et protégés. Mais il est parfois difficile de savoir comment et combien. Beaucoup de mères sont impatientes d'investir toute leur énergie dans leur travail, et de rattraper le temps perdu. Après trois ans d'activité dans une industrie de pointe, Sarah, trente-quatre ans, a pris le temps d'avoir un enfant :

> J'ai volontairement refusé de travailler à plein temps avant de sentir que mon fils était prêt à me quitter. Quand il a eu quatre ans, je suis devenue chef de projet dans un programme nouveau vraiment très novateur. Je travaillais de longues heures, mais je pouvais lui consacrer beaucoup de temps. Quand j'ai repris à plein temps, on m'a finalement proposé le poste de vice-présidente chargée des questions financières. A ce moment-là, mon fils entrait à l'école primaire, et j'étais convaincue de pouvoir me plonger dans mon travail sans aucun problème. Mais cela exige tant de temps.

LE TRAVAIL DE LA SÉPARATION

Je lâche Henri devant l'école tôt le matin et je rentre rarement avant sept ou huit heures du soir. On me dit qu'il va s'habituer, que cela vaut mieux pour lui que je réussisse ma carrière, mais il y a des moments où je ne suis pas d'accord. Ce qui me convient professionnellement ne semble pas aussi bon pour lui. Il n'a pas l'air très heureux depuis que je travaille à plein temps. Souvent, quand je rentre à la maison, il est malade ou très énervé.

Dans quelle mesure les enfants peuvent-ils influencer la vie d'une mère en activité ? Quels besoins sont finalement les plus importants : ceux de la mère ou ceux de l'enfant ? Si, dans la vie professionnelle, les parents se préoccupent trop de leurs enfants, ils ne seront pas vraiment efficaces. La plupart des parents essayent vraiment de savoir ce qui leur convient le mieux et d'agir dans ce sens bien que ce ne soit jamais une certitude. Ce qui les trouble le plus, c'est lorsque les besoins de l'enfant s'opposent à leurs propres besoins.

Certaines femmes réagissent au détachement progressif de l'enfant par un abandon physique ou affectif : c'est la mère qui part la première pour se protéger de ce sentiment de perte intolérable. D'autres mères réagissent en s'accrochant à l'enfant et en sabotant constamment ses efforts d'autonomie. Janice, institutrice d'enfants de dix ans, m'a décrit ces deux types de réaction :

> Une mère accompagne son fils et vient le chercher tous les jours malgré les moqueries des autres. Elle ne peut pas abdiquer. Mais l'autre attitude est encore pire. Un gamin de ma classe arrive certains jours tout sale à l'école. On sent que quelque part la mère se désintéresse de lui.

Quels sont les besoins de l'enfant à ce stade ? Janice nous montre qu'une trop grande implication et le désintérêt sont les deux problèmes majeurs pour les mères d'enfants de cet âge.

La mère possessive et celle qui se sent obligée de fuir

Le processus de séparation présente pour la mère plus d'embûches qu'on ne le croit généralement. Pour certaines femmes, l'individuation risque d'être complexe, elles ont alors tendance à s'accrocher à l'enfant. Pour d'autres, au contraire, les liens parentaux sont pénibles et étouffants, et elles ont envie d'y échapper.

Dans sa nouvelle *Chambre dix-neuf*, Doris Lessing étudie les sentiments d'une femme qui souffre excessivement de ce que beaucoup de femmes ressentent à un moindre degré quand elles commencent à ne plus avoir à satisfaire les besoins tyranniques de leurs enfants. L'héroïne de Doris Lessing, Suzan Rawlings, est incapable de se libérer de son asservissement volontaire à ses enfants. Dans cette nouvelle, Doris Lessing nous montre son héroïne qui ne peut s'empêcher de se dévouer à eux, qui leur permet de l'interrompre constamment et qui s'épuise à satisfaire leurs exigences, même lorsqu'elle a engagé quelqu'un pour l'aider. Doris Lessing dresse un tableau angoissant de ce besoin inexorable de certaines mères de donner sans rien demander ou recevoir en retour, et montre comment le processus d'individuation peut être retardé — même de nos jours où on attend des femmes une autre forme d'évolution. Dans *The Mermaid and the Minotaur*, Dorothy Dinnerstein appelle cette contrainte « une hypertrophie du don à sens unique »*.

---

* Un exemple de l'exploitation de cette tendance chez les mères est fourni par la publicité télévisée pour un fromage : une voix masculine

LE TRAVAIL DE LA SÉPARATION

Dans *The Awakening*, publié en 1899, Kate Chopin décrit l'inverse (ou peut-être le dessous) de cet asservissement volontaire : elle dépeint une mère qui refuse d'être dominée par les besoins de ses enfants. L'héroïne énigmatique de Kate Chopin, Edna Pontallier, est une femme qui se débat, comme souvent, pour ne pas être écrasée par le fardeau et les responsabilités de la maternité. Comme le font actuellement la plupart des femmes instruites, Edna se bat pour vivre et évoluer selon un parcours considéré comme le domaine réservé des hommes : elle veut à la fois jouir de la liberté sexuelle et pouvoir se cultiver. L'idée que c'est le fait de ses enfants si Edna se sent « vaincue », « asservie », « dominée » — bien plus que de son mari ou des conventions d'une société provinciale — est l'annonce prophétique du désir de libération des femmes, de nos jours, du besoin de s'émanciper de ces soins quotidiens et fastidieux.

Doris Lessing et Kate Chopin poussent très subtilement la lectrice à se demander : Quelle est l'importance de l'enfant pour nous ? Quand devons-nous le laisser envahir notre conscience ? Quand pouvons-nous (ou devons-nous) l'oublier ?

Comme nos contemporaines, ces mères-héroïnes se dirigent à tâtons au-delà de la maternité pour donner un sens à leur vie. Toutes deux essayent de faire ce retour nécessaire vers une partie d'elles-mêmes qui a été « entravée » pendant les premières années de la maternité. Ces années-là révolues, toutes deux retournent à un « moi » qui n'a pas été nourri, développé et qui est affreusement solitaire. Ce sont pourtant des femmes intelligentes et créatrices, pleines de ressources, mais elles ne peuvent affronter ces

---

explique : « Il faut donner du 100 % — c'est bien ce que fait une mère, n'est-ce pas ?... Pour les mères qui donnent tout. »

années de latence. Alors qu'elles devraient se sentir libres de redevenir elles-mêmes et d'agir comme elles le veulent, elles sont « incapables de réussir ».

Kate Chopin (qui était mère de six enfants tout en étant un écrivain à succès très prolifique) met son héroïne dans la situation la plus désirable qui soit, mais subtilement problématique : elle peut choisir, se libérer des exigences constantes de ses enfants tout en ayant la possibilité de les voir quand elle le souhaite. De plus, le personnage de Doris Lessing connaît le succès dans la carrière qu'elle reprend quand ses enfants vont à l'école. Kate Chopin et Doris Lessing veulent suggérer, par le suicide de leurs héroïnes, l'extraordinaire complexité du processus de séparation/individuation chez les mères.

Le refus d'être dominée par les enfants

L'espèce de fusion qui se produit dans la maternité fait craindre à certaines femmes de ne pas pouvoir prendre de la distance avec les besoins et la personnalité de leur enfant. Tout comme elle s'était sentie jadis appartenir à sa mère, une femme peut avoir l'impression d'être la propriété de ses enfants. C'est plus la crainte de perdre sa personnalité et le désir de protéger le sens du moi qui rend cette fuite obligatoire devant les exigences affectives et les responsabilités de la maternité que l'indifférence ou la négligence (comme on le pense souvent). Pour ces mères, ne pas fuir, c'est perdre leur identité.

Écrit au début du siècle, *The Awakening* est un roman très moderne car il insiste avec beaucoup de finesse sur le fait que les conflits de l'héroïne viennent autant de son rôle de mère et de ses sentiments envers ses enfants que de l'échec de son amour. Edna Pontallier se comporte exactement comme une mère qui travaille de nos jours.

LE TRAVAIL DE LA SÉPARATION

Selon les critères actuels, Edna est la mère idéale jusqu'à la fin du roman. Elle a, pour ses deux fils, les mêmes sentiments que n'importe quelle femme avec une activité professionnelle. Si elle vivait maintenant et qu'elle exerce une profession intellectuelle — médecin, avocate, professeur ou artiste — on considérerait que ses sentiments sont parfaitement normaux. Edna aime ses fils, mais, comme beaucoup de mères de notre époque, elle leur donne l'affection de mères de substitution afin d'être elle-même mère à temps partiel.

Kate Chopin atteint une réalité très complexe quand elle décrit Edna à la fois en mère dévouée et en femme qui lutte pour conquérir une identité séparée de son rôle de mère. Elle nous permet, avec beaucoup de justesse et d'habileté, d'avoir un aperçu de l'amour et de l'intimité qui existent entre Edna et ses deux garçons, pleins de santé et de joie de vivre. Mais comme leur mère n'est pas constamment accrochée à eux comme les autres mères dans le roman, ils sont plus turbulents et indépendants que les autres.

L'intrigue de *The Awakening* est teintée de romantisme. Extérieurement, Edna s'apparente aux héroïnes littéraires qui l'ont précédée — Anna Karénine, Emma Bovary — qui se suicident à cause d'un amour malheureux. Edna Pontellier tombe amoureuse hors des liens du mariage et connaît une aventure brève et heureuse. Le mari d'Edna est absent pendant l'automne et l'hiver, et Edna va connaître un réveil sexuel et intellectuel à la fois. A la fin du roman, le jeune amant d'Edna revient lui avouer son amour, mais sans doute parce qu'il est trop conventionnel, trop timide ou qu'il ne souhaite pas provoquer sa chute sociale, il met fin à leur liaison. Edna retourne à la plage où ils ont passé l'été, nage vers la haute mer et se noie.

AMOUR ET RENONCEMENT

Pour le lecteur moderne, Edna, dans la confusion de ses dernières pensées, dévoile un des plus profonds dilemmes maternels. Elle ne songe pas à son amant mais à ses deux fils :

> *Les enfants lui apparaissaient comme des ennemis qui l'avaient vaincue ; ils l'avaient dominée et avaient essayé d'asservir son âme jusqu'à la fin de ses jours. Mais elle savait comment leur échapper [...] Ils étaient une partie d'elle-même mais ils n'auraient pas dû croire qu'ils la posséderaient, corps et âme, [...] elle renoncerait à ce qui n'était pas essentiel, mais elle ne se sacrifierait jamais à ses enfants.*

Tout cela veut dire qu'une mère peut se sentir dominée et dépossédée d'elle-même. Et c'est ce que les enfants ressentent inconsciemment, même s'ils sont à l'école, loin de la présence physique de leur mère : ils lui appartiennent encore secrètement. Pendant cette période de latence, dans leurs rêves et dans leur imaginaire, les enfants montrent qu'au niveau de l'inconscient ils sentent que leur corps (et leur âme) appartient encore essentiellement à la mère. (Ce n'est qu'à l'adolescence qu'ils réclament le droit exclusif à leur propre corps.) Ce que veut dire Kate Chopin dans son roman, c'est que ce sentiment est réciproque dans certains cas. Une mère peut se sentir dominée par ses enfants et inversement. La mère doit se libérer effectivement et peu à peu de son enfant, comme lui même doit le faire vis-à-vis d'elle.

Chez la mère, le processus de séparation/individuation est une tâche délicate. C'est le reflet dans l'âge adulte de ce que les enfants ressentent dans les trois ou quatre premières années de leur vie. Les mères, tout autant que les petits, peuvent jouir de cette autonomie nouvelle. Kate Chopin décrit ainsi la joie d'Edna à se sentir redevenir indépendante comme on pourrait le faire pour raconter les premiers pas d'un enfant :

> *Ce soir-là, elle se sentait comme un tout-petit qui chancelle, trébuche et s'accroche à tout, qui prend tout à coup conscience de son pouvoir et se lâche pour la première fois, plein d'audace et de présomption... Une joie immense l'envahit, comme si son âme avait soudain acquis une force et un pouvoir nouveaux. Elle se sentait devenir téméraire et audacieuse...*

Kate Chopin décrit aussi le sentiment de panique et de solitude qu'ont les femmes quand elles revivent ce processus complexe à l'âge adulte. Comme pour un tout-petit qui s'aventure trop loin de sa mère, la joie d'Edna est de courte durée. Elle se sent craintive et vulnérable comme les enfants lorsqu'ils comprennent leur fragilité et leur faiblesse en face du vaste monde ainsi que leur dépendance vis-à-vis des autres.

> *En nageant, il lui semblait atteindre l'infini, se perdre [...] Elle n'était pas allée très loin [...] mais son manque d'habitude lui faisait voir l'étendue d'eau derrière elle comme un obstacle que sa force seule ne lui permettait pas de franchir...*

On comprend qu'Edna « nage » trop loin du soutien dont elle a besoin pour trouver son véritable moi et le monde. Si nous voulons encourager nos enfants à devenir autonomes (sans les pousser à le faire ni les laisser se débrouiller tout seuls), il nous faut finalement faire la même chose en tant qu'adultes. Seulement cette fois, la séparation se fait sans que l'amour désintéressé de notre mère nous permette de nous ressourcer auprès d'elle pour repartir ensuite vers la liberté et les joies du monde extérieur. Bien que Kate Chopin, dans ce roman, nous laisse entrevoir à quel point les relations sexuelles et amoureuses peuvent jouer un rôle pour aider la mère à se séparer de ses enfants, de son mari ou de son amant, l'imagination romanesque ne suffit pas à soutenir Edna dans son effort d'indépendance.

Que les femmes aient admis depuis peu qu'elles avaient besoin des autres femmes pour se ressourcer est un progrès décisif. On ne peut pas lutter seul pour obtenir son autonomie. On a besoin d'un soutien très ferme et d'encouragements pour briser l'unité symbiotique — cet « univers fusionnel » dans lequel nous sommes tous nés et que nous revivons quand nous devenons mères. Hommes et femmes craignent cette individuation ultérieure de l'âge adulte car ils ont peur de n'avoir personne vers qui revenir et, pour des femmes comme Edna, il y a crainte d'être rejetée ou abandonnée en devenant soi-même et non plus le prolongement des autres.

L'asservissement volontaire

Comme dans *The Awakening*, *Chambre dix-neuf* montre que les femmes ont besoin d'être très soutenues pour réussir à s'individuer et accéder à un moi indépendant. Sans illusions romanesques, *Chambre dix-neuf* décrit une femme qui a consacré dix ans de sa vie à ses enfants et ne peut revenir vers son « vrai moi ». Le fruit du travail de l'héroïne, Suzan Rawlings, est allé à ses enfants. Quand le petit dernier se retrouve à l'école toute la journée, elle ne ressent qu'agitation, « une tension proche de la panique... le vide ». C'est alors seulement que sa belle et vaste maison et sa famille deviennent une prison pour l'héroïne de Doris Lessing et qu'elle se retrouve en état d'asservissement — asservissement d'autant plus mortel qu'il est volontaire. Elle comprend intellectuellement pourquoi elle se sent si vide et si inutile : « Les enfants ne peuvent être le centre de notre vie ni notre raison d'être, il y a des milliers de choses agréables, intéressantes, satisfaisantes : mais on ne peut pas s'alimenter à cette source. » Mais Suzan est incapable de comprendre ou de justifier ses sentiments sur le plan émotionnel.

Quand un enfant a des problèmes sérieux, s'il est handicapé ou malade, l'asservissement volontaire peut devenir une nécessité. La mère peut alors lui rester très étroitement liée pendant des années ou être constamment avec cet enfant qui demande une attention particulière. Une mère m'a cité le cas de son fils qui avait de sérieux problèmes de compréhension et qui était devenu agité vers l'âge de sept ans. L'aider, se soumettre littéralement à l'urgence de sa demande, lui a demandé un temps démesuré ; sinon elle n'aurait pas pu supporter un tel sacrifice.

Mais dans les circonstances courantes, il est difficile de savoir si les mères ont simplement besoin d'être indispensables pour se valoriser ou si elles deviennent esclaves de leurs enfants pour se protéger de ce sentiment de solitude et de vide. Hattie s'est complètement consacrée à ses trois enfants jusqu'à ce qu'ils aillent à l'école (et elle a connu des jours difficiles à ce moment-là). Elle reconnaît que, pendant un temps, elle a provoqué des besoins chez ses enfants afin de pouvoir les satisfaire.

> J'essayais qu'ils aient besoin de moi. Je ne supportais pas qu'ils deviennent si indépendants, et pourtant il y avait une partie de moi qui aurait voulu les envoyer promener. Je les servais comme des princes, je leur apportais leur petit déjeuner au lit, je leur préparais des petits plats à chaque fois

qu'ils le demandaient et ils se comportaient comme de sales gosses gâtés ! Il a fallu la dernière année de lycée pour qu'ils deviennent plus autonomes et c'est aussi à ce moment-là que j'ai trouvé mon indépendance. En grandissant, ils comptaient entièrement sur moi pour leurs devoirs que nous faisions ensemble tous les soirs. Ma fille aînée prétendait qu'elle ne pouvait faire ses maths sans moi. Je les aidais toujours pour leur travail personnel, j'ai même fait certains devoirs toute seule.

La fin du roman de Doris Lessing est très triste. Finalement, son héroïne loue une chambre où elle reste assise, pendant des heures, sans être dérangée, trois fois, puis cinq fois par semaine, en essayant de retrouver la « vraie Suzan » qui depuis la naissance des enfants a été « mise de côté, comme dans une chambre froide ». Elle se demande pourquoi. Et elle répond intelligemment — mais cela ne comble pas son sentiment de vide. « Voilà douze ans que je n'ai pas un instant de solitude, un moment à moi. Il faut maintenant que j'apprenne à être moi-même. C'est tout. » Cette abnégation — que nous lions à la maternité et que nous acceptons tous plus ou moins — a des effets désastreux.

Assise dans cette chambre, toute seule, sans enfants, Suzan ressent les limites de son expérience affective et son appauvrissement personnel. Ces dix années d'asservissement volontaire à ses enfants l'ont protégée de quelque chose de pire — la solitude totale et la confrontation avec ces parties menaçantes de son moi. Jusqu'à présent, certains aspects pénibles de la vie de Suzan lui avaient été inaccessibles, parce que la maternité l'en avait distraite. Elle finira par ne plus pouvoir supporter ce sentiment d'appauvrissement intérieur.

Cette nouvelle nous montre que l'intimité de la relation

mère/enfant a une fin. Si tout se passe bien et que ce lien était étroit et gratifiant, il disparaîtra rapidement. Si la mère et l'enfant sont mal unis, l'un et l'autre peuvent avoir des difficultés à se séparer. (Les enfants qui reçoivent l'amour et les soins nécessaires sont plus aptes à rompre leur relation avec leur mère, sans culpabilité excessive. Si cette relation est perturbée, l'enfant aura tendance à s'accrocher à l'objet en même temps aimé et détesté, à essayer d'obtenir ce qui manquait ou à s'assurer qu'il n'a pas blessé sa mère par la colère qu'il éprouve à son égard.)

Ce que Doris Lessing met en évidence, ce sont les éléments totalement irrationnels qui apparaissent à ce moment-là. Suzan Rawlings met fin à ses jours car elle n'a rien trouvé, à l'intérieur ou à l'extérieur, pour la soutenir dans ce processus de séparation difficile. Cette histoire amplifie le syndrome du « nid vide », mais Doris Lessing suggère une idée encore plus inquiétante : l'attachement et les soins maternels peuvent mener à un esclavage qui vient autant de nous-mêmes que des autres. *Chambre dix-neuf* nous montre que l'intensité du lien qui unit la mère à l'enfant risque de renforcer la dépendance affective qui mène à une servitude étouffante. En privant son héroïne de tout engagement amoureux ou sexuel, Doris Lessing met à nu cet état de manque qui vous glace jusqu'aux os, la spirale descendante de l'appauvrissement émotionnel que les mères *semblent* extérieurement attirer sur elles.

Pendant la période de latence, l'enfant a besoin d'une présence affectueuse. La difficulté est d'autant plus grande pour certaines femmes : il leur faut renoncer à la période où on est aimée intensément et où on se sent indispensable pour passer à celle où on devient nécessaire de temps en temps seulement. D'autres mères vivent cette phase positivement en participant à distance (elles sont cheftaines scoutes ou enseignent à temps partiel. Les pères peuvent s'intéresser à l'équipe scolaire de football ou de rugby.) Mais la mère peut ressentir un choc psychologique profond quand les enfants sont toute la journée à l'école, prenant de plus en plus leurs distances avec elle, créant des liens d'amitié avec d'autres, devenant si autonomes qu'ils ressemblent parfois à des inconnus. Pourquoi est-ce si facile pour certaines qui n'éprouvent que soulagement et si difficile pour d'autres ?

Avoir été aimée intensément, avoir été si nécessaire, avoir tant donné et renoncer à tout cela peut occulter une partie de la personnalité que la mère doit retrouver. Si ce développement personnel ne rencontre aucun soutien — la nouvelle de Doris Lessing nous le montre — ce processus de séparation/individuation peut être encore plus difficile pour la mère que pour l'enfant. Après ces premières années qui demandent tant d'abnégation et de dévouement, bien des mères ont du mal à apprendre ou à réapprendre à se faire plaisir et à s'épanouir. Pour Doris Lessing, ce don de soi-même et cette certitude d'être indispensable peuvent atteindre une telle intensité qu'ils détruisent effectivement une partie importante du moi.

Pour survivre, certaines femmes doivent partir de zéro et se créer une nouvelle identité — transformée par la discipline qu'impose la maternité — et l'affirmer après qu'elle ait été ignorée par les enfants. Le problème est que les enfants (et les maris ou tous ceux qui ont la chance d'être servis et pris en charge) s'y habituent. A court terme, cela ne les aide guère quand on cesse de les servir. Reconnaître le sacrifice de la mère — et la dépense affective qui l'accompagne — ferait naître trop de culpabilité.

Ce qui est étonnamment nouveau dans la nouvelle de Doris Lessing, c'est son approche intuitive de ce dilemme auquel sont confrontées toutes les femmes qui ont élevé leurs enfants : accepter de les laisser partir avec toute la douleur qu'on en ressent, renoncer au bonheur d'être aimée si fort et d'être si indispensable. Le narcissisme de certaines femmes reçoit un choc quand elles deviennent « inutiles ». C'est très dur de se voir abandonnée par ceux à qui on a tant donné — qui avaient tant besoin de vous et qui tout à coup (particulièrement si vous avez excellé dans votre rôle maternel) ne font plus appel à vous que de temps en temps.

L'individuation maternelle

Doris Lessing évoque ce sentiment de perte et cette douleur qu'on doit affronter quand on comprend que le dernier enfant n'a plus besoin de ces soins intenses et gratifiants ; que cette partie de la maternité s'achève pour toujours. Les très jeunes enfants sont souvent des compagnons adorables, avec des capacités d'amour, de malléabilité et de reconnaissance impossibles à trouver dans une relation adulte, et on s'en passe très difficilement une fois qu'on l'a connue.

Souvent l'individuation ultérieure de la mère ne se produit pas vraiment avant que le plus jeune des enfants aille à l'école et se crée des amitiés qui vont rivaliser avec son attachement pour sa mère. Si celle-ci s'est vraiment impliquée dans son rôle, cette expérience l'aura marquée de façon indélébile. Elle l'aura vécue de façon si intense et si permanente qu'elle ne sera plus jamais la même.

Ce dilemme de l'individuation maternelle peut se placer dans un contexte plus universel et plus asexué. Le docteur Arthur Colman, psychanalyste jungien, nous explique :

> *Jung a compris que dans la deuxième partie de la vie, nous sommes tous, et pas seulement les mères, confrontés à des*

aspects de nous-mêmes rarement rencontrés jusque-là — des aptitudes et des talents trop médiocres pour qu'on ait pu les exploiter dans la vie ainsi que des aspects de notre psychisme trop négatifs pour qu'on les affronte. Il semble que si on faisait appel à cette partie de notre psychisme, cela ne pourrait que faire naître danger, douleur et humiliation, et pourtant Jung croyait que c'est là que réside notre créativité cachée et que si nous l'intégrons valablement, c'est elle qui nous donne un sentiment de plénitude et d'accomplissement. Tant que les femmes ont des enfants, elles repoussent cette tâche à plus tard; mais c'est la même chose pour les bourreaux de travail, les femmes sans enfants ou les hommes qui n'ont jamais exploité leurs talents de pères. Le danger est de ne pas explorer ce domaine sombre et surprenant de nous-mêmes — car nous devons affronter notre ego tout entier ou supporter les conséquences d'une vie à moitié vécue.

Cette période-là risque d'être difficile pour une mère. Si elle n'est pas en mesure d'effectuer ce retour sur elle-même, elle risque de chercher des satisfactions chez ses enfants — soit en leur faisant réaliser des rêves qu'elle n'a pas pu accomplir, soit en les gardant liés à elle par son refus de les laisser devenir autonomes — ou encore, et c'est souvent le cas de nos jours, pour éviter la douleur de les perdre, elle s'écartera d'eux avant qu'ils ne puissent le faire.

Être mère, c'est pouvoir se fondre dans ses enfants, connaître leurs sentiments et leurs besoins afin de les satisfaire; c'est aussi être capable de les laisser partir et devenir libres. Et cette séparation exige que nous développions certaines aptitudes à différents niveaux, et que nous acceptions la restructuration profonde de notre psychisme telle qu'elle se produit pendant que nous soutenons l'enfant dans son passage vers l'âge adulte.

C'est le moment où les parents éprouvent beaucoup de

joies avec leurs enfants en même temps qu'ils jouissent d'une plus grande liberté. Mais c'est là aussi que surgissent des sentiments complexes de joie et de perte. Même si nous réussissons parfaitement à faire grandir nos enfants et à les laisser s'éloigner de nous, nous rêverons toujours quelque part d'être de nouveau réunis.

7.
L'ADOLESCENCE ET LA FIN DE L'ENFANCE

> J'ai employé l'expression « déprime de l'adolescence » pour décrire les quelques années pendant lesquelles chaque individu n'a aucune autre issue que d'attendre, sans même être conscient de ce qui se passe [...] Aucune identité précise, rien dans la vie qui puisse esquisser l'avenir [...] On sait que l'indépendance provocatrice va alterner avec des retours, et on tient bon, jouant sur le temps au lieu d'offrir des solutions [...] Il n'existe qu'un remède à l'adolescence : c'est le temps...
>
> D.W. WINNICOTT,
> *Processus de maturation chez l'enfant.*

> Même quand la croissance au moment de la puberté ne s'accompagne pas de crises aiguës, on peut avoir à régler de graves problèmes parce que grandir signifie prendre la place des parents. *C'est en fait ce qui se produit.* Dans l'inconscient imaginaire, grandir est en soi un acte d'agression. Et l'enfant désormais n'a plus la taille d'un enfant.
>
> D.W. WINNICOTT, *Jeu et réalité.*

Propos recueillis au cours d'entretiens

Quand ma fille a atteint l'adolescence, je me suis fait teindre les cheveux, je me suis fait faire un lifting et j'ai recommencé à sortir. Je ne sais pas laquelle de nous deux a eu le plus de copains. (Mitzi, quarante-huit ans, mère de trois enfants.)

Avec un adolescent à la maison, croyez-moi, ne vous attendez pas à rencontrer beaucoup de gentillesse: vous vous faites sans cesse contredire; on vous traite comme moins que rien. On ne peut rien leur dire. Ils savent tout mieux que vous. Mon fils ne veut rien entendre de ce qu'on lui dit, sinon pour faire le contraire. (Hazel, quarante et un ans, un enfant.)

Je n'ai jamais eu aucun problème avec mon fils aîné jusqu'à ce qu'il devienne champion de football. A partir de ce moment-là, football à l'automne, basket l'hiver, base-ball au printemps. C'est un athlète, mais pas un jour où il ne me provoque à propos de tout. J'en avais par-dessus la tête de toutes ces discussions. Très vite, il en est arrivé à se mettre en colère chaque fois que je lui demandais quelque chose, si bien que j'ai renoncé. A quoi bon résister? C'est son univers, de toute façon. Moi, j'ai bientôt fini mon temps. (Dick, cinquante-six ans, quatre enfants.)

Dans notre culture répressive et tentatrice, permissive et en même temps exposée aux dangers de la sexualité, la puberté est source de graves problèmes. Même dans les conditions les plus favorables, l'adolescence se présente comme un événement outrancier, une forme de conscience excessive et déroutante. Les expériences sensuelles des adolescents prennent une acuité différente de celles des adultes: réaction physique exacerbée que nous perdons par la suite. Il nous est difficile de retrouver le temps où notre corps d'enfant a commencé brutalement à se transformer en un corps d'adulte pour atteindre la taille et la force de nos parents. Essayons de nous rappeler ces premières émotions qui nous submergeaient à l'éveil de la sexualité — et nous faisaient perdre momentanément notre personnalité — et tout cela dans un environnement familial et social où notre statut est toujours celui d'un enfant.

La réalité insaisissable de la conscience sexuelle chez l'adolescent le place dans une situation dangereuse. Les désirs interdits, violents et impérieux, l'obligent à observer une plus grande distance par rapport à ses parents. L'inceste, le parricide sont désormais physiquement possibles. Des changements brutaux et des ruptures risquent alors d'apparaître au sein des familles les plus unies. Pour faire face aux tempêtes de l'adolescence, les parents doivent redoubler de patience et de maturité. Du fait que nos enfants abandonnent le désir de plaire aux adultes, ils ne modèlent plus leur attitude pour nous faire plaisir, ils cessent de vouloir nous satisfaire par leur comportement. C'est à ce moment précis que les adultes doivent, véritablement, éduquer leurs enfants en leur laissant la possibilité de suivre leurs traces.

L'adolescence est une période de formidable énergie, au cours de laquelle le corps acquiert d'étonnantes capacités et affirme ses forces toutes neuves. Il nous faut alors préparer les adolescents à prendre notre place mais en même temps les entraîner à canaliser cette énergie. Afin qu'ils puissent nous survivre et nous surpasser, nous devons les voir devenir plus forts et plus accomplis que nous-mêmes. Et cela survient justement quand nos forces commencent à diminuer.

Le plus souvent, les parents sont ravis de découvrir cette force toute neuve et cette agilité. Au football, à la gymnastique, à la danse, les adultes voient ces êtres jeunes et forts montrer leur grâce et leur habileté. A mesure que nous vieillissons, nous ressentons le besoin de jouir par procuration de la beauté et des prouesses de la jeunesse.

Le film à succès *La Bande des quatre** montre avec humour et émotion certains conflits soulevés chez les adultes par les adolescents. Bien que le film mette l'accent sur l'expérience des jeunes et que sa représentation des parents soit plutôt une caricature qu'une étude de caractère, il montre comment les adolescents les poussent à changer de comportement par leurs provocations, en les forçant à tenir compte d'une manière ou d'une autre de leur supériorité physique. Une scène du film résume bien le problème fondamental auquel tous les adultes sont confrontés lorsqu'une nouvelle génération les « pousse ». Sur son vélo, le jeune héros s'entraîne pour une course, en fonçant sur une grande route. Il rattrape un camion et le conducteur, qui le voit arriver dans son rétroviseur, vérifie la vitesse sur son compteur et la communique au jeune cycliste d'un signe de la main. Ils sont tous les deux pris par la vitesse du jeune homme qui va de plus en plus vite et finit par dépasser le camion. Juste à ce moment-là, un policier arrête le camionneur et lui inflige une contravention pour excès de vitesse. L'image suivante nous montre, en gros plan, le visage épanoui du jeune homme qui continue de foncer. Ensuite la caméra revient sur le visage mal rasé du chauffeur qui reçoit sa contravention.

C'est au moment où nos enfants parviennent au summum de leurs forces et de leur souplesse que le vieillissement nous contraint à ralentir notre rythme. Si nous refusons de le faire, la vie sanctionne notre excès de vitesse par la fatigue, le manque de tonus et les rhumatismes. L'adolescence marque l'apogée du corps, alors que la

---

* Peter Yates, 1979.

génération précédente commence à perdre sa forme physique.

Inconsciemment, sur le plan symbolique, le père doit reconnaître à son fils non seulement les performances physiques mais aussi la victoire. La mère se voit obligée d'accorder à sa fille le droit à la beauté, à la vie sexuelle, et finalement la possibilité de partager avec elle la fonction de reproduction. Nos enfants sortent vainqueurs de l'adolescence et bien que nous ayons en apparence peu de choix, si nous n'encourageons pas leur développement physique, si nous ne leur permettons pas de devenir plus forts et plus beaux que nous, un grave échec peut en résulter pour les deux générations. Culpabilité excessive, colère, sentiment de compétition ou de rébellion peuvent absorber l'énergie des adolescents, en les maintenant asservis à la génération précédente. Les parents peuvent retarder leur propre évolution par leur refus d'accepter le vieillissement.

Les sentiments d'envie et de compétition surgissent inévitablement à cet âge. Voici comment Henriette, quarante-six ans, analyste en marketing, jolie et séduisante, ressent les émotions contradictoires que sa fille de seize ans fait naître en elle. Quoique sa beauté soit encore loin d'être fanée, sa fille, Julie, lui apparaît tout à coup comme ravissante. Au cours d'un déjeuner, Henriette me montra des photos : « Regardez cette gosse, me dit-elle, c'est incroyable ! L'année dernière, elle était gauche et empruntée, comme un manche à balai, et regardez-la maintenant ! » Elle m'explique ce qu'elle a ressenti quand Julie s'est mise à grandir :

> Je crois que c'est en mars dernier que j'ai pris conscience de la beauté de ma fille. Elle ne peut pas descendre dans la rue sans se faire siffler par les hommes. Autrefois, c'était

moi qu'ils sifflaient. Aujourd'hui, ils ne me regardent même plus. Elle ne se rend même pas compte qu'elle est aussi attirante. J'ai parfois l'impression d'être la méchante reine dans *Blanche-Neige*. Qu'y a-t-il de pire que d'avoir sa fille pour rivale ?

Malgré cette rivalité, de nombreuses mères sont heureuses de voir leurs filles s'épanouir et devenir adultes. Au cours d'une visite chez Bettina, elle m'avait montré les photos de classe de sa fille en les comparant avec les siennes lorsqu'elle était au lycée. La ressemblance était frappante. Maintenant qu'elle est veuve, à quarante-huit ans, Bettina travaille comme secrétaire. Elle est grand-mère depuis un an. Mais elle se rappelle avec précision l'adolescence de sa fille :

> Quelle émotion de la voir devenir aussi jolie et aussi gracieuse ! Cela m'a rappelé d'un coup toute ma jeunesse : mes années de bonheur au lycée, mon premier bal d'école, mon premier baiser, ma première aventure avec un garçon...

Certaines femmes éprouvent un profond sentiment de plénitude quand leurs enfants atteignent l'adolescence et qu'elles comprennent qu'ils vont réussir sans leur aide. Pour Suzanne, brillant professeur d'histoire en faculté : « Même si c'est dur de les voir devenir adultes », elle n'a jamais perdu confiance :

> Quand mon fils et ma fille sont devenus des adolescents, je les ai informés clairement sur la contraception et je les ai laissés entièrement libres, en leur faisant confiance. Ils ont toujours été intelligents et responsables, et je ne me suis jamais fait trop de soucis. Quel soulagement pour moi ! Comme si j'avais atteint mon but : les amener à se débrouiller seuls pour pouvoir consacrer plus de temps à préparer mon prochain livre.

Ces sentiments tout récents de confiance et d'indépendance qu'éprouvent les adolescents apportent à certaines mères une impression de plénitude qui leur permet de se consacrer à la carrière qu'elles ont abandonnée à la naissance de leurs enfants.

D'après Lyn Ballard, conseiller conjugal, certaines mères rencontrent à ce stade plus de difficultés que leurs maris, parce qu'elles sont plus sensibles au processus de vieillissement :

> *Dans notre société, les hommes d'âge mûr passent pour « distingués ». Les femmes, au contraire, ont le malheur de penser qu'elles ont, à la maturité, perdu le pouvoir de séduire les hommes. Il leur est difficile de ne pas se sentir vulnérables. Comment ne pas être envieuse quand une jeune beauté vous rappelle tous les jours que vous êtes maintenant hors circuit ? La rivalité entre les filles et les mères est normale à ce stade, mais ces dernières ont bien du mal à ne pas se sentir perdantes.*

Les adolescents ne peuvent percevoir les gens et les choses que d'une manière tranchée : tout blanc ou tout noir. Pour faciliter le processus de séparation, les adolescents ont souvent tendance à idéaliser un de leurs parents (ou un professeur, un ami, un chanteur) et à critiquer l'autre. Comme l'a fait remarquer Christina Wendel, psychothérapeute :

> *Temporairement, les adolescents cessent de pouvoir se contrôler quand leur corps se met à grandir et à faire un tas de choses étranges : menstruations, érections, éjaculations, orgasme. Ces énormes transformations physiologiques ont tendance à replier l'adolescent sur lui-même et à le faire souvent revenir à un mode de pensée antérieur : par exemple, voir un des parents tout en bien et l'autre tout en mal.*

> *Très souvent, ils tranchent radicalement entre certaines personnes qu'ils idéalisent (un professeur, un acteur, etc.) et les parents qu'ils dévaluent. Cette attitude les aide à se séparer des gens dont ils dépendent depuis si longtemps et auxquels ils sont encore profondément attachés. Le plus souvent, c'est la mère qui devient la cible de leurs critiques. C'est elle qui s'est occupée d'eux pendant toute leur enfance, et c'est vers elle qu'ils ont envie de revenir quand les choses vont mal et dont ils souhaitent s'éloigner quand la vie leur sourit. En effet, il faut qu'ils bâtissent des défenses contre le sentiment de dépendance qu'ils éprouvent encore pour elle.*

Catherine, quarante-huit ans, récemment divorcée, m'a décrit la tendance de sa belle-fille à idéaliser certaines personnes et à dévaloriser les autres ; à diviser le monde en deux parties : les bons et les mauvais. Elle m'a aussi décrit comment le père était séduit par l'image idéale que sa fille se faisait de lui. Malheureusement, l'inaptitude du père à bien comprendre la situation a eu des conséquences déplorables sur toute la famille. Sa vie a été brisée quand la fille de son mari est venue vivre avec eux.

> Ce qui m'a fait rompre avec mon mari, c'est de le voir complètement retourné par cette gamine. Et pourtant, je l'avais accueillie à bras ouverts. J'avais toujours pensé que sa mère était folle. D'abord, j'ai cru que la meilleure solution serait de la prendre chez moi, de l'aider à s'en sortir en favorisant une bonne relation avec son père. Mais, très rapidement, il s'est mis à lui donner toujours raison. Elle l'adorait, elle l'encensait et lui n'a jamais pu y résister.
> Puis ils ont commencé à passer de plus en plus de temps ensemble. Très vite, j'ai compris qu'il préférait les longues promenades avec elle plutôt qu'avec moi ; et il n'a pas fallu longtemps avant que je devienne pour elle la méchante sorcière et pour lui la marâtre. Imaginez : votre mari séduit

devant vous par une superbe fille qui le flatte et le prend pour un dieu ! D'un seul coup, je suis devenue l'empêcheuse de tourner en rond. J'ai tant souffert que je ne lui pardonnerai jamais. Et sa fille en est devenue encore plus névrosée.

En devenant physiquement adultes, les enfants provoquent parfois des catastrophes dans les familles. Et du fait de la dépendance des premières années à l'égard de celle qui les a soignés, c'est généralement la mère (ou la belle-mère) que les adolescents méprisent temporairement. Il existe alors un risque de voir la grande fille remplacer insidieusement la mère dans l'affection du père (ou le grand fils prendre la place du père dans les sentiments de la mère).

Les signes annonciateurs de la perte

Pour saisir ce que ressentent pleinement les parents d'adolescents, il faut prendre en considération notre profond désir de fonder une famille et d'avoir des enfants, désir qui persiste malgré le taux élevé de divorces, les tensions inévitables au sein du noyau familial, et la disparition des rapports traditionnels avec les parents : peut-être désirons-nous encore plus ce que nous risquons de perdre. Dans notre société, quand nos enfants deviennent adolescents, ils s'apprêtent à nous quitter définitivement. Heureusement, par la suite, ils reviendront, au moins de temps en temps. Mais nous savons que les rapports seront différents : ils seront alors des adultes, ils seront nos égaux.

Beaucoup plus subtile et traumatisante pour certaines mères que l'apparition de sentiments d'envie et de rivalité : la perte, à l'adolescence, de la dévotion et de la dépendance de leurs enfants. Tant qu'ils comptent sur nous, nous profitons d'un répit dans la solitude qui nous attend, et qui, dans la deuxième moitié de notre vie, annonce notre mort. Et peu de choses peuvent autant dissiper ce sentiment que d'élever de jeunes enfants. Leur amour innocent et leur besoin de nous idéaliser, leur demande de proximité physique et d'amour nous procurent une intimité qu'aucune relation humaine ne saurait nous apporter. A mesure que l'enfant devient adolescent, il revendique une distance de plus en plus grande par rapport à nous. Souvent les parents ressentent comme une perte irréparable la disparition de cette intimité que les enfants nous apportent et de cette dépendance à notre égard qui nous protège de la solitude.

Élisabeth est restée à la maison pour élever ses trois fils jusqu'à ce que le plus jeune ait cinq ans. A ce moment-là, elle a pris un travail à mi-temps comme assistante sociale. Maintenant qu'elle a quarante-trois ans et que son dernier enfant entre à l'université, elle estime qu'elle peut travailler à plein temps dans son nouvel emploi. Quand je l'ai rencontrée, assise sur un banc public en train de manger son sandwich, elle m'a frappée d'abord par son calme et son assurance. Puis, au cours de la conversation, à mesure qu'elle se confiait, les larmes lui montèrent aux yeux en me décrivant, tout émue, comment elle voyait son plus jeune aborder la puberté :

> Depuis l'âge de trois ans, Gilles, « mon bébé » aime jouer avec des petites voitures, des camions, des trains électriques. Il sait aussi parfaitement imiter le bruit des moteurs. Pendant des années, j'ai entendu ces bruits étonnants qu'il faisait quand il est absorbé dans ses jeux. Mais un jour — vers onze ou douze ans — en passant près de sa chambre, je n'ai pas entendu les bruits habituels. Il ne jouait plus. Il regardait dans le vide en écoutant du rock. La même chose s'était

produite avec mon fils aîné, mais il était d'un caractère plus ouvert et jouait beaucoup moins tout seul. D'un seul coup, du jour au lendemain, et à peu près au même âge, il s'est mis à écouter de la musique dans sa chambre pendant des heures. Mais j'ai ressenti un choc beaucoup plus grand le jour où j'ai vu mon plus jeune fils regarder dans le vide au lieu d'imiter le bruit des voitures. Cela voulait dire qu'il était ailleurs, pas physiquement bien sûr, pas loin ni pour longtemps, mais c'était le signe qu'il n'était plus mon petit garçon et j'ai été saisie d'angoisse, presque de panique...

D'autres mères, à cette occasion, éprouvent une impression de rejet insupportable. Barbara, maîtresse dans la même école que sa fille unique, m'a confié que lorsque celle-ci est entrée en troisième, elle est devenue désagréable et insolente. Agée de trente-trois ans, Barbara n'avait pas pu avoir d'autre enfant et sa fille était tout pour elle. Jusqu'à treize ans, c'était l'enfant la plus adorable qu'on puisse imaginer, mais vers quatorze ou quinze ans, elle a changé du tout au tout :

> Elle a commencé par faire comme si je la gênais. Elle critiquait tout ce que je faisais, tout ce que je disais. Tout le monde m'assurait que c'était normal. Très vite, elle est devenue détestable, s'est mise à me toiser d'un air furieux, et je sentais qu'elle disait de moi les pires choses à sa meilleure amie. Bientôt, elle a fermé sa chambre à clé et a refusé d'ouvrir chaque fois que je frappais à sa porte. Je me sentais comme une étrangère chez moi. C'était affreux ! Comme si ma fille me détestait.

Face à une telle attitude, certaines mères pensent que leurs adolescents leur sont devenus hostiles. Mais, en fait, les rapports affectifs entre parents et enfants à cette époque de la vie sont beaucoup plus complexes qu'il n'y

L'ADOLESCENCE ET LA FIN DE L'ENFANCE

paraît. L'éloignement qui s'établit alors entre mère et enfant est un processus délicat qui obéit à ses propres lois. Dans sa nouvelle *O Yes*, Tillie Olsen décrit la peine et le trouble qui vont de pair avec le commencement de l'adolescence, lorsque le corps subit les transformations qui le mènent à l'âge adulte.

La distance de plus en plus grande qui sépare une jeune fille blanche, Carol, de son amie noire, Parialee, préfigure ce qui va bientôt arriver à la mère et à son enfant à l'adolescence. Au début de l'histoire, les deux fillettes sont encore amies et profondément attachées à leurs mères, qui sont elles-mêmes amies. Jusque-là, les petites filles ont dépensé leur énergie dans les jeux, sous la surveillance des parents. Tant qu'elles restent dans les limites des jeux complices, les deux fillettes demeurent sous le contrôle de leurs mères. Mais bientôt l'adolescence va les éloigner du milieu protégé et innocent de l'enfance qui peut rapprocher des mondes différents comme celui des Noirs et des Blancs, des riches et des pauvres.

Tillie Olsen nous montre cette tendance des mères à occulter cette séparation inévitable aussi bien que les dures réalités vers lesquelles s'engagent leurs enfants. Dans cette nouvelle, la mère est décrite comme naïve et idéaliste. Elle a besoin d'une de ses filles aînées pour l'initier, lui apporter le baptême de la vérité. Et bientôt c'est le groupe des amis qui, pour Carol, va prendre la place de la mère à qui la grande sœur va révéler la cruauté du racisme des Blancs qui va prendre Carol au piège. La mère refuse de reconnaître cette réalité qui signifierait qu'elle n'a plus aucune influence sur les sentiments de sa fille ni sur la réalité extérieure.

Carol a remarqué que ses nouvelles amies blanches rejettent son amie noire. Presque malgré elle, Carol se trouve de plus en plus sous l'influence de son groupe d'amis parce qu'ils lui offrent plus d'autonomie par rapport à sa mère et plus de contrôle sur les perturbations de son corps.

A la fin de l'histoire, on voit la mère tenir dans ses bras sa fille qui sanglote. Carol se rend compte que la culture blanche est en train de l'absorber. Sans le vouloir, elle est aussi prise par les préjugés raciaux. Comment élever des enfants dans un monde si plein de souffrances et de laideur ? Finalement, la mère « serre sa fille dans ses bras pour la protéger » tout en « pleurant la perte de ces élans d'affection ». Carol va être bientôt livrée à elle-même dans un monde cruel et terrible. Carol sent qu'elle est coupable de trahison envers son amie noire et envers sa mère, mais ce sentiment est apaisé par la présence du groupe de ses amis qui commencent à se substituer à la mère.

Aidé par ce groupe, ou plutôt par l'impression de force et de protection qu'il apporte, l'adolescent peut alors rompre l'attachement originel qui le lie à sa mère.

Défenses contre l'attachement

Les adolescents s'entourent de puissantes barrières contre leur propre dépendance et contre les gens qu'ils aiment. Une de ces défenses consiste à refuser de comprendre et d'adopter le monde des adultes qui les a nourris. Par pitié, ils risquent d'être trop culpabilisés, en s'éloignant de leurs parents ou des adultes qui les ont aidés à grandir. Leur tâche est malaisée, qui consiste à quitter ceux qu'ils aiment le plus et dont ils sont les plus proches, pour connaître les plaisirs, les responsabilités et les contraintes des adultes. Les adolescents seront incapables de l'accomplir s'ils sont trop sensibles à la peine et aux problèmes de ceux qui les ont élevés. Plus tard, sans doute, cela sera possible, mais dans l'immédiat l'insensibilité de la jeunesse joue un rôle important : elle les aide à rompre avec leurs parents des liens qu'ils auront toujours envie de renouer, d'une certaine façon.

Certains adolescents excitent la colère des adultes tant ils se montrent durs, insensibles, critiques et rebelles. Certains parents m'ont confié leur impatience de voir leurs enfants quitter la maison. D'autres m'ont dit leur colère et leur irritation — disons presque leur désillusion devant un tel comportement et tant d'égoïsme.

Cet aspect de l'adolescent est abordé par Tillie Olsen dans une autre nouvelle, *Hey Sailor*. Elle décrit en parallèle un marin alcoolique qui voudrait des enfants et la froide insensibilité d'une adolescente qui refuse de comprendre tous les adultes qui menacent son autonomie nouvellement acquise et encore fragile. Au début de l'histoire, le marin (pour qui avoir des enfants est devenu « un rêve perdu... impossible à réaliser ») se fait héberger chez de vieux amis, les seules personnes au monde qui aient encore de l'affection pour lui. Tandis que les parents l'aident à se libérer de l'alcool, il est confronté aux enfants et le lecteur est en face de deux points de vue : celui des enfants devant cet alcoolique et celui de cet homme brisé devant eux. Les jeunes le traitent avec la même affection, la même franchise et la même confiance que toutes les personnes qu'ils aiment (alcooliques ou non). L'adolescente manifeste son intolérance et le condamne. Le plus jeune se serre naturellement contre lui pour se faire consoler d'un cauchemar mais lorsque le marin rappelle à la jeune fille le temps où elle grimpait dans son lit et lui disait qu'ils étaient mariés, elle se met à l'insulter. L'affection profonde qu'elle avait pour lui depuis toujours disparaît en même temps que son innocence enfantine. Comme tous les adolescents, elle sent qu'elle doit réprimer sévèrement tout sentiment qui pourrait avoir la moindre connotation sexuelle à l'égard d'un homme assimilé à ses parents. Elle est à la fois gênée d'avoir été si familière autrefois et déçue par la déchéance du marin. Découvrant tous les défauts et les faiblesses des adultes, les adolescents sont très sévères dans leurs jugements. Le marin, quant à lui, se rappelle : « Les jouets que je réparais et que je fabriquais, les questions que tu me posais ; je m'occupais de toi, j'étais fier de toi, je t'aimais, je t'adorais. »

Les adolescents savent trouver des défenses contre l'amour et aussi contre les faiblesses qu'ils commencent à percevoir chez leurs proches. Souvent, les adultes souffrent d'un sentiment pénible de vulnérabilité. Quoique la mère, dans cette histoire, essaye d'enseigner la tolérance à sa fille, celle-ci n'est pas encore en mesure d'éprouver de la compassion.

L'amour à sens unique

Les enfants occupent dans notre vie une place qui s'impose définitivement. Avant l'adolescence, ils nous apportent un sentiment d'utilité qui donne à notre vie un sens et une logique que les événements menacent sans cesse de détruire. Leur perte ou leur absence peuvent entraîner un déséquilibre.

Dans son roman *Le Carnet d'or**, Doris Lessing nous donne un exemple des voies tortueuses que suivent les adultes pour se libérer. Elle nous montre une héroïne libérée, Anna, qui finit par s'accrocher aux contraintes de la maternité pour retrouver ordre et discipline dans sa vie mouvementée. La fille d'Anna devient une enfant tradi-

---

* Albin Michel, 1987.

tionnelle et très conservatrice, qui cherche dans la sécurité du règlement et des uniformes d'école le moyen de se rassurer dans un monde où les mariages se brisent et où les normes et les valeurs changent sans cesse. Chaque fois qu'elle procure à sa fille l'entourage structuré dont son enfant a besoin, Anna, en tant que *mère*, a la force d'écarter temporairement son sentiment accablant de chaos intérieur et extérieur.

Nous avons tant de bonnes raisons de nous attacher pour toujours à nos enfants qu'il nous sera très pénible et très déroutant de les quitter. Dorothée, architecte d'intérieur, a repris ses études quand son fils et sa fille étaient au lycée, afin de pouvoir entamer une vraie carrière quand ils entreraient à l'université. « Quand vous êtes démodée, les enfants vous le font savoir », dit-elle.

> Mes deux enfants ont pris beaucoup d'indépendance pendant leurs études secondaires. Je n'ai jamais eu d'ennuis avec eux, contrairement à tant de mères. Mais cette période a été pénible pour moi à d'autres égards : ils participaient à toutes les activités scolaires : sports, théâtre, etc. Parfois, je ne les voyais pas de la journée. Ils me manquaient terriblement.

Et quand son fils aîné est entré à l'université, Dorothée s'est jetée à corps perdu dans son travail et a créé son entreprise à quarante et un ans. Malgré cette réinsertion réussie dans la vie active et un travail qu'elle aime beaucoup, elle a rencontré des difficultés :

> Le jour où j'ai conduit mon fils à sa chambre à l'université, j'ai tellement pleuré en rentrant à la maison qu'il m'a fallu plusieurs jours pour récupérer. Finalement, je me suis ressaisie, j'ai repris mon travail et j'ai surmonté cette épreuve. Mais deux ans plus tard, un mois après avoir

conduit ma fille à l'université, j'ai découvert que j'étais enceinte.

Bien sûr, cela m'a causé du souci d'avoir un enfant à quarante ans mais, au fond, j'étais enchantée et j'en ai plus ou moins oublié le départ de ma fille. Mon mari a sauté au plafond quand je lui ai appris la nouvelle, mais je n'ai pas voulu avorter. Alors il m'est arrivé une chose épouvantable : au cours d'une visite prénatale, on s'est aperçu que l'enfant était mort. J'ai compris tout à coup que ma fille avait grandi. Mes deux enfants étaient des adultes et, à moins d'avoir un autre enfant, j'entamais une nouvelle étape dans ma vie, une étape que je refusais. Être enceinte était la seule façon de supporter cela.

Pendant l'adolescence de leurs enfants, les parents se sentent temporairement frustrés sur le plan affectif et connaissent des passages à vide que beaucoup s'efforcent de combler par tous les moyens. Certaines mères réagissent en amantes délaissées à qui on ne rendra jamais l'amour qu'elles ont donné. On comprend que beaucoup de femmes cherchent des relations aussi intenses que celles qu'elles ont éprouvées avec leurs enfants. Certains couples connaissent, à cette occasion, un réveil de l'amour, un renouveau de la sexualité. Dans d'autres cas, le désir de remplacer l'amour perdu d'un adolescent par une liaison adultère sera irrésistible. Plusieurs mères m'ont dit avoir eu des aventures passionnées qui leur rappelaient leur adolescence au moment même où leurs grands enfants tombaient amoureux.

Quelquefois, les parents réagissent inconsciemment au comportement de leurs grands enfants qui s'éveillent à l'amour en se lançant dans une secrète rivalité sexuelle avec eux. D'autres se sentent exclus d'une certaine manière ou cherchent à retrouver l'intense sexualité de leur adolescence. Mais quoi qu'il en soit, la plupart sont très sensibles à la perte de cette relation privilégiée et gratifiante qui disparaît avec la maturité des enfants.

L'abandon

Pouvons-nous pardonner à nos enfants de se séparer de nous ? Les laisser partir après leur avoir tant donné ? Est-il possible de donner toute son affection à qui donne si peu en retour et vous quitte dès qu'il le peut ? Ce problème de la séparation, qui consiste à laisser s'en aller les corps et les âmes de nos enfants, se pose avec acuité pendant l'adolescence.

Contrairement aux habitudes pratiquées dans d'autres cultures ou à d'autres époques, on n'attend généralement pas des enfants qu'ils travaillent pour leurs parents ni qu'ils les prennent en charge quand ils sont âgés. La plupart d'entre nous savons bien que nos enfants ne seront pas là pour nous aider quand nous serons vieux, ni pour nous soutenir moralement ou financièrement jusqu'à la fin de nos jours. Bien que nous puissions toujours espérer avoir comme le roi Lear une Cordelia pour soulager notre vieillesse, nous sommes presque tous certains qu'ils suivront leur propre chemin loin de nous. A notre époque, nous n'envisageons pas qu'ils nous rendent ce qu'ils ont reçu de nous. C'est là que notre altruisme est vraiment mis à l'épreuve, particulièrement lorsqu'ils s'engagent sur la voie de l'indépendance et de d'individuation.

Quand les enfants quittent l'adolescence, les pères et les mères se retrouvent livrés à eux-mêmes : rude épreuve pour certains, transition facile et agréable pour d'autres. Les contraintes de la vie familiale absorbent tellement l'esprit et l'énergie des parents que certaines de leurs ressources ou de leurs déficiences personnelles ne risquent pas de se manifester. C'est donc une période de grande turbulence et de grand changement. Certains d'entre eux vont prendre conscience pour la première fois de certaines faiblesses ou de leurs défauts qu'ils vont devoir surmonter. Mais nombreux sont aussi ceux qui vont découvrir en eux-mêmes des aptitudes insoupçonnées et mettre en pratique de nouveaux dons et de nouveaux talents.

Certaines mères affirment qu'elles ont dû supporter une période d'adaptation très éprouvante après le départ de leur plus jeune enfant. Ainsi Judith, cinquante-huit ans, bibliothécaire, quatre enfants, tous mariés :

> Au début cela a été très dur de ne plus avoir de jeunes chez nous. Au départ du dernier, nous nous sommes sentis, mon mari et moi, comme mis à l'écart, déprimés, repliés sur nous-mêmes. Les gosses vous en font voir de toutes les couleurs, mais quelle énergie et quel enthousiasme ! C'est difficile de ne pas se sentir déjà un peu mort quand ils s'en vont. Mais maintenant que nous sommes grands-parents pour la deuxième fois, tout a changé. J'ai l'impression d'avoir recommencé une nouvelle vie...

Le mariage, les naissances, l'arrivée des petits-enfants, ces étapes de la vie se trouvent de nos jours repoussées à plus tard par beaucoup d'hommes et de femmes ; certains vont même jusqu'à les éliminer complètement. De ce fait, l'impression de vide mortel ressentie par les parents qui se retrouvent seuls pourrait bien avoir un rapport avec l'allongement de cette période où nos enfants nous ont quittés et n'auront eux-mêmes des enfants que beaucoup plus tard.

La plupart du temps, les gens ont des amis, des centres d'intérêt, un travail stimulant, une communauté ou une association pour adoucir ou atténuer ce sentiment de perte. Il en est souvent ainsi pour les couples qui ont eu leurs enfants tard, ou, en ayant eu seulement un ou deux, ont pu garder leur identité propre. Il n'en demeure pas moins que pour les adultes qui abordent cette période de leur vie, les problèmes émotionnels sont certainement aussi difficiles à résoudre que pour les adolescents.

Est-il possible de laisser partir nos enfants sans devenir pour eux des étrangers ? Pouvons-nous garder avec eux des liens positifs et enrichissants malgré le fait qu'ils nous ont quittés ? Abandonner le contrôle de leurs vies, tout en leur restant sentimentalement attachés ?

A la fin de l'adolescence, tout ce que les parents peuvent faire est d'espérer : espérer leur avoir donné assez, avoir fait tout ce qu'il fallait, et que le monde leur soit favorable. A ce moment, l'enfant a cessé d'exister en tant que tel. Le lent processus qui le sépare de sa famille est maintenant terminé. Les parents doivent être capables de s'en passer. S'ils ne peuvent pas supporter cette séparation, ils ne peuvent pas non plus lui donner la permission, vitale pour lui, de prendre son départ dans la vie sans culpabilité, sans anxiété et quelquefois sans violente révolte.

Dans bien des cas, c'est le moment où nous devons apprendre à souffrir de la disparition de nos enfants. Il peut paraître étrange de parler de souffrance et de disparition alors qu'ils ne sont pas morts. Mais la douleur est d'autant plus grande. Et nous pleurons en même temps la perte de notre propre enfance, car la présence de ces jeunes auprès de nous maintenait le contact avec notre jeunesse et tous les liens affectifs qui y étaient attachés. En quittant l'enfance, nous abandonnons définitivement tout ce qu'elle a pu nous apporter ou ne pas nous apporter. Et nos enfants ne pourront plus jamais nous le donner.

Il est bien triste de constater que les gens âgés vivent de plus en plus séparés des jeunes, même dans leur propre famille. Les liens d'affection entre les jeunes et les vieux, avec le plaisir de se retrouver ensemble, se font de plus en plus rares. Serions-nous donc incapables de créer et de maintenir un contact réel entre les générations ? La plupart du temps, ces rapports sont malheureusement chargés d'amertume, d'envie, et d'intérêts parasites.

La séparation, telle que la définit le dictionnaire, signifie « un espace qui sépare ». La réalité nous pousse a expérimenter et à explorer cet « espace » qui nous sépare de nos enfants afin de mieux nous rendre compte que ces êtres que nous avons élevés et avec qui nous nous sommes étroitement identifiés ne sont pas nous-mêmes. Nos enfants doivent créer leur propre famille dont, suivant les normes de notre culture, nous ferons partie ou non. La séparation entre nous et nos enfants suscite en nous de profondes réactions émotionnelles, telles que tristesse, envie, colère, impression de vide, que nous refoulons au plus grand détriment de nous-mêmes et de nos enfants. Et tant que nous n'avons pas ressenti et intégré ces sentiments, nous ne savons pas vraiment qui nous sommes, nous ne connaissons pas notre vraie personnalité, et nous ne pouvons pas épanouir pleinement nos qualités humaines.

Être conscients de nos ambivalences, être capables de les reconnaître et de les résoudre pour atteindre une forme d'amour plus authentique et plus profonde constitue le but ultime de notre condition humaine, but que, de nos jours, nous sommes loin d'atteindre si nous considérons notre acharnement à polluer et à détruire cette terre. Nous vivons dans un monde si pervers et si tragique que nous pouvons nous demander si nous ne sommes pas, sans nous en rendre compte, en train de vouloir retirer à nos enfants ce que nous leur avons donné, ou de vouloir le leur confisquer pour les punir de leur ingratitude. Si l'on considère la destruction sauvage des ressources naturelles que nous pratiquons, ainsi que la manipulation et l'exploitation générales des enfants par la publicité, si l'on est conscient du danger que représente la prolifération des armes nucléaires, j'ai parfois l'impression que nous disons à nos enfants en agissant de la sorte : « Puisque nous ne sommes pas certains de vivre et de partager avec vous, nous ne voulons rien vous laisser. » Espérons qu'il ne s'agit que d'une phase temporaire de l'histoire de l'humanité.

Dans son poème *Dutch Graves in Bucks County*, Wallace Stevens appelle « le puits des malheurs » les sentiments ambigus et contradictoires que nous éprouvons à l'égard de ceux qui hériteront de la terre après notre mort :

> *... des foules de nos rejetons*
> *Dédaignant notre monde parfait et usé,*
> *Sont à la recherche de leur univers*
> *Attendant que nous soyons partis*
> *Pour venir pique-niquer*
> *Dans les ruines que nous leur laissons...*

Peut-être, pour être vraiment humains, devons-nous admettre qu'au-delà de la compassion, de la tolérance et de la pitié, il nous faut accepter le fait que nous mourrons dans la solitude. Pour être vraiment humain, sans doute faut-il en être conscient et vouloir quand même que d'autres hommes vivent après nous, même s'ils doivent à coup sûr « pique-niquer dans les ruines que nous leur laissons ». Imaginez un monde où l'on n'enverrait plus de jeunes hommes se faire tuer à la guerre, mais où ils resteraient chez eux pour se mesurer à nous, s'échapper pour ensuite revenir, et vivre auprès de nous jusqu'à notre mort.

Accepter et intégrer nos sentiments ambivalents — ce

qui constitue le processus final de l'humanisation — est désormais un problème de survie. Nous ne pouvons plus nier ni éluder le fait que nous aimons et haïssons les mêmes personnes ; que parfois nous ressentons de l'envie, de la haine, et même des pulsions destructrices envers ceux que nous aimons le plus au monde. Et nous prenons conscience de cette réalité quand nous commençons à accepter de nous séparer de nos enfants, en particulier au début et au cours de leur adolescence.

Quatrième partie

De l'échec maternel à la transformation

8.

LE SENS DE L'ÉCHEC MATERNEL :
L'ANGOISSE DE LA MÈRE

> Aucune femme n'est considérée comme « exceptionnelle » parce qu'elle accomplit sa tâche de mère. Si elle ne le fait pas, cela devient un crime contre la société.
>
> ADRIENNE RICH, *Naître d'une femme.*

> Ce serait folie de croire que l'on doit, si peu que ce fût, de reconnaissance à sa mère. Elle nous plonge dans un monde empli de dangers ; dès lors, il faut en tirer le meilleur parti possible.
>
> MARQUIS DE SADE,
> *Les Cent quatre-vingts jours de Sodome.*

> Autre chose peut ouvrir à la vérité : l'œuvre des écrivains de génie... ils nous offrent, sous couvert de fiction, quelque chose d'aussi dense que la réalité, et que nous sommes incapables d'appréhender dans la vie, trop occupés que nous sommes à nous amuser de mensonges.
>
> SIMONE WEIL, *Moralité et littérature.*

Témoignages

Je n'oublierai jamais le jour où j'ai monté l'escalier à quatre pattes. Mes enfants avaient quatre ans, deux ans et demi et huit mois. J'avais dû partir travailler à six heures du matin, et je suis rentrée le soir pour les trouver tous

DE L'ÉCHEC MATERNEL À LA TRANSFORMATION

les trois en pleurs, hurlant. A neuf heures, je me suis rendu compte que si je voulais arriver à mon lit, il fallait que je grimpe ce fichu escalier, même à quatre pattes. Sinon, j'allais rester là sur le parquet. (Bonnie, cinquante et un ans, trois enfants.)

C'est trop douloureux de se rappeler ce que c'était de les avoir avec des couches tous les quatre en même temps. Je n'aime pas y penser, je n'aime pas en parler. Je n'aime pas entendre des femmes parler de leurs enfants, cela me rappelle les pires années de ma vie. (Camille, quarante-huit ans, mère de quatre enfants.)

L'amnésie n'est pas l'exception, c'est la règle. Aucune mère ne veut se souvenir de cette épreuve physique et mentale de don ininterrompu, de ces jours où les enfants sont mal lunés, où le bébé n'arrête pas de pleurer. C'est une tâche extrêmement difficile pour des gens qui, pour la plupart, ne sont pas préparés à donner quoi que ce soit. C'est comme si on demandait à quelqu'un qui n'est pas médecin de pratiquer une opération à cœur ouvert. » (Un éducateur.)

Si l'on veut qu'un enfant soit aimé et choyé par sa mère, il faut aussi que la société la soutienne et la dorlote. La maternité accroît la dépendance aux autres, quel que soit le degré d'autonomie de l'individu ; la façon dont elle est ressentie par la mère pèse sur les sentiments qu'elle aura pour ses enfants. Si son environnement n'est ni rassurant ni protecteur, ses relations avec ses enfants risquent d'être pénibles, voire traumatisantes. Une mère malheureuse rend ses enfants malheureux.

L'éducation des jeunes enfants engendre une telle tension chez les mères que celles-ci ne peuvent la supporter sans réconfort extérieur; le rôle éducateur de la société passe d'abord par l'aide qu'elle est capable de fournir à la mère. Or, nous exigeons des femmes qu'elles s'en tirent seules. La plupart du temps, c'est au-dessus de leurs forces.

La plupart des sociétés aident les mères, au moins pendant la première année du bébé : par leurs coutumes, leurs traditions, par le rôle de la famille, elles offrent un environnement protecteur. Dans notre société, au contraire, la mère est isolée, soumise à la pression financière qui la pousse à retourner travailler, à la pression sociale qui la pousse à favoriser sa carrière et son rôle social.

Il est particulièrement difficile d'avoir des enfants là où les mères sont traitées de façon généralement désinvolte, et parfois même répréhensible. Les congés de maternité sont insuffisants, voire inexistants; les autorités sont incapables d'assurer des services de garderie et des crèches convenables. Au lieu de chercher à savoir comment s'occuper des enfants, ne vaudrait-il pas mieux chercher d'abord à aider les parents ?

Les informations que l'on peut obtenir sur les réalités de l'éducation, sur les tensions subies chaque jour par la mère et par l'enfant sont effrayantes. Pour le psychiatre Robert Jay Lifton, il se produit une sorte d'aboulie comparable « à la paralysie qui fige l'animal effrayé ou menacé ». Le quotidien des mères et des enfants est trop dur pour que notre société ose le voir en face, aborder franchement; nous restons figés devant l'angoisse que ressentent tant de mères.

A travers l'art, la littérature, il est parfois possible d'aborder ce que dans la réalité nous rejetons car trop pénible. Ainsi, dans l'œuvre d'auteurs tels que Doris Lessing, Tillie Olsen et Grace Paley est-il possible de retrouver cette angoisse des mères, occultée par notre société mais transposée dans leurs romans. Certains thèmes récurrents dans leurs œuvres font référence aux difficultés de la maternité d'aujourd'hui : le fossé entre générations qui s'élargit, les schémas éducatifs néfastes qui, eux, se transmettent de mère en fille et de père en fils, la solitude du cœur qui rend incapable d'aimer ses enfants.

Il faut oser explorer les zones d'ombre de la maternité. Il ne s'agit pas des mauvais traitements que peuvent subir les enfants : ils ne sont que le reflet de la douleur et de l'abandon des mères. Pour trouver une solution à ce problème c'est aux sources, à l'origine de l'échec maternel qu'il faut aller. L'art est un filtre au travers duquel on peut oser regarder la réalité de l'éducation dans ce qu'elle a de plus dramatique, comprendre les tragédies que vivent trop de mères et y chercher des remèdes.

L'échec du clan

Après la naissance, les parents ont besoin d'être entourés, de recevoir une aide affective pour briser l'intensité des sentiments ambivalents qui surgissent alors, et d'une aide pratique pour se décharger d'une partie de l'éducation et des tâches quotidiennes. Bien souvent, les grands-parents et le reste de la famille vivent trop loin pour offrir cette aide.

Une des mères que j'ai rencontrées me disait qu'elle n'aurait eu aucun problème pour élever sa fille de trois ans quand elle a repris son travail si son mari n'avait pas été muté. Marguerite, visiblement affectée par les difficultés qu'elle rencontrait pour trouver une bonne garde d'enfants, me disait que sa mère aurait été ravie de s'occuper à plein temps de sa petite-fille.

> Vous ne pouvez pas savoir comme je me suis donné du mal pour trouver quelqu'un, ne serait-ce que convenable.

Les trois premières nourrices n'avaient aucune tendresse, et leurs maisons étaient déjà archipleines de gamins avec la morve au nez. J'en suis arrivée au point de demander à ma mère de venir habiter avec nous ; mais ç'aurait été terrible pour mes parents qui n'ont jamais quitté leur ville. Finalement, j'ai dû choisir le moindre mal, mais si vous saviez comme c'est difficile de partir en voyant ma fille pleurer tous les matins, avec cette femme ! J'aurais du mal à lui confier même le chien ! Mais je n'avais pas le choix : c'était ça ou perdre mon emploi.

A l'inverse des parents de Marguerite, qui auraient bien voulu s'occuper de leurs petits-enfants mais ne le pouvaient pas, les parents de Vickie n'avaient aucune envie de se consacrer à leur petite-fille. Au début, Vickie pensait que c'était la distance qui rendait leurs visites difficiles. Et puis, en emmenant sa fille les voir, elle s'est rendu compte qu'en réalité ses parents ne voulaient pas faire partie de la vie de leur petite-fille.

C'est le pire coup que j'aie jamais reçu. D'une manière ou d'une autre, je m'étais dit qu'ils seraient ravis d'être grands-parents, qu'ils seraient fiers de moi, qu'ils voudraient la voir le plus souvent possible. Mais non, absolument rien. Elle ne les intéressait pas. Je me suis sentie blessée, comme s'ils me rejetaient en même temps que ma fille.

Parfois, des valeurs différentes rendent le conflit inévitable entre les jeunes parents et leurs propres parents, engendrent l'amertume, et quelquefois des brouilles durables. A cause de la grande mobilité, sociale autant que géographique, qui prédomine dans nos sociétés, il n'est plus possible de s'appuyer sur des principes d'éducation partagés par tous. Certaines mères pensent devoir élever leurs enfants d'une autre façon qu'elles-mêmes ont été élevées, essayer de compenser ce qu'elles ont vécu.

Dans le cas d'Angela, ce fut une décision réfléchie en ce qui concernait ses deux fils. Elle m'a confié que ses parents l'avaient élevée pour vaincre, pour réussir socialement. Angela est devenue une valeur reconnue et appréciée dans sa spécialité, mais au prix de ce qu'elle appelle « une anxiété névrotique ». Aussi a-t-elle recherché avant tout le bien-être psychologique de ses enfants ; elle a voulu leur apprendre à se connaître eux-mêmes plutôt qu'à vouloir séduire, à se sentir aimés et acceptés tels qu'ils sont plutôt qu'à être compétitifs et à réussir.

Le bouleversement des valeurs a entraîné des conflits avec les parents d'Angela, qui se plaignaient à chaque visite de ce que leurs petits-fils étaient mal élevés et trop gâtés, ce qu'Angela ressentait très durement. Les visites finirent par cesser ; ce n'est que plus tard qu'Angela éprouva des regrets.

> Je pense que mes parents se sont sentis totalement menacés, effrayés, en me voyant faire le contraire de ce qu'ils avaient fait. Pendant un certain temps, je ne m'en suis pas souciée, parce que j'étais sûre d'avoir raison, et sûre qu'ils avaient eu tort. Ils m'ont élevée dans le culte de la réussite, mais cela m'a tellement marquée que je ne sais profiter de rien. A présent qu'on ne se voit presque plus, j'ai le sentiment d'avoir perdu quelque chose de très important, d'avoir brisé le dernier lien qui me retenait à mon passé. Parfois, je me dis que ce sont mes enfants qui en ont le plus souffert : ils n'ont jamais su ce que c'est que d'avoir des grands-parents aimants et attentifs.

La critique des parents contrarie les deux générations ; elle peut entraîner des ruptures permanentes, et elle peut

L'ANGOISSE DE LA MÈRE

aussi engendrer des sentiments de culpabilité et de trahison. Pour la plupart, nous éprouvons pour nos parents un attachement qui ne tient pas compte de ce qu'ils nous ont ou ne nous ont pas fait. Dans certains cas, cela peut mener à occulter le souvenir de relations douloureuses : la réaction peut aussi être à l'opposé de celle d'Angela, c'est-à-dire se protéger des critiques ou de la réprobation de ses parents.

Deux nouvelles de Tillie Olsen et de Grace Paley traitent de ce manque d'affection et de compréhension qui peut exister entre les générations. Leurs héroïnes, des mères, ont désespérément besoin de leurs parents pour les aider à élever leurs enfants, pour qu'ils leur transmettent des valeurs qu'elles-mêmes pourront transmettre. Malheureusement, il s'avère que ces parents n'ont parfois rien à offrir à leurs enfants, à leurs petits-enfants. Cet appauvrissement a alors de sérieuses conséquences.

Dans *Tell me a Riddle*, de Tillie Olsen, un vieillard revit les privations qu'il a subies et que n'ont connues ni ses enfants, ni ses petits-enfants. Bien que les parents soient le plus souvent fiers d'avoir pu donner à leurs enfants ce qu'eux-mêmes n'avaient pas, il leur est difficile d'admettre le « sentiment de deuil et de trahison » qui accompagne celui de leur réussite. Tillie Olsen décrit un homme âgé, submergé par ce sentiment « comme par une faim, une soif sans bornes ».

> *Sans prévenir, ce sentiment de deuil et de trahison qu'il avait porté sans se l'avouer à lui-même, se révéla : « J'ai tant, tant perdu... » Il était loin de ces petits-enfants dont l'enfance était une véritable enfance, et qui n'avaient jamais eu faim, et qui vivaient à l'abri des maladies dans leurs chaudes maisons aux multiples pièces, qui pouvaient marcher la tête haute. Ils étaient si grands. Tellement plus que leurs*

grands-parents. La peau si belle, le dos si droit, le regard si clair et assuré. « *Oui, vous, là-bas, ceux d'Olshana* », criat-il dans la direction de la ville qu'il avait connue soixante ans plus tôt, « *à côté de vous, ce sont des seigneurs* ».

La conscience du bien-être matériel et moral qu'éprouve sa descendance, par rapport à sa propre enfance, engendre l'envie en même temps que l'orgueil ; et cela en particulier quand les enfants prennent pour un dû ce dont ils profitent. Il est douloureux de donner à ses enfants ce que l'on n'a jamais eu soi-même ; mais il est dur de prendre totalement conscience de cette douleur, car l'évoquer oblige à se remémorer les privations endurées autrefois.

Les enfants que le vieillard de *Tell me a Riddle* a si généreusement élevés sont incapables d'imaginer ce qu'il a dû supporter, de même qu'il est à son tour incapable de comprendre leur vide spirituel, leur cynisme, leur manque de foi (toutes choses que la richesse ne peut compenser). Une vision du monde profondément différente peut créer un fossé d'incompréhension et d'incommunicabilité difficile à combler.

Dans sa nouvelle *Faith in the Afternoon*, Grace Paley décrit une génération qui a souffert de grandes frustrations financières et physiques. Ce sont des gens âgés, qui n'arrivent pas à comprendre une douleur qui ne revêt pas la forme de la pauvreté, de la faim ou de la maladie ; ils ont peu de chose à offrir à leur fille, à leurs petits-enfants. Les souffrances de leur fille, qui élève seule ses deux fils, leur sont tellement étrangères. Solitaires et démunis eux-mêmes, ils ne peuvent avoir pour elle que de courts instants de sollicitude. « Ah oui... je vois que tu as des ennuis, dit à Faith son père qui vient lui même de lui réciter la litanie de ses malheurs, tu as choisi un monde bien difficile pour avoir une famille. »

Comme bien des mères dans la réalité, ces personnages fictifs ont pitié de leurs parents, qui vivent dans l'ignorance et la confusion. Les besoins des générations précédentes exigeaient certains efforts, certains dons qui ne servent plus à rien. Les mères, aujourd'hui, doivent faire face à un monde qui ne leur offre ni aide, ni valeurs auxquelles croire. Les enfants et les grands-parents ont chacun leurs besoins et, prises entre les deux, les mères doivent se battre seules.

La faim dans l'abondance

La maternité accentue le besoin d'amour et d'attention de toute femme, avive une faim qu'il est aussi difficile d'admettre que d'apaiser : notre société offre parfois une aide matérielle, mais qu'en est-il des sentiments ? Il est possible de travailler, parfois de devenir riche ; mais peut-on supporter sans aide la tension affective créée par la venue de l'enfant ?

Ce besoin d'amour est parfois pris à la légère, comparé à la menace concrète qu'est la faim dans le monde. Le bien-être apparaît comme un luxe. Et pourtant, cette pénurie des sentiments peut entraîner des conséquences dramatiques, la fureur, l'envie, le dégoût de soi, le désir de vengeance.

La naissance de l'enfant entraîne une dépendance accrue de la mère, et la rend aussi très vulnérable aux influences extérieures. Doris Lessing et Tillie Olsen montrent des femmes aux seins gorgés de lait contemplant, passives et impuissantes, leurs enfants qui hurlent de faim parce qu'il faut suivre l'avis de soi-disant experts. Le médecin ayant prescrit de nourrir l'enfant à heures fixes, elles se sentent incapables de se rebeller contre leur autorité. C'est ce que décrit la narratrice de *I Stand Here Ironing* de Tillie Olsen.

DE L'ÉCHEC MATERNEL À LA TRANSFORMATION

> *Je faisais ce que les livres conseillaient alors. Ses hurlements me brisaient le cœur, mes seins gonflés me faisaient mal, mais j'attendais l'heure.*

Il n'y a aucune raison matérielle pour que le bébé ait faim, sa souffrance ne vient que de l'importance que sa mère attache à l'avis des médecins, des infirmières, des livres : l'avis de ceux qui savent. Doris Lessing, dans son roman *Les Enfants de la violence** laisse à penser que la mère voit dans ces « experts » un substitut de ses propres parents. Martha Quest, son héroïne, incapable de se résoudre à allaiter son enfant, reste paralysée devant ses cris.

> *Elle se penchait vers le berceau, les mains serrées derrière le dos, pour résister à la tentation de prendre l'enfant dans ses bras, et regardait le cœur battant de pitié et de douleur son petit visage cramoisi ouvrir la bouche de droite à gauche à la recherche du sein.*

Doris Lessing décrit alors l'étrange soulagement de la mère de Martha, qui observe sa fille et sa petite-fille perpétuer le cycle du rationnement :

> *Mrs. Quest regardait le bébé, un étrange sourire aux lèvres. Alors, avec ce rire clair et coupable dont l'accent de triomphe irritait toujours Martha, elle lui dit : « On dirait que tu la rationnes comme je t'ai rationnée. »*

Pourquoi Martha est-elle aussi faible face à ces influences néfastes, à ces mauvais conseils qui lui font mal et qui la déchirent ? Nourrir l'enfant quand il le veut, serait-ce aussi, d'une manière symbolique, satisfaire les propres

---
* Albin Michel, 1978.

désirs de la mère ? Et, dans ce cas, pourquoi ne pas satisfaire ces désirs ?

Pourquoi les mères ne savent-elles pas résister à ces pressions qui ne font qu'exacerber ce que les relations parent-enfant peuvent comporter de douloureux ? Peut-être par peur de la compétition entre mère et fille : nourrissant, et par là même apaisant son enfant, Martha se montrera supérieure à sa mère. Peut-être aussi Martha cherche-t-elle à se protéger, et à protéger sa mère : en rationnant sa fille, elle écarte tout danger d'une douloureuse prise de conscience des erreurs dont elle a été elle-même victime.

On trouve ainsi chez certaines mères le besoin de revanche sur leur propre faim, leur propre besoin d'amour dont elles ont été frustrées. La rancœur est projetée sur l'enfant, qui devient l'obscur objet d'un ressentiment inconscient. Ce serait alors par désir de vengeance que Martha fait subir à sa fille ce qu'elle-même a vécu. L'assouvissement d'une vengeance, malgré les dommages qu'il entraîne, apporte un soulagement passager.

L'incapacité d'une mère à prendre conscience de ses propres frustrations peut avoir des conséquences terribles sur sa progéniture. Le cas de Lucie l'illustre très bien. Lucie avait vingt-cinq ans à la naissance de sa fille ; nourrir son bébé la plongeait systématiquement dans un état anxieux et dépressif. Alors que le bébé avait deux mois, le pédiatre, inquiet de la sous-alimentation de l'enfant, prescrivit une psychothérapie pour Lucie et sa fille.

Lucie avait été élevée dans une banlieue résidentielle, elle avait eu une enfance matériellement comblée. Ses parents avaient connu une forte ascension sociale, soutenus par leur éthique puritaine qui, par contre, ne leur avait jamais permis d'envisager comme un plaisir et une joie d'avoir des enfants. Au contraire, ils entendaient que Lucie et ses trois frères soient, très vite, autonomes, performants, compétitifs. Malgré ses excellents résultats scolaires, Lucie avait toujours l'impression de « ne jamais en faire assez » pour satisfaire ses parents ; de là un état dépressif, des crises existentielles dont elle n'avait jamais touché mot à quiconque.

Sa grossesse fut dominée par la peur d'être incapable de prendre soin du bébé. Elle voulait lui éviter de vivre ce qu'elle avait vécu, mais craignait de ne pas y parvenir. Tout de suite après la naissance de Caroline, sa plus grande peur fut que le bébé ne se nourrisse pas et risque d'en mourir ; cette idée la tourmentait au point de vouloir sans cesse donner le biberon à sa fille, même quand elle n'avait pas faim. De là des moments de plus en plus pénibles pour la mère et l'enfant, jusqu'à ce que Caroline en vienne à rejeter le biberon et refuser la nourriture.

A travers la naissance de sa fille, Lucie avait revécu son propre besoin d'amour et d'attention. En s'assimilant à sa fille, elle ne pouvait assumer ses propres frustrations et les projetait sur elle : quoi que sa fille pût avaler, la soif d'amour de Lucie n'était jamais apaisée.

A cause de son faible poids, le pédiatre avait recommandé de confier le soin d'alimenter Caroline à une nourrice. Très vite, le bébé avait recommencé à se nourrir et à prendre du poids. Ce n'est qu'après que Lucie eut accepté les conseils et l'aide du médecin qu'elle put reconnaître les vrais besoins de sa fille, et la nourrir de façon plus naturelle. Pour comprendre Caroline, il fallait que Lucie fût elle-même comprise et écoutée. Alors seulement, elle put laisser sa fille s'alimenter normalement, et prendre plaisir à ses repas, puis recommencer à la nourrir elle-même.

En apprenant à s'occuper de sa fille, Lucie avait appris à faire face à sa propre douleur d'enfant négligée et dévalorisée. Le plus pénible pour Lucie, lors de la phase finale de la thérapie, et alors que sa relation avec Caroline était redevenue satisfaisante et épanouie, fut d'accepter l'idée qu'on ne s'était jamais occupé d'elle comme elle s'occupait de sa fille.

Certaines mères ont des difficultés à nourrir leur enfant parce qu'elles-mêmes ont été sevrées d'affection. Face à la faim de son enfant, une mère se souvient de sa propre solitude et de sa misère affective, alors qu'elle a le plus souvent été incitée à mépriser ces sentiments. Et pourtant, ce n'est qu'en les acceptant qu'elle pourra empêcher sa maternité d'être une expérience à jamais douloureuse pour elle et pour son enfant.

Une image de réclusion

Blancs ou noirs, riches ou pauvres, la plupart des pères quittent leur foyer tous les matins pour gagner leur vie, se battre, s'épanouir aussi autrement qu'en élevant leurs enfants. Cela est plus difficile pour une femme ; plus consciente des besoins de ses enfants, il lui sera plus pénible de les abandonner chaque jour. A l'inverse, une femme ne peut s'évader de la maternité qu'en quittant momentanément ses enfants. Autrement, à la maison, au square, elle sera toujours uniquement confrontée à d'autres mères.

La nouvelle de Grace Paley, *A Subject to Childhood*, se termine sur l'image de Faith, une jeune mère, qui, dans son petit appartement, serre son jeune fils dans ses bras alors qu'elle lui disait juste auparavant : « Va-t'en, je veux que tu t'en ailles. Je voudrais être seule, rien que dix minutes. Si tu restes là, je te tue. » Mais quoi qu'elle fasse, son fils ne la quittera pas, ne fût-ce que dix minutes, elle n'aura jamais le temps d'essayer d'apaiser la colère qu'elle éprouve devant un mari qui ne fait que passer dans sa vie, incapable de donner quoi que ce soit de bon à ses enfants, qui ont pourtant besoin d'un père. Son cadet, Tonto, comprend le chagrin et la solitude de sa mère. Il saute sur ses genoux et lui dit : « Je veux être un bébé. Je veux rester toujours près de toi. » Les sentiments exprimés par ce dernier passage sont difficiles à avouer pour une femme, tant la douleur et la joie y sont intimement mêlées et tant ils sont forts. La conception courante et édulcorée de la mère en tant que Vierge à l'Enfant que nous offrent les médias édulcore ces sentiments, falsifie l'amour réel d'une mère parce qu'elle évacue l'ambivalence qui en fait partie. Ce n'est pas le cas de Grace Paley :

> *Je le pris dans mes bras pour le bercer, serré contre mon cœur, les yeux fermés, penchée sur ses boucles brunes. Mais le soleil s'était levé par-dessus les immeubles du centre ville : soudain sa lumière m'enveloppait. Et elle illuminait mon cœur ; mais à travers les doigts potelés de mon fils, celui-ci paraissait hachuré de blanc et de noir comme l'uniforme d'un bagnard.*

Grace Paley est un des rares auteurs qui évoquent les joies de la maternité sans en occulter les autres aspects. L'amour de Faith pour ses enfants est un bagne : elle y éprouve des joies mais aussi une frustration profonde.

Une des nouvelles les plus frappantes et les plus troublantes de Grace Paley, *The Long Distance Runner*, raconte comment Faith, une petite-bourgeoise blanche qui a été attaquée dans la rue, trouve refuge dans un taudis du quartier noir, qui est à la fois le refuge et la prison de Mrs. Luddy, qui vit de l'aide sociale avec ses quatre jeunes enfants. En définitive, Faith va rester plusieurs semaines ; elle va s'attacher aux enfants et tenter de comprendre et de partager la vie de Mrs. Luddy.

Ainsi est posée une des grandes questions d'aujourd'hui : est-il possible d'aider plus démuni que soi ? Est-il possible de comprendre ceux dont la vie est infiniment plus difficile que la sienne ? Les barrières sociales, émotionnelles, les différences d'expérience, peut-on combler cela ?

Faith se met à aimer ces enfants, et en particulier l'aîné. Elle lui enseigne l'histoire du peuple noir, et l'encourage à faire des vers. Son instinct maternel s'éveille, et elle en vient à suggérer à Mrs. Luddy : « Ça lui ferait du bien de voir plus d'enfants de son âge, non ? » Mais en ne le laissant sortir que pour toucher le chèque du bureau d'aide sociale et faire les courses, peut-être Mrs. Luddy essaie-t-elle de protéger son fils de la seule façon qui lui soit possible.

Vient un moment où Mrs. Luddy raconte à Faith un épisode du temps de l'esclavage :

Maman, elle m'a élevée en me racontant des histoires. Sa maman à elle, c'était une pas grand-chose, une cervelle d'oiseau. Elle restait près de la porte de la case toute la journée à sucer son pouce. C'était du temps où il y avait des esclaves. Et puis un jour, il y a un gars de la plantation qui arrive à toute allure. Il frappe à la porte et il hurle : « Tu peux sortir, Sister ! Tu es libre ! » Alors elle sort. Elle dit : « Ouais ? Quand c'est que j'suis libre ? » Et puis il court à la case d'à côté, et il crie : « Sister ! Tu es libre ! C'est la liberté ! » Et puis il court de case en case, et il crie : « Sister, c'est la liberté, tu es libre, maintenant ! »

Le parallèle est douloureux. Ce garçon, c'est Faith qui vient frapper à la porte du taudis en criant : « Liberté ! », en criant : « Tu peux manger ! Tu peux aller à l'école ! Tu peux écrire des vers ! Tu peux aller jouer avec les autres enfants ! » Ce qu'elle proclame ainsi, c'est le droit fondamental de la mère et de l'enfant : être capable d'offrir librement tout ceci. Mais ce sont les droits des mères et des enfants de la petite bourgeoisie qu'elle proclame ; quand l'heure de la liberté arrive, la grand-mère de Mrs. Luddy est sur le pas de sa porte, elle suce son pouce, déjà détruite par l'esclavage. Prisonnière d'un monde incontrôlable, Mrs. Luddy a peut-être déjà tout perdu : sa fierté de mère est anéantie par son impuissance à protéger ses enfants, à leur donner ce qu'ils désirent.

Qui serait assez riche pour offrir à Mrs. Luddy et à ses enfants l'amour, le confort et la respectabilité dont ils ont tant besoin ? Par une ironie cruelle, Mrs. Luddy en vient à refuser l'aide de Faith. Au bout de trois semaines, elle lui demande de partir. Faith a pourtant beaucoup donné à ces enfants, et l'aîné, qui l'adore, a le cœur brisé de la voir partir. « Maman, tu sais, elle gêne pas... », dit-il et sa mère lui ordonne de se taire. Quelque chose de trop douloureux menace Mrs. Luddy et ses enfants, nous dit Grace Paley. Il faut que Faith parte, parce que son aide n'est que provisoire.

Une mère blanche, aisée, donne tout ce qu'elle peut offrir pendant trois semaines à une famille défavorisée. Et pourtant, elle est chassée de cette famille noire. Pourquoi ? L'affection et l'énergie qu'offre Faith sont le plus beau cadeau que recevront jamais les Luddy, mais c'est malgré tout trop peu, trop tard. Sa détresse morale et matérielle, les humiliations si longtemps subies par Mrs. Luddy font qu'elle ne peut rien accepter. Il arrive que celui qui a peu reçu ne puisse se voir offrir beaucoup.

Pour certaines mères pauvres, toute aide est une menace. Leur fonction, leur identité sont en danger parce que d'autres ont mieux à offrir. Elles préfèrent se tourner vers leurs enfants plutôt que vers ceux dont l'aide et les conseils résonnent parfois comme des critiques douloureuses à entendre.

Il arrive que les enfants deviennent l'unique recours affectif d'une mère. Ils sont les seuls compagnons, le seul soutien, la seule raison de vivre de toutes ces mères célibataires, ces mères dont le mari n'est jamais vraiment présent. Ils sont leur seul amour. Ce serait en effet une bonne chose pour Donald, le fils de Mrs. Luddy, que de sortir et d'aller jouer avec d'autres enfants de son âge, plutôt que de s'occuper de sa mère et de ses sœurs. Mais celles-ci ont terriblement besoin de lui. G. Paley, T. Olsen, D. Lessing ébranlent inlassablement le mythe : ce qui est bon pour l'enfant n'est pas forcément bon pour la mère et vice versa.

Pour certaines, la maternité n'est qu'une source de revenus qui leur offre l'indépendance financière. La première fois que j'ai rencontré Etta, qui vivait de l'aide sociale, elle venait de laisser sous la garde de son fils de neuf ans ses cinq autres enfants. Elle était sortie quelques heures pour assister, en gants blancs, bien qu'on fût en plein hiver, à son premier cours de formation pédagogique. A son mariage, elle avait dû quitter sa famille pour aller vers le nord. Son premier-né, Robert, était devenu par la force des choses la nourrice et « l'homme de la maison ».

Elle me confia que son mari était devenu jaloux de leurs premiers enfants et avait commencé à la délaisser, et pourtant, elle n'avait pas pu avoir d'enfants pendant les deux premières années de leur mariage et avait craint d'être stérile. Elle dormait alors avec une poupée et prétendait que c'était un vrai bébé.

Au moment de la naissance de leur sixième enfant, son mari était devenu un simple passant dans sa vie. Pendant neuf ans, elle avait vécu confinée dans de minuscules taudis au cœur des quartiers les plus pauvres, jusqu'à ce qu'elle commence sa formation. Durant tout ce temps, seul Robert avait pu l'aider, ne fût-ce que pour lui permettre de sortir faire ses achats.

A la différence de la Mrs. Luddy de Grace Paley, Etta s'en est sortie. L'année où j'ai fait sa connaissance, elle a obtenu une bourse. Elle a fini par devenir professeur et gagner de quoi faire vivre sa famille. Mais pendant les premières années, elle avait besoin que son fils garde les plus petits, et cela voulait dire qu'il fallait qu'il manque l'école, parfois pendant plusieurs semaines d'affilée. Ce n'est que durant ses deux dernières années d'études qu'Etta a pu engager une nourrice. Malheureusement, toutes les mères sans ressources n'ont pas autant de chance.

L'abandon maternel

Au vu des histoires d'Etta et de Mrs. Luddy, on pourrait penser que les tourments intérieurs qui peuvent pousser une femme à abandonner ses enfants, ne sauraient être pires que la détresse matérielle qui afflige de nombreuses femmes. Il n'en demeure pas moins que la maternité est quelque chose que certaines mères ne peuvent assumer sans causer de dommages à leurs enfants et à elles-mêmes. Il semble difficile de comprendre un abandon d'enfant motivé par d'autres causes que la misère. Et pourtant, il existe des abandons provoqués par la misère des sentiments, par des mères qui n'ont rien à donner à leurs enfants — rien, sauf du malheur. Quelle est la véritable responsabilité d'une mère incapable vis-à-vis de ses enfants ? Doit-elle trouver une bonne crèche ? Doit-elle trouver les substituts les meilleurs pour offrir ce qu'elle ne sait donner ?

Doris Lessing a créé un personnage qui dispose de tous

les biens matériels possibles : de l'argent, du personnel pour accomplir les tâches subalternes. Et malgré cela, son héroïne abandonne sa fille parce qu'elle est consciente de ses propres pulsions destructrices.

Le roman de Doris Lessing, *Les Enfants de la violence*, offre l'image la plus brutale de l'enfermement maternel. C'est le quotidien de la maternité, pas la pauvreté, qui cloître son héroïne, Martha Quest, dans une Afrique coloniale étouffante, et dans une complicité morbide et destructrice avec sa propre mère.

La grossesse, l'accouchement, la présence de l'enfant plongent Martha Quest dans les rapports compliqués qu'elle entretient avec une mère négligente mais exclusive. La maternité fait que Martha perd la force de se distinguer de sa propre mère.

Avec Martha, Doris Lessing montre le danger de la maternité chez certaines femmes. Martha, pour être efficace, a besoin de se détacher sentimentalement. Chaque fois qu'elle est avec sa fille, elle se sent sombrer dans un sentiment d'inutilité et d'impuissance. Ce n'est qu'en abandonnant sa fille pour rejoindre une cause plus grande (en l'occurrence en rejoignant le parti communiste) qu'elle parviendra à mettre fin à ces sentiments destructeurs et à l'influence négative de sa mère. Ce qu'elle ne peut apporter à son enfant, elle tente de l'offrir à ceux dont elle n'est pas si proche, et, jusqu'à sa désillusion finale sur les vertus du communisme, le parti lui permet d'exprimer une sollicitude moins directe, de briser pour un temps le cercle désespérant de ses rapports avec sa mère et avec sa fille.

Certaines mères sont capables de dons et d'attentions pour quiconque hormis leurs propres enfants. Charles Dickens le montre de façon caricaturale dans *Bleak House*, à travers le portrait de Mrs. Jellyby, qui feint de prendre en charge tout le malheur du monde dans le même temps qu'elle néglige ses propres enfants. Il est pour certaines impossible d'assumer les premières années de l'enfant, avec toute l'intimité, la présence incessante qu'elles requièrent. Si l'on admet que les hommes peuvent éprouver ce genre de difficultés, il est beaucoup plus difficile de reconnaître que des femmes peuvent également les ressentir vis-à-vis de leurs enfants.

Le don impossible

Autre tourment pour les mères : l'impuissance à satisfaire totalement des besoins dont elles savent qu'ils sont réels. Dans *I Stand Here Ironing*, l'héroïne de Tillie Olsen est prisonnière d'un carcan d'angoisse et de culpabilité devant sa pauvreté qui l'empêche de s'occuper de sa fille. Il y a chez Tillie Olsen une révélation crue et insoutenable : celle de la souffrance de la mère et de la fille.

Dans cette nouvelle, une assistante sociale vient prévenir la mère que sa fille a besoin d'elle, ce qui engendre un long monologue intérieur de la mère qui, tout en repassant, analyse ses relations avec sa fille et son échec en tant que mère. On la voit souffrir à l'idée que sa fille dépérit à cause de ce qu'elle n'a pas su lui donner, et qui a entravé sa croissance et son développement.

> *C'était l'enfant de l'amour, mais d'un amour empli de crainte, pas de fierté... J'étais jeune, j'étais distraite, je ne savais pas... Elle avait tant pour elle et si peu en sortira... Ce qu'elle porte en elle ne fleurira jamais.*

Pour vivre, cette femme a dû laisser sa fille aux soins d'étrangers indifférents. « Comme une robe sur une planche à repasser, inutile et vide, attendant le fer », elle a dû se forcer à la froideur, se raidir devant l'horrible réalité. Chaque jour, sa fille est de plus en plus malheureuse. Comme tant d'autres mères célibataires, elle a dû compter, pour élever ses enfants, sur des aides médiocres, des institutions, des instituteurs indifférents, « des crèches qui ne sont que des garages à enfants ». Les aides auxquelles elle a recours sont de pis en pis ; et, à chaque fois, sa fille revient plus craintive, effrayée, inhibée, incapable de trouver un quelconque réconfort chez sa mère, qui souffre pourtant autant qu'elle.

Cette nouvelle évoque un tableau américain du XIXe siècle. Dames en crinolines et élégants messieurs s'y promènent, de beaux enfants blancs gambadent devant eux. En arrière-plan, on vend une esclave noire agrippée à son enfant. Il y a dans cette scène une détresse qui n'apparaît qu'aujourd'hui, alors que nous sommes conscients des souffrances causées par l'esclavage. Mais pendant des siècles, nul n'aurait rien remarqué dans ce tableau. De même, aujourd'hui, trop de femmes et d'enfants souffrent en arrière-plan du grand tableau de la vie sans se faire davantage remarquer qu'autrefois la vente de femmes et d'enfants.

La mère, dans *I Stand Here Ironing*, est à la fois une victime et une survivante blessée, sa fille également. Elle demande justice : si la société ne l'aide pas, qu'elle aide au moins sa fille, qu'elle l'empêche d'être comme cette robe étalée sur la planche à repasser. Elle demande aussi pardon, avoue douloureusement qu'elle a peur d'avoir gâché la vie de son enfant. Il n'est pas ordinaire d'entendre ces mots. « J'ai fait tout ce que je pouvais, mais ça n'était pas assez, ça n'était pas ce qu'il fallait. Aidez-moi, donnez à mon enfant ce que je n'ai pu lui donner. » Un tel aveu révèle une terrible faiblesse, notre société ne peut pas assurer aux enfants l'affection qui leur est indispensable.

La pauvreté, la misère affective, l'absence de structures adaptées nuisent à l'enfant, lui font mal sous le regard même de sa mère, comme l'esclave qui voit son enfant vendu sous ses yeux. Nous sommes tous des spectateurs passifs devant ces femmes et ces enfants qui souffrent.

Trop souvent, les femmes doivent abandonner leurs enfants ou bien les voir souffrir. Certaines mères, qui ne trouvent aucun réconfort, aucun soutien, aucun amour dans la société, dans leur famille ou auprès de leur mari, demandent à l'enfant de combler leurs propres manques.

Tant que l'on refusera d'admettre et de regarder en face combien ces aspects de l'éducation sont dévastateurs, des mères resteront courbées sous le joug du mythe de la mauvaise mère, toujours fautives, toujours coupables. Refuser d'entendre les sentiments et l'expérience des mères, c'est condamner sans jugement. Il est plus facile de blâmer et de haïr, que de comprendre et d'aider.

On ne peut séparer une mère du groupe social qui l'a façonnée. Comme la mère et son bébé, l'un est le reflet de l'autre. Des mères épuisées, débordées, négligées seront toujours dépassées par les exigences naturelles d'un enfant. L'amour des parents cède la place à un abandon suggéré par la société, ou par les sentiments.

Seul le courage de quelques écrivains permet de comprendre les souffrances de certaines mères. En décrivant la vie, les angoisses, la douleur et la solitude de ces femmes, ils mettent au jour des maux trop longtemps cachés. En illustrant cette part de l'expérience maternelle, ils peuvent donner le courage de lutter pour y porter remède.

9.

DEUX POINTS DE VUE :
ANNE SEXTON ET SYLVIA PLATH

> Celle qui n'est pas une bonne mère est incapable de laisser s'exprimer la toute-puissance de l'enfant ; elle ne perçoit jamais le geste de l'enfant. Au lieu de cela, elle lui substitue son propre geste, qui n'aura de signification que par la soumission de l'enfant. Cette soumission constitue le premier stade du « faux self », et dépend de l'inaptitude de la mère à percevoir les soucis de son enfant...
>
> D.W. WINNICOTT,
> *Processus de maturation chez l'enfant.*

> Dans la recherche de sa personnalité, l'individu peut avoir fait œuvre valable en termes d'art, mais un artiste reconnu, même s'il est universellement célèbre, peut très bien ne pas trouver la personnalité qu'il recherche. On ne la trouvera pas réellement dans les productions du corps ni de l'esprit, quelle que soit leur valeur en termes de beauté, d'adresse et d'influence... L'œuvre ne saurait guérir le manque de personnalité qui subsiste en dessous.
>
> D.W. WINNICOTT, *Jeu et réalité.*

Pages de mon journal : 1984-1985

Je viens de relire les derniers poèmes que Sylvia Plath a écrit avant son suicide... Sylvia Plath et Anne Sexton avaient toutes les deux des enfants jeunes quand elles som-

brèrent dans la folie et voulurent se suicider. Pourquoi n'a-t-on jamais pensé au stress que les enfants leur infligèrent ? Leurs poèmes exposent ouvertement les sentiments que la plupart des mères ressentent et hésitent à révéler. Quand elles nous parlent de leur maternité, nous comprenons mieux pourquoi si peu de femmes osent s'interroger si intimement.

S. Plath et A. Sexton éprouvaient, connaissaient et voyaient trop de choses. Qu'est-ce ce qui les a poussées au bord du précipice ? En tout cas, elles ont eu le courage d'écrire ce qu'elles percevaient. Vaut-il mieux rester dans l'ignorance que de vivre avec la terrible certitude de tout le mal qu'on peut faire à ses enfants ? Ou bien est-il possible d'utiliser tout ce que nous découvrons sur nous-mêmes et nos enfants d'une manière positive et vivifiante ?

Que signifie le suicide d'une mère ayant de jeunes enfants ? Veut-elle les protéger de l'irritation qu'elle éprouve contre eux et contre ce qu'ils réclament ? Souffre-t-elle au point de devenir aussi indifférente à leur vie qu'à la sienne ? Éprouve-t-elle de la haine ou du regret ou seulement du soulagement à l'idée de perdre tout sentiment ?... Les enfants ne poussent pas leur mère au suicide mais ils peuvent faire resurgir en elle la douleur des échecs passés, en réveillant des problèmes non résolus, en la replongeant dans des situations insoutenables, en lui faisant réintégrer la prison solitaire de son passé.

Sylvia Plath et Anne Sexton avaient des enfants, les aimaient passionnément, mais ne pouvaient pas vraiment jouer leur rôle de mère. Anne Sexton a souffert de profonde dépression mentale après la naissance de ses deux filles (et a été soignée dans un hôpital psychiatrique). Sylvia Plath s'est suicidée quand sa fille avait deux ans et son fils un an. Ces deux femmes ont vécu à la limite extrême de la douleur et de la maladie mentale. Malgré cela — ou à cause de cela — leur poésie éclaire bien des points qui n'avaient jamais été abordés, ni oralement ni par écrit, sur les rapports mère-enfant. Elles nous révèlent toutes les deux ce que peut être la vie quand on est la fille d'une mère elle-même angoissée. De ces deux points de vue, nous pouvons mieux comprendre combien il est facile de rater l'éducation de ses enfants.

Toute femme qui aime ses enfants fait un jour l'expérience de ne pouvoir satisfaire ce qu'elle sait être leurs besoins : peut-être un environnement plus stable et davantage d'affection, une éducation différente qu'elle n'est pas à même de leur fournir. L'épuisement physique, le vide sentimental, des troubles mentaux empêchent certaines femmes de faire toujours ce qu'elles savent être le meilleur pour leurs enfants. Ce chapitre est consacré à l'angoisse de ces mères. Quoique Sylvia Plath et Anne Sexton représentent des cas extrêmes, j'ai trouvé dans leurs poèmes de quoi examiner les complexités de l'amour maternel lorsqu'il échoue dans ses projets.

La société juge sévèrement les femmes qui abandonnent leurs enfants, et pourtant peu de gens reprochent à Sylvia Plath et Anne Sexton d'avoir abandonné les leurs en sombrant dans la folie ou en se suicidant. Elles sont au contraire honorées et respectées. A ce jour, ce qu'elles ont à dire sur l'éducation des enfants n'a intéressé que peu de gens. Et, chose curieuse, beaucoup de critiques ont embelli l'image qu'elles donnent de leur difficile expérience de mère.

Leur mort spectaculaire a fait connaître leurs œuvres à un vaste public, et on garde toujours l'arrière-pensée que si elles ne s'étaient pas donné la mort, bien peu de gens liraient leurs poèmes. Vu de l'extérieur, leur suicide en a fait des personnages hors du commun. Les médias, en embellissant l'image de leur mort, ont laissé dans l'ombre les aspects ordinaires de leur vie : celle de deux artistes pleines de talent qui si, elles n'avaient pas connu cette mort, se seraient peut être limitées à leur rôle maternel.

Par leurs poèmes, elles ont renforcé l'inconscient collectif féminin. Elles ont osé parler de choses que beaucoup de mères connaissent sans pouvoir le dire ouvertement, et de sentiments qu'on n'avait jamais osé appeler par leur nom. Le courage et l'honnêteté avec lesquels ces deux poètes ont exploré les affres de l'échec maternel montrent à quel point l'intimité et les soins incessants que réclament les jeunes enfants peuvent nous pousser jusqu'au point de rupture. Mais cette tension qui, pour la plupart des mères, n'entraîne qu'une crise accidentelle a fait basculer définitivement Sylvia Plath et Anne Sexton.

Leurs poèmes sur les réalités affectives de la maternité soulèvent de troublantes questions : que peut-il arriver de pire à la mère d'un tout-petit ? De quoi tout le psychisme d'un individu peut-il être amputé par l'éducation ? Si Sylvia Plath ne s'était pas trouvée prisonnière de son petit appartement mal chauffé pour essayer — sans y parvenir — de soigner ses deux bébés, elle aurait pu survivre à sa dernière grave crise de dépression. Les poèmes qu'elle écrivit avant sa mort nous fournissent de précieux renseignements sur le drame d'une jeune mère, malade mentale, seule et sans aucun soutien de son entourage.

Anne Sexton exprime dans ses poèmes l'angoisse de laisser ses filles entre les mains d'autres personnes et la culpabilité ressentie à cause des effets de cette désertion. Elle se montre si honnête et si franche en abordant le problème du côté de la mère et de l'enfant, qu'il est facile de comprendre pourquoi dans le poème *A Little Uncomplicated Hymn*, dédié à sa fille Joy, après sa naissance, elle parle de « naviguer vers la folie ». D'un point de vue historique, la folie et le suicide sont deux façons pour une mère en difficulté d'échapper à cette écrasante responsabilité : assurer le bonheur de ses enfants et les protéger de leurs propres instincts de destruction.

Le plus souvent, les femmes ne parlent pas de la nécessité de protéger leur enfant contre elles-mêmes et contre leur propre envie de leur faire du mal. Même si elles ne sont que passagères, ces pulsions culpabilisent terriblement les mères qui souffrent alors de dépression plutôt que d'accepter l'existence de tels sentiments.

Une mère qui, comme Sylvia Plath, se sentait débordée, m'a confié qu'elle avait passé six semaines entre un désespoir entraînant des pensées suicidaires et la tentation de frapper ses enfants. Adèle, vingt-sept ans, abandonnée par son mari avec deux petits garçons, a finalement trouvé l'énergie de se faire hospitaliser quand elle a senti la violence monter en elle. Craignant de maltraiter ses enfants, elle les a confiés à une nourrice et est entrée dans un hôpital psychiatrique jusqu'à ce qu'elle puisse à nouveau se contrôler.

> Vous n'avez pas idée de ma situation : deux bébés entièrement dépendants et l'impression de ne pas y arriver ! Je voulais mourir, vraiment mourir. Un cauchemar. C'est seulement la peur qu'ils n'aient plus personne pour les nourrir qui m'a empêchée de me tuer. Avec les gosses, il faut toujours donner, donner... Et pendant ce temps-là, mon mari était parti avec une autre femme. Je comprenais bien que mes gosses étaient comme ça, mais je ne pouvais plus les supporter. J'ai commencé par leur donner des fessées, tout en sachant qu'il ne fallait pas : on ne donne pas de fessée à un bébé de dix-neuf mois. Mais ils étaient sans arrêt en train de pleurer et de réclamer. A un certain moment, j'ai eu très peur de leur faire du mal. Je n'avais personne auprès de moi. Ma mère vit à quatre mille kilomètres. Ici, mes amis sont ceux de mon mari.

C'est parce qu'elle a eu le courage de demander l'aide des médecins qu'elle a pu sortir de cette crise sans dommages pour elle ni pour ses enfants. Après trois jours passés en hôpital psychiatrique, elle a senti qu'elle avait la force de les reprendre. Elle a aussitôt entamé une psychothérapie, ce qui lui a permis de s'en tirer et de garder ses enfants auprès d'elle.

La psychothérapie peut être très bénéfique en pareil cas. Mais l'expérience d'Anne Sexton et de Sylvia Plath nous montre que l'introspection peut se révéler très éprouvante (pour la mère) surtout quand elle ne s'accompagne de soutien affectif ni d'aide matérielle.

Connaissance de soi : bienfait et malédiction

Sylvia Plath et Anne Sexton avaient toutes les deux suivi un traitement psychiatrique, la première après une tentative de suicide, dix ans avant sa mort, et la seconde à la suite de son hospitalisation. Grâce à la connaissance approfondie acquise par l'introspection au cours de la psychothérapie, Sylvia Plath et Anne Sexton ont pu parler dans leurs poèmes des rapports qu'elles ont eus avec leurs parents aussi bien que de leur expérience de mère.

Certains passages décrivent les rapports difficiles entre les mères submergées de travail qui vivent par procuration à travers leurs filles. Ailleurs, c'est la difficulté d'*être* mère qui est signalée. La voix qui s'élève dans ces poèmes est souvent celle d'une fille qui exprime son envie de maternité, mais qui dit aussi qu'elle est consciente de porter en elle tous les efforts accomplis par sa mère ainsi que ses idées destructrices en puissance.

La poésie de Sylvia Plath et Anne Sexton est inspirée en grande partie par la psychothérapie dont la pratique intensive leur avait fait prendre conscience des sentiments contradictoires à l'égard de leurs parents et des violentes tempêtes émotionnelles qui faisaient rage au plus profond d'elles-mêmes. La connaissance approfondie de soi acquise avant d'avoir des enfants peut être différente de celle acquise après une naissance. Par exemple, dans le recueil de Sylvia Plath *The Colossus*, son poème *The Disquieting Muses* explore les problèmes épineux de la maternité qui échoue malgré les bonnes intentions. Tout en exprimant l'hostilité contre la mère, il contient une profonde connaissance introspective du « vrai self » et du « faux self » de chaque enfant. Ce type de poème ne peut avoir été écrit qu'avant la naissance des enfants de Sylvia Plath, et laisse prévoir le genre de problème qu'elle aurait, comme mère, par la suite.

Le « vrai self » de l'enfant représente chez nous tous cette partie de notre ego qui désire être aimée et approuvée, mais qui veut aussi pleurer, crier, gémir, qui refuse de jouer la comédie et de plaire. Ce poème exprime le désespoir des enfants dont les mères perçoivent seulement le « faux self » : celui qui se conforme, essaie de plaire en cachant sa terreur et son mal de grandir. La mère, dans ce poème, est incapable de reconnaître ce qui est le plus réel dans les expériences de sa fille et occulte les terreurs de l'enfant avec de l'Ovomaltine et des gâteaux. Cette mère essaye de masquer la peur qui s'exprime sur le visage de ses enfants en chantant des comptines. Mais pour la narratrice, la réalité de l'enfance et, plus tard, de l'âge adulte c'est d'être hantée par de terrifiantes muses à visage de sorcière,

> *Avec des têtes comme des œufs à repriser*
> *Pour acquiescer, acquiescer, acquiescer...*
> *Sans bouche, sans yeux,*
> *Avec un crâne chauve tout rapiécé.*

DE L'ÉCHEC MATERNEL À LA TRANSFORMATION

Deux strophes évoquent des moments d'embarras et de maladresse : une audition de danse où l'auteur est si gauche et timide qu'elle ne peut pas « lever un pied dans sa robe à paillettes » et où c'est néanmoins la mère qui pleure à cause de l'échec de sa fille. La mère s'envole dans un ballon vert, laissant pour toujours sa fille sur terre avec les trois terribles muses qui jour et nuit « montent la garde en robes de pierre ». La menace formulée dans les trois derniers vers exprime la rage contenue de la narratrice contre sa mère qui ne voit que le « faux self » qui survivra chez l'adulte en continuant de se conformer et de plaire :

> *Et voici le royaume où tu m'as fait naître*
> *Mère, oh ! Mère. Mais sur mon visage aucune grimace*
> *Ne trahira ceux que je fréquente.*

Assimilée à la haine de soi, la mère survit chez l'auteur sous l'aspect de l'âme tourmentée qui ne peut pas appeler au secours quand elle en a besoin, et qui restera seule, pour toujours, avec ses pires frayeurs. La fille n'attend pas de secours, ni qu'on la perçoive, qu'on l'aime et la reconnaisse pour ce qu'elle est réellement : apeurée, irritée, malheureuse. On garde le secret même si cela signifie le suicide. Impossible de tendre la main pour demander de l'aide parce que cet aspect de notre personnalité n'a jamais été admis. Cela n'était pas permis, cela reste interdit.

Cette mère-là nous est familière. Elle pleure quand son enfant échoue parce que c'est elle qui a besoin de réussir. Elle fait croire que son enfant est doué alors qu'il ne l'est pas, qu'il est heureux quand il est malheureux, plein de tendresse alors qu'il n'éprouve que colère et rancœur. Peut-être est-ce prétention et arrogance de notre part, mais nous pensons que les générations précédentes étaient aveugles comme il n'est plus possible de l'être, puisqu'elles acceptaient de voir leurs enfants tels qu'ils devaient être, et non pas comme ils étaient vraiment. Nous pouvons même comprendre les raisons de cette attitude : on refusait de reconnaître l'univers intérieur de l'enfant parce qu'on l'avait déjà refusé à la mère, dans son enfance. Et la mère n'ayant jamais été autorisée à accepter ses propres sentiments de colère, de peur et de dépendance, elle ne pouvait supporter qu'on lui rappelle ces émotions honteuses dans la personne de son enfant.

Contrairement à la mère de *The Disquieting Muses* et à leur propre mère, Sylvia Plath et Anne Sexton étaient en même temps comblées et condamnées par la connaissance des besoins, des sentiments, et des expériences de leurs enfants. Même en disposant de cette intuition, elles n'ont pas été capables de leur procurer une présence affective, en partie du fait qu'elles ne l'avaient pas connue elles-mêmes. Et par suite de leurs psychothérapies très poussées, Sylvia Plath et Anne Sexton ne pouvaient pas ignorer le « vrai self » de leurs enfants, ni le désespoir qui pousse les parents à utiliser leurs enfants pour combler leur manque. Quel peut être l'effet d'une si terrible connaissance sur une mère ? Les mères peuvent-elles donner à leurs enfants ce qu'elles n'ont pas elles-mêmes reçu ? L'amour et la compréhension peuvent-ils aller de pair avec l'échec en face de ses enfants ?

A mesure que nous comprenons la difficulté d'élever un enfant, particulièrement dans le monde que nous avons créé, un énorme changement affectif et intellectuel s'est produit. Alors que les générations passées voyaient dans leurs enfants ce qu'ils voulaient ou devaient y voir, les générations actuelles sont peut-être un peu trop conscientes de leur personnalité et de leurs besoins. Beaucoup n'ont pas la capacité émotionnelle (ou financière) de mettre en pratique tout ce qu'ils savent. La connaissance alliée à la carence affective engendre l'impuissance douloureuse d'une Cassandre : elle connaît la vérité mais demeure incapable de s'en servir pour modifier le destin. Rien d'étonnant à ce que nous ayons tous tendance à blâmer les mères afin d'écarter de nous une trop lourde responsabilité !

De l'enfant victime à la mère victime

Notre tendance à tenir la mère pour responsable des problèmes et du malheur de ses enfants a son origine au XIXe siècle, avec son cortège d'enfants exploités. Des écrivains comme Charles Dickens ont révélé la brutalité subie par les enfants dans les usines et dans les ateliers. Dickens dépeint de nombreux enfants en victimes de la révolution industrielle, d'institutions cruelles ou de beaux-parents sans cœur.

Vers la fin du siècle, les écrivains commencent à dépeindre les *vrais* parents comme cruels ou comme indifférents. Au XXe siècle, dans des livres ou des films comme *L'Attrape-cœur* et *Le Lauréat*, nous voyons immédiatement que l'insensibilité des parents est forcée et exagérée. Le portrait de la mère insipide et pleine de froideur de *Ordinary People* n'est plus seulement une caricature, mais une étude sur la méchanceté maternelle.

Par leur sinistre description de suicides d'enfants causés par la froide indifférence des parents, Flannery O'Connor dans *The River*, et Joyce Carol Oates, dans *How I Contemplated the World* et *In the Region of Ice*, annoncent l'augmentation spectaculaire des suicides d'adolescents, en dénonçant ce qui les cause. Dans ces nouvelles, les enfants souffrent du refus des parents de reconnaître leur vie intérieure et de s'y intéresser. Dès la fin du XIX⁹ siècle, ce refus de connaître leurs craintes et leur dépendance, leur colère et leur dévotion est décrit comme un cas de mauvais traitement à enfants.

Mais quand une victime peut parler, un changement s'opère dans les consciences. Aux yeux du monde, une adolescente que nous pourrions justement considérer comme survivante d'un grave choc affectif ne le révèle que lorsqu'elle a un enfant.

Dans notre société, nous attendons de toutes les mères qu'elles soignent bien leurs enfants et nous les blâmons si elles ne le font pas. Sylvia Plath et Anne Sexton ont écrit ce qu'elles ont ressenti en mettant au monde leurs enfants et en assurant — assez brièvement — la responsabilité de leurs vies. Le fait de disposer d'un pouvoir absolu sur des êtres aussi faibles et vulnérables, et peut-être de savoir qu'elles pouvaient leur faire du mal, a certainement contribué à ébranler leur psychisme fragile. Parce que Sylvia Plath et Anne Sexton aimaient profondément leurs enfants et parce qu'elles étaient intensément sensibles à leurs besoins et à leur personnalité unique, leurs œuvres sont révélatrices du changement qui s'est opéré dans les consciences.

Sylvia Plath : la maternité dans l'adversité

A la différence d'Anne Sexton, Sylvia Plath se plongea dans les soins maternels, aima ses enfants intensément et put pendant un temps goûter aux joies de la maternité. Plusieurs poèmes font une peinture idyllique de la routine des soins à donner aux enfants. S. Plath décrit des sentiments et des événements qui sont banals pour *toutes* les mères de très jeunes enfants : chanter une berceuse à un bébé pendant de nombreuses heures de veille la nuit ; les efforts parfois vains pour calmer un enfant énervé : les élans protecteurs causés par la crainte justifiée de la mesquinerie envahissante du monde.

Dans son poème *Magi*, Sylvia Plath nous dit que les soins aux enfants nous renvoient à ce qui est charnel, sensuel, *réel*. Quand une mère, jour et nuit, doit satisfaire les besoins physiques d'un tout-petit, elle ne peut s'empêcher de penser que le domaine des abstractions intellectuelles est aussi dépourvu de substance que de « l'eau bouillie » et aussi peu attirant que « les tables de multiplication ». Surtout, la mère doit apprendre à déchiffrer les messages viscéraux du bébé et à y répondre rapidement. Ce poème affirme — pour ne pas dire qu'il glorifie — le caractère immédiat de l'expérience charnelle par rapport aux théories « livresques » :

> ... la lourde notion du Mal
> S'occuper de son berceau est moins pénible que d'avoir mal au ventre,
> Et l'Amour porteur du lait n'appartient à aucune théorie.

Dans *Balloons*, Sylvia Plath dépeint la perception aiguë qu'elle a de son fils, sa façon exquise d'être autrement, de s'asseoir, de mordre, de contempler le monde avec émerveillement. Une description aussi chargée d'amour trouve son origine dans ce domaine passionnel où la mère s'identifie profondément à l'enfant mais où elle redoute aussi de se retrouver chez l'autre par miracle. C'est l'avant-avant-dernier poème écrit avant sa mort :

> Son frère fait miauler
> Son ballon comme un chat.
> On dirait qu'il voit
> De l'autre côté un monde drôle et tout rose qu'il pourrait manger.
> Il le mord,

> *Puis s'assied, se renverse,*
> *Comme une grosse carafe*
> *Qui contemplerait un monde aussi*
> *Transparent que l'eau,*
> *Tenant encore un lambeau rouge*
> *Serré dans son petit poing.*

Dans le poème *The Night Dancers*, une mère regarde les pirouettes comiques de son fils et essaye d'imaginer ce qu'il sera un jour :

> *Et où tes danses nocturnes*
> *Se perdront-elles ? Dans les mathématiques ?*
> *Des bonds et des spirales si purs...*

Dans beaucoup de ses poèmes, Sylvia Plath décrit l'amour et l'orgueil intense de la mère pour ses enfants et en même temps la tâche épuisante de répondre aux besoins normaux de bébés normaux. Dans *Brasilia*, elle dépeint ce qu'on ressent aux cris aigus d'un bébé qui a une rage de dents, son désir de mordre n'importe quoi pour soulager ses gencives douloureuses. La mère fait tout ce qu'elle peut pour adoucir sa douleur, même si elle souffre elle-même :

> *Et mon bébé, un ongle enfoncé,*
> *De plus en plus profondément.*
> *Il hurle dans ses os bien lubrifiés,*
> *Reniflant pour s'écarter*
> *Et moi presque à bout de souffle*
> *Ses trois dents qui se frottent*
> *Sur mon pouce...*

Écouter pleurer un enfant inconsolable est une expé-

DE L'ÉCHEC MATERNEL À LA TRANSFORMATION

rience déroutante qui peut faire perdre la tête à une mère. Certains des derniers poèmes de Sylvia Plath montrent à quel point le poids de la maternité peut être écrasant quand on traverse une période difficile. Toutes les mères qui aiment leurs enfants veulent les protéger, non seulement des dangers du monde extérieur, mais aussi de la tristesse qu'elles risquent elles-mêmes d'éprouver. Certains des poèmes de Sylvia Plath écrits peu de temps avant sa mort expriment à la fois l'amour profond pour ses enfants et l'angoisse qu'elle ressent à essayer de les tenir à l'écart de sa propre douleur et de son désespoir. Dans *Nick and the Candlestick*, elle écrit :

> *Oh, mon amour, comment es-tu arrivé ici ?*
> *... Le sang jaillit tout neuf*
> *En toi, comme du rubis.*
> *La douleur*
> *A laquelle tu t'éveilles n'est pas tienne.*

Le poème se termine par la vision de son fils transfiguré en Jésus, sentiment loin d'être étranger aux mères de nouveau-nés :

> *Tu es celui*
> *Solide sur lequel s'appuie l'espace, envieux.*
> *Tu es l'enfant nouveau-né dans la crèche.*

Dans *Child*, écrit quelques mois plus tard, la narratrice ressent du désespoir car elle sait ce qui apporterait la joie à son bébé. Son angoisse l'empêche de lui apporter la stabilité affective dont il a besoin :

> *Ton œil clair est la beauté même.*
> *Je veux le remplir de couleurs et de canards...*
> *Ne tords pas tes mains*
> *De cette façon inquiétante...*

La mère est plus fragile et a davantage besoin de l'aide de son mari juste après la naissance et pendant la première année décisive de la vie du bébé. Les changements hormonaux peuvent à eux seuls créer une tendance dépressive ; la lactation et le sevrage entraînent des perturbations chimiques et affectives chez la femme. Une jeune mère est particulièrement sensible à l'abandon. C'est à ce moment-là que le mari de Sylvia Plath l'a quittée pour une autre femme.

Ces situations extrêmement contraignantes ont été rarement décrites. Dans ses ultimes poèmes, Sylvia Plath se décrit avec la responsabilité totale de deux bébés après le départ de son mari qui, lui, se sentait assez libre vis-à-vis de ses enfants pour pouvoir les quitter.

Certains poèmes mêlent le caractère universel de l'expérience maternelle à la description d'un cauchemar inquiétant. Deux poèmes tout particulièrement, *Death and Co* et *Lesbos*, nous emmènent dans ce territoire inconnu et semé d'embûches. Sylvia Plath éclaire l'abîme de l'amour maternel d'une lumière si blême que la plupart des lecteurs se sont détournés de ce qu'elle voulait nous en dire.

Dans le poème *Death and Co*, elle révèle ce fantasme torturant où la mère voit son enfant mort :

... à l'hôpital,
Dans le compartiment réfrigéré, une simple
Collerette autour du cou...
Le linceul
Puis deux petits pieds...

Quand une mère est déprimée, épuisée, submergée par trop de demandes affectives, de telles images défilent rapidement devant ses yeux. Généralement, ces fantasmes sont fugitifs, vite oubliés et rarement exprimés. Ils sont cependant fréquents, souvent liés à la fatigue de la mère et sont le signe qu'elle a besoin d'être soulagée, libérée de cette tâche. Malheureusement, ils produisent l'effet contraire : la mère a si peur qu'elle a tendance à protéger ses enfants encore plus de quelque mal imaginaire qui peut la mener, alors qu'elle est déjà épuisée, à devenir « surprotectrice ».

Dans *Lesbos*, Sylvia Plath évoque les sentiments de culpabilité et de colère qui déchirent toutes les mères lorsque quelque chose va mal. Ce poème traite de l'impuissance de la mère qui pourtant doit maîtriser la situation. C'est une scène beaucoup plus courante qu'on ne pourrait le croire : la mère submergée, dépassée, qui demande désespérément de l'aide, et qui est pourtant contrainte d'assumer la responsabilité totale des enfants. Le père/mari qui « traîne son boulet » pour aller « s'écrouler » ailleurs. La mère, elle, doit rester à supporter les colères de sa fille en pensant qu'elle est folle et que c'est elle (la mère) qui en est la cause :

> *Petit pantin désarticulé,*
> *Qui gesticule pour disparaître.*
> *Est-elle schizophrène,*
> *Le visage rouge et blanc, panique...*
> *Elle se tranchera la gorge à dix ans si elle est folle à deux ans.*

Sylvia Plath dépeint le désordre que provoquent les jeunes enfants quand leurs souhaits ne sont pas satisfaits, avec ces cris, tellement typiques des enfants de deux ans qui vous glacent le sang et épuisent les nerfs éprouvés. Pour une mère à la sensibilité fragile, abandonnée par son mari, qui ne peut trouver aucune aide et doit subir les colères de l'enfant, le voir battre l'air de ses bras et de ses jambes, tandis que le bébé (« gros escargot ») laisse « une trace de bave » sur le linoleum ciré, sa colère ne peut pas s'exprimer et ne peut que s'intérioriser. Sauf si elle en arrive à maltraiter ses enfants.

La mère qui se suicide ressemble beaucoup à celle qui bat ses enfants. Assaillie de l'intérieur et de l'extérieur, elle cesse de considérer les conséquences de ses actes. Le suicide implique le désintérêt de la vie, pas seulement de la sienne. Le lien entre le désir de se faire mal et celui de faire mal aux autres est étroit. Au niveau de l'inconscient, les enfants peuvent représenter certains aspects de nous-mêmes. Quand nous les frappons, nous frappons parfois certaines parties de nous-mêmes que nous méprisons.

Le suicide et les mauvais traitements sont liés à la vengeance. Le suicide de Sylvia Plath a peut-être été motivé en partie par la colère qu'elle ressentait à l'égard de son mari (lui aussi poète) pour l'avoir abandonnée, et par son désir de vengeance.

Une mère en difficulté m'a expliqué qu'elle en voulait tellement à son mari qu'elle ne faisait plus attention à la peine et à la peur qu'elle pouvait lire sur le visage de ses enfants. Édith, trente-trois ans, une fille de trois ans et un fils de cinq ans, m'a dit qu'elle voulait se venger — trouver le soulagement dans sa colère meurtrière, même temporairement. A la différence de son mari brutal, ses enfants ne lui faisaient pas peur et ne l'intimidaient pas, et elle a reconnu que cela en faisait des cibles idéales pour sa rage et son désir de vengeance.

Finalement elle a ressenti tellement de honte, de dégoût et de haine d'elle-même qu'elle a tenté de se suicider. Après des mois de psychothérapie en milieu hospitalier, Édith m'a dit qu'elle avait compris que ce geste d'auto-destruction était sa manière à elle — et qui aurait pu lui être fatale — d'appeler à l'aide. La maternité n'avait pas été chose aisée pour Édith qui avait fait des études de droit mais avait ensuite abandonné sa carrière d'avocat pour élever ses enfants. Malgré ses succès professionnels, elle n'avait pas su demander de l'aide le moment venu. Elle n'avait pas appris à reconnaître son besoin de soutien et d'amour, qui avait « centuplé », d'après elle, après la naissance de ses enfants.

Selon A. Alvarez, Sylvia Plath donna une impression de compétence pendant les deux mois de souffrance qui précédèrent sa mort, barricadant ses tourments intérieurs derrière un « faux self » cultivé avec effort et qui cherchait l'approbation depuis l'enfance en accumulant les réussites. Incapable de crier au secours, Sylvia Plath ne pouvait exprimer son angoisse que dans ses poèmes admirables qui furent connus seulement après sa mort.

Dans son essai *On Sylvia Plath*, Elizabeth Hardwick résume sans le vouloir l'aveuglement de notre époque à propos des mères :

> ... *Ce serait faire du romantisme à bon marché que de dire que la naissance de ses enfants a déverrouillé son génie poétique. Pourquoi serait-ce le cas ? La naissance des enfants libère seulement l'énergie de s'en occuper et de les aimer. L'opinion générale suivant laquelle on doit se préparer à renoncer à tout autre tâche pendant quelques années est bien fondée.*

Aucune femme ne peut prévoir quelles émotions seront libérées par la naissance et les soins au bébé ni si son énergie augmentera ou diminuera. Le jugement d'Elizabeth Hardwick dans ce passage renforce le mythe qui veut nous faire croire que les femmes sont instinctivement et naturellement prêtes pour la maternité ; elle refuse avec beaucoup de suffisance de prendre en considération les situations où les femmes manquent de ressources finannancières ou affectives pour entretenir une relation satisfaisante avec leur enfant pendant les premières années.

C'est bien après la naissance de ses enfants que Sylvia Plath a écrit ses poèmes les plus saisissants mais beaucoup expriment les tensions libérées par la maternité. On a beaucoup écrit sur son ambition, son perfectionnisme, son besoin d'agir et de réussir. Peu de gens reconnaissent son immense effort pour s'occuper avec amour de ses enfants, le refus de son mari de l'aider et de la soutenir au moment où elle était particulièrement vulnérable ; ils semblent ignorer combien les tâches de la maternité ont pu ruiner un équilibre fragile.

Anne Sexton : la crainte de l'intrusion maternelle

A la différence de Sylvia Plath, Anne Sexton a vécu assez longtemps pour voir ses filles entrer dans l'adolescence. A cause de ses multiples tentatives de suicide et de ses nombreuses hospitalisations, elle les a vues grandir à distance. Qu'est-ce qui peut empêcher une femme de s'occuper de ses enfants bien qu'elle les aime tendrement ? Dans ses poèmes, Anne Sexton énumère les raisons qui lui ont interdit de prendre plaisir à élever ses enfants et elle apporte des éclairages sur certaines des causes de l'échec maternel.

Elle parle explicitement du pouvoir illimité de la mère sur le jeune enfant et sur le caractère fluide des frontières entre la mère et la fille. Dans son poème *Housewife*, elle établit une distinction entre la relation mère/fils et la relation mère/fille :

> *Les hommes pénètrent par la force, revenant comme Jonas*
> *Dans leurs mères de chair.*
> *... Qu'une femme soit sa mère*
> *C'est ce qui importe...*

DE L'ÉCHEC MATERNEL À LA TRANSFORMATION

Ce manque de frontières tranchées entre la mère et la fille n'est pas nécessairement négatif. Ces limites fluides peuvent être nécessaires pour atteindre une compréhension mutuelle plus profonde. Mais quand la relation de l'enfant avec sa mère devient douloureuse et effrayante, la confusion peut l'emporter.

Dans certains de ses meilleurs poèmes, Anne Sexton décrit en détail les dangers de l'intimité — cette frontière impalpable entre la proximité et l'empiètement. Pour elle, perdre les limites de sa propre identité constituait un réel danger. Dans *Live or Die* qu'elle a écrit chronologiquement, chaque poème l'amène de plus en plus près de la colère et du besoin de sa mère qu'elle ressent. Pour décrire l'échec total d'une expérience maternelle et familiale qui a mal évolué, Anne Sexton emploie des images et un vocabulaire familiers, utilisés traditionnellement pour évoquer la présence rassurante de la mère affectueuse. Les images d'une vie familiale douce et facile : des rideaux, du papier peint, des chaussures de sport, « des écharpes et des manches bouffantes, des cols et des ourlets de cinq centimètres » sont utilisés comme une incantation, mais ne réussissent pas à protéger l'écrivain de ce qu'elle décrit comme les violations indescriptibles spécifiques de la relation mère-fille. Dans le poème *Those Times*, Anne Sexton décrit l'épouvantable indiscrétion maternelle qui exige de la fille une soumission paralysante et humiliante :

> *... fourrant mon cœur dans une boîte à chaussures*
> *... J'ai attendu tout le jour*
> *Jusqu'à ce que ma mère,*
> *La grande Mère,*
> *Vienne me forcer à me déshabiller.*

L'attitude envahissante de la mère, qui frôle l'horreur, semble paralyser la narratrice dans une passivité pénible :

> *J'étais étendue silencieuse...*
> *Je ne mettais pas en question le rituel du coucher*
> *Là, sur le carrelage froid de la salle de bains*
> *On me faisait m'étendre chaque jour*
> *A la recherche de mes imperfections...*

Ce dépassement mortel des limites affaiblit la capacité de l'enfant à établir et maintenir une identité distincte de la mère. De telles expériences peuvent être très néfastes, car l'enfant ne peut avoir recours qu'à une colère violente mais impuissante. L'intensité de cette rage peut le submerger. D'une part, il se sent absolument seul, comme s'il avait véritablement détruit l'objet de sa colère, dont il est totalement dépendant.

De tels sentiments, quand ils ne sont pas mêlés à des soins constants et pleins d'amour peuvent pousser l'enfant à s'accrocher à sa mère et à se fondre en elle pour ne pas la perdre. Cette dépendance étroite peut saper la force nécessaire pour supporter beaucoup de choses, y compris la douleur de la séparation.

Anne Sexton nous met en demeure de considérer la colère contre la mère comme une nécessité, pour préserver un sens fragile du moi. Dans certains cas, cette colère devient une autoprotection qui préserve l'individu d'un sentiment effrayant de dissolution. Quand la haine contre la mère abusive est trop forte et ne peut être maîtrisée, on est menacé par la dépression, une instabilité mentale grave qui peut mener à l'incapacité à être mère soi-même. Bien que la soumission à sa mère soit devenue rébellion par la suite, se manifestant sous la forme de subversion familiale et littéraire (Anne Sexton s'est révoltée contre les conventions sociales et familiales mais aussi contre le monde littéraire étouffant et dominé par les hommes), elle a été incapable d'utiliser sa rancœur contre sa mère pour se libérer de l'aspect empoisonné de leur relation. Parce qu'elle n'a pas réussi à briser ce lien malsain, elle n'a pu affirmer son droit à profiter de ses enfants.

Parfois une femme protège un sens fragile du moi derrière une forte identité professionnelle (ou une identité qui semble opposée à celle de sa mère). Cette stratégie réussit généralement jusqu'à ce qu'elle ait des enfants elle-même, moment où elle est attirée de nouveau vers la relation destructrice qu'elle a eue avec sa mère.

Tant qu'elle n'est pas mère, elle est en sécurité. Quand elle assume ce rôle, de sérieuses difficultés peuvent l'empêcher de mener sa tâche à bien.

En grandissant, en devenant une femme sexuellement capable de se marier et d'avoir des enfants, une fille doit pouvoir prendre la place de sa mère dans le monde. En ayant des enfants, nous rivalisons avec nos mères en même temps que nous les rejoignons, ainsi que toutes les mères qui nous ont précédées. Ainsi, chaque femme peut en quelque sorte autoriser sa fille à se séparer — finalement pour lui succéder.

Le poème d'Anne Sexton, *Those Times*, exprime une profonde affirmation de la féminité en même temps que la joie et l'orgueil de son propre corps et de ses possibilités :

> *Je ne savais pas quelle femme je serais*
> *... ni que les enfants,*
> *deux monuments,*
> *sortiraient brutalement entre mes jambes,*
> *deux petites filles repliées à la respiration paisible*
> *chacune endormie dans sa minuscule beauté.*

Pourtant, Anne Sexton décrit sans cesse la séparation d'avec sa propre mère au mieux comme une trahison — au pire comme un matricide. A chaque fois qu'elle parle du plaisir sexuel, de la joie d'avoir des enfants à soi, des satisfactions de la vie adulte, elle annule immédiatement ces visions positives par des images chargées de culpabilité et de violence. C'est ainsi qu'elle dit, après avoir décrit la naissance de ses filles :

Je ne savais pas que ma vie finirait
Par écraser celle de ma mère, comme un camion...

Dans le poème *Christmas Eve*, elle décrit sa mère comme un « diamant pointu ». Sa colère contre elle se fond en culpabilité puis en besoin de fusion. Elle ne peut plus se différencier d'elle — à laquelle elle pense « comme on peut penser au meurtre » — elle *devient réellement* sa mère. Il lui est impossible de se séparer du « diamant pointu » car sa haine et son amour intenses ne peuvent être résolus. Ces sentiments la rongent, ramenant sans cesse l'enfant (et plus tard l'adulte) à s'accrocher à l'objet qu'elle craint dans ses fantasmes de destruction.

Nous commençons seulement à trouver les moyens de briser les schémas destructeurs hérités des générations précédentes — processus long et tortueux au mieux. L'incapacité à se séparer de la mère, quand la relation est destructrice, rend la génération suivante inévitablement vulnérable.

Anne Sexton était très consciente du mal qu'elle pouvait faire à ses enfants et de la douleur qu'elle créait en les confiant à d'autres. Dans son poème, *A Little Uncomplicated Hymn*, elle déplore l'effet de son abandon sur sa fille :

Même ici sur ta photo d'école
Où tu redoubles ta classe
Saisie du désir de ne pas grandir...
Même ici tu maintiens la barrière
D'un sourire qui s'éteint effrayé.

DE L'ÉCHEC MATERNEL À LA TRANSFORMATION

Des poèmes comme *Little Girl, My String Bean, My Lovely Woman* expriment clairement le désir d'Anne Sexton de ne pas transmettre ses conflits affectifs à ses filles. Dans ce poème, elle compare l'expérience de sa puberté à celle de sa fille et lui dit ce que toute adolescente veut entendre et savoir — que c'est vraiment épatant de grandir, de devenir une femme, de profiter de son corps qui change ; que sa mère la bénit :

> *Je me rappelle que moi je n'ai rien entendu.*
> *J'étais seule.*
> *J'attendais comme une cible...*
> *Oh! ma chérie, laisse ton corps t'envahir,*
> *Laisse-le s'attacher à toi,*
> *Confortablement.*
> *Rien dans ton corps ne ment*
> *Tout ce qui est nouveau est porteur de vérité.*

Ce poème exprime une compréhension du besoin des adolescents d'un soutien maternel positif dans leur sexualité naissante. Et pourtant, sa propre expérience d'adolescente a été chargée de culpabilité, d'inhibition et d'humiliation.

Dans son poème *Mother and Jack and the Rain*, elle est incapable d'utiliser sa sexualité d'adolescente pour échapper à ce lien destructeur avec sa mère et à la prison qu'est sa vie. Son petit ami (qui devrait lui permettre de tout oublier de ses parents) joue seulement aux cartes au lieu de l'emporter vers un monde de délices sensuelles. La sexualité intense de l'adolescence — dernière éclosion grâce à laquelle nous devons tous nous échapper si nous voulons réussir à nous séparer de notre mère, de notre père, du monde séduisant de l'enfance — est refusée à l'auteur de ce poème. La sexualité débordante de la jeunesse, qui devrait renforcer le processus de séparation, est bridée par une relation pudibonde.

Dans d'autres poèmes, la sexualité prend l'aspect d'une intrusion, de la violence et de l'inceste. Pourtant, Anne Sexton exprimait avec beaucoup de lucidité son désir d'épargner à ses filles de ressentir les mêmes douleurs, les mêmes traumatismes et la même frustration.

Le double point de vue

Les poèmes sur la compréhension et l'amour maternels, aussi beaux et poignants qu'ils puissent être, ne remplacent pas les soins réels à l'enfant. Beaucoup de mères en difficulté ne se suicident pas, ne sombrent pas dans la folie et restent à s'occuper de leurs enfants, même déprimées ou avec des tendances destructrices — les plus courageuses cherchent de l'aide —, consultent des conseillers familiaux, entreprennent une psychothérapie, suivent une formation de parents, appellent S.O.S. Parents. Mais tout cela réclame beaucoup d'énergie. L'étude approfondie des causes de l'échec maternel requiert souvent la double vision atteinte par Sylvia Plath et Anne Sexton.

Que ce soit le manque de patience que nous expérimentons tous avec nos enfants ou des transgressions plus sérieuses, nous éprouvons des difficultés et il nous faut beaucoup d'efforts pour comprendre nos erreurs et combien est lourde la tâche de la maternité. Même si nous admirons l'œuvre de Sylvia Plath et d'Anne Sexton, notre culture ne reconnaît pas et n'admet pas la connaissance qu'elles nous donnent de la complexité de notre rôle de mères, bien que ce soit précisément une telle vision qui puisse aider les mères et leurs enfants.

L'incapacité de l'une et de l'autre à s'occuper de leurs

enfants soulève une question essentielle : que devrait faire une mère dans les cas extrêmes, si elle ne peut même pas donner à ses enfants les soins dont ils ont besoin ?

Si elle a du mal à se séparer affectivement de relations antérieures destructrices, elle aura tendance à répéter le même schéma avec ses enfants.

Il faut de la force et du courage pour se rendre compte qu'on nuit à un enfant — et laisser quelqu'un d'autre le prendre en charge temporairement. Parfois, tout ce qu'une mère peut faire, au moins dans un délai restreint, c'est de laisser ses enfants créer de bonnes relations avec d'autres, s'attacher à quelqu'un d'autre, employé à mi-temps ou à temps complet, jusqu'à ce qu'elle aille mieux. Un grand degré de maturité est nécessaire pour donner à l'enfant la possibilité d'aimer quelqu'un d'autre avec l'intensité passionnée qui caractérise la petite enfance. Les enfants nous semblent parfois faire partie intégrante de nous-mêmes. Les laisser partir éveille un sentiment de perte profonde — même si les garder tout près risque de nous amener à les maltraiter.

L'œuvre de Sylvia Plath et d'Anne Sexton reflète la douleur des premiers liens qui n'ont pas su leur donner l'assurance décisive qui permet de supporter la vie. Comme elles n'arrivaient pas à se créer une identité solide ou un « moi réel » assez fort, elles ont eu d'énormes difficultés à jouer leur rôle de mères. Il est évident que pour Sylvia Plath, l'absence d'un environnement de soutien affectueux et positif a rendu sa tâche insurmontable. Craignant de ne pouvoir empêcher une réédition de l'élément douloureux et destructeur de leur propre vie, les deux femmes n'ont pas pu continuer à s'occuper de leurs enfants.

Elles ont vécu l'échec maternel et elles l'ont décrit. Avant elles, peu de vrais grands poètes avaient écrit sur la maternité, sujet trop banal et facilement larmoyant. Après leur mort, divers poèmes traitant des tâches complexes de la maternité ont été largement admis dans la littérature. En dévoilant les vérités les plus sombres de leur expérience de mères, Sylvia Plath et Anne Sexton ont ouvert la voie à d'autres qui ont célébré ce sentiment de puissance qui peut naître de la maternité. Mais pour que ces écrivains soient à même de décrire la richesse de ce lien et être entendus, il fallait que Sylvia Plath et Anne Sexton parlent de « ces mains inquiètes, qui se tordent » et de leurs efforts pour tenir leurs enfants à l'écart de leurs tourments.

Espérons que cette mise à nu des aspects les plus douloureux du rôle de mère sera annonciatrice d'une nouvelle forme d'honnêteté qui aidera tous ceux qui élèvent des enfants.

10.

CE QUI PEUT CHANGER

> Nous sommes aujourd'hui submergés par une consommation et une richesse ostentatoires, qui viennent de la multiplication des objets, des services, des biens matériels. Ceci constitue un changement écologique fondamental pour l'espèce humaine, les hommes ne vivent plus parmi leurs semblables, mais parmi les *objets*. Leurs échanges quotidiens ne s'accomplissent plus entre êtres humains, mais consistent en l'acquisition et la manipulation d'objets et de messages.
>
> JEAN BAUDRILLARD.

> Quand « il y a quelque chose de pourri au royaume de Danemark », c'est toujours la jeunesse qui s'en aperçoit la première. Par ses difficultés d'adaptation, l'adolescent souligne le comportement erratique des fonctions sociétales... alors même qu'il est incapable d'en déterminer les causes ou d'énoncer les causes de leur régénération.
>
> <div align="right">PETER BLOS, <i>The Adolescent Passage</i>.</div>

Pages de mon journal : 1985-1987

Si peu de gens sont capables de répondre aux sentiments maternels les plus forts... Notre plus grande faute est de pécher par omission, de refuser de savoir. Si personne ne peut accepter mon moi intime, ce qui est le plus fort en moi, je serai tentée de me replier sur moi-même ; alors, et les sentiments et les événements me paraîtront dus au hasard. Aujourd'hui, les femmes acceptent mieux de confier leur expérience maternelle, et l'on se rend compte que bien des choses ne sont pas le fruit du hasard, qu'elles obéissent à une logique effrayante.

Il est rare qu'une mère soit délibérément blessante avec ses enfants. En général, elle ne cherche qu'à échapper à sa misère affective. Est-ce qu'un enfant peut être heureux quand sa mère ne l'est pas ? Pendant longtemps, l'enfant et sa mère sont une seule et même personne ; une mère qui se méprise aura du mal à ne pas mépriser sa progéniture.

Il est étrange que nous ayons à portée de la main toutes les informations possibles, et que malgré cela et malgré la prospérité qui nous permet d'utiliser ces informations, la plupart des enfants comme des adultes vivent dans la frustration. Nous dissimulons ce besoin d'affection qui nous mène, nous le cachons sous une boulimie d'objets, toutes générations confondues. Notre frénétique économie nous empêcherait-elle d'offrir aux enfants les soins et le bonheur dont ils ont besoin pour devenir des êtres humains dignes de ce nom ?

Mon seul désir est d'être une bonne mère, d'offrir à mes enfants tout ce que je n'ai pas eu, tout ce qui peut les aider à être heureux. C'est ce que toutes les mères, tous les parents « normaux » souhaitent. Mais pourquoi est-ce si difficile ?

Au début de ce livre, j'ai montré comment Huckleberry Finn, qui représente le désir de fuir la mère pour acquérir son autonomie, constitue un symbole de liberté. Dans le roman de Mark Twain, la mère est une figure de l'oppression ; elle offre la chaleur, la nourriture, la sécurité, mais elle exige en échange le renoncement total au désir le plus brûlant : celui de la liberté. J'ai pour ma part cherché à explorer la face cachée du livre : ce que ressent la mère.

Notre culture pousse l'adulte à s'identifier à l'enfant, au point de faire oublier lequel doit prendre soin de l'autre. De là une répugnance à considérer et les sentiments qu'on ressent vis-à-vis des enfants, et la complexité de ce qu'on doit leur apporter.

La psychiatrie, la psychologie, la psychanalyse ont exploré des territoires jusque-là inconnus ; mais leurs progrès ont paradoxalement retardé la prise de conscience des implications affectives de l'éducation. Cas après cas, ces sciences ont systématiquement donné le mauvais rôle à la mère et parfois au père ; ce faisant, des mythes et des croyances déjà profondément ancrés dans nos sociétés se sont vus renforcés et admis. Bien des théories psychologiques ont apporté des éclaircissements décisifs sur l'enfant comme sur l'adulte, mais en négligeant les sentiments et les besoins des parents, ainsi que la valorisation de la mère dans notre culture.

Le rôle des parents acquiert une dimension morale avec la conscience des dommages que l'enfant risque de subir. Aussi les actes et les sentiments liés aux enfants deviennent des problèmes éthique, d'où l'usage fréquent des notions de « bonne mère », de « mauvaise mère », ou de « mère passable ».

Dans leur désir naturel d'être de « bons parents », la plupart d'entre nous refusent les sentiments troubles qu'inspire l'enfant, rejettent l'idée même de transformation, et le profit qu'ils pourraient en tirer.

Il est douloureusement facile de faire souffrir un enfant,

pourtant si tendre et si précieux. Et l'attention qu'il exige conduit parfois à la colère et à l'impatience ; d'une manière ou d'une autre, elle appelle une compensation, et il est rare que l'enfant ne devienne pas à un moment donné l'outil des désirs de ses parents. Mais le mythe de la mauvaise mère voudrait nous faire croire que ce sont seulement les mauvaises mères qui agissent ainsi.

Les médias d'aujourd'hui ont contribué à entretenir la légende par des images caricaturales de la mère. Le cinéma, la littérature, la télévision ont montré des mères tantôt généreuses et aimantes, tantôt égoïstes et destructrices. De là cette conviction néfaste et répandue qu'une bonne mère n'a jamais de moments difficiles, et qu'une mauvaise mère est irrécupérable ; que les parents sont bons ou mauvais une fois pour toutes, et que le mal causé à un enfant est irrémédiable.

Ces opinions figées ont lentement cédé du terrain ces derniers temps, laissant la place à une approche plus humaine et plus réaliste des besoins, des erreurs, des souhaits et des échecs, une vision plus saine de ce que sont les parents, et de ce qu'ils ne sont pas. Il est maintenant possible de parler ouvertement de la difficulté d'avoir des enfants, et de chercher de l'aide ; le conseil familial, la psychopédagogie sont de plus en plus courants. Bien que certains parents continuent à éprouver des difficultés à admettre qu'ils sont désorientés par le comportement de leurs enfants, et par leur propre attitude, l'introspection se répand ou on accepte mieux aujourd'hui de se pencher sur ses propres sentiments, de les comprendre, d'admettre ses erreurs et d'essayer d'y trouver remède.

Le fait d'avoir des enfants devrait, *a priori*, conduire à une écoute plus ouverte et plus solidaire. Un père me disait que la seule façon d'apprendre, c'est parfois de voir son enfant souffrir et de savoir qu'on en est responsable, qu'on lui a fait mal et qu'il ne faut plus jamais que cela se reproduise.

Il faut assumer ses erreurs, avoir le courage d'accepter son angoisse et sa culpabilité, pour y trouver la force de changer.

Erreurs et conscience

Tous les parents commettent des erreurs en élevant leurs enfants, mais qu'arrive-t-il après ces erreurs ? La plupart des spécialistes s'accordent à penser que le changement ne peut venir que de la reconnaissance de ces erreurs.

Les plus récentes recherches montrent *qu'il n'est jamais trop tard*. Et c'est d'une importance essentielle. Les travaux de Rutter (1979), de Kagan (1984), de Settlage *et al.* (1988), et de bien d'autres, le montrent : un enfant a toutes les chances de surmonter les pertes, les traumatismes, les restrictions subis pendant ses premières années. En d'autres termes, la prise de conscience par les parents, l'amélioration des conditions de vie, peuvent entraîner des progrès considérables dans la suite de la vie de l'enfant, quelles qu'aient été ses premières années.

A contre-courant de la tendance à critiquer exclusivement les mères, se fait jour l'idée que chacun, homme ou femme, peut à l'occasion faire du mal à ses enfants, et que ce mal doit être réparé. Cette idée neuve est liée à une prise de conscience croissante de désillusions vécues par les parents durant leur propre enfance, et qu'il est si facile de reproduire. Est-ce une nouvelle forme de courage ? La conséquence d'un certain désespoir devant l'évolution du monde ? Est-ce la pauvreté présente des rapports humains qui mène à se pencher sur ses expériences, fussent-elles pénibles ? Il est enfin possible de reconnaître ses erreurs et d'en tirer les leçons.

Des hommes et des femmes m'ont raconté leur prise de conscience, leurs efforts et leurs conquêtes. Un banquier de quarante-trois ans a travaillé pendant des années sept jours par semaine, du matin au soir. Avant la naissance de son fils, il n'avait jamais remis en cause son mode de vie ; alors qu'il parlait, on sentait l'énergie immense et contenue que dégageait cet homme. Mais en parlant de son fils, son ton de voix changeait. Il avait appris bien des choses, disait-il, à ses dépens.

On m'a appris à vivre comme ça, à travailler dur, à ne jamais arrêter. On m'avait dit : « Si tu t'arrêtes un instant, tu es déjà mort. » Comment est-ce que j'aurais pu me rendre compte que je faisais du mal à mon fils ? Je ne savais même pas qu'on pouvait faire du mal à un gamin ; là où j'ai grandi, on ne disait pas ce genre de choses.

Ça me rendait fou de voir le temps que mon fils mettait à apprendre. J'avais toujours l'esprit ailleurs : mes rendez-vous du lendemain, mes affaires à conclure ; alors je le poussais à aller plus vite, toujours plus vite, même pour jouer simplement au ballon. Il fallait toujours qu'il se dépêche pour que je puisse retourner travailler.

J'ai eu du mal à me faire à l'idée qu'il pouvait avoir des « problèmes », je n'arrivais pas à prendre cette idée au sérieux. Il a fallu que ce soit un psychologue qui m'explique que la seule façon d'aider mon fils, c'était de lever le pied, de prendre le temps de vivre, de découvrir que j'étais un père. Ça n'était pas plus compliqué que ça : prendre le temps de vivre ! J'ai eu l'impression d'avoir inventé le fil à couper le beurre !

Dans un monde où la compétition est un élément dominant, la plupart des parents apprennent par tâtonnements à élever leurs enfants. Une mère m'a raconté comment il lui avait fallu un an d'efforts pour réaliser que son bébé avait besoin de s'arrêter, de contempler les choses les plus ordinaires : les canalisations, les prises de courant, les feuilles mortes ; elle s'était enfin rendu compte qu'il était nécessaire qu'elle trouve la patience et la volonté de laisser l'enfant découvrir le monde, ou bien qu'elle le confie à quelqu'un d'assez disponible pour le faire.

Le métier de Richard (trente-deux ans) l'a forcé à quitter son village natal pour une banlieue. Il m'a confié qu'il avait passé pendant les six premiers mois sa colère sur ses enfants, avant de s'apercevoir qu'il leur faisait du mal.

> C'est facile de leur crier dessus ; il n'y a aucun risque, ils sont si petits ! Jamais ils ne peuvent riposter comme le ferait un adulte. Et puis un jour, j'ai vu ma fille se cacher le visage dans ses mains et pleurer, recroquevillée sur elle-même, parce que je l'avais disputée. C'est là que j'ai commencé à me demander si je n'étais pas un monstre.

A partir de cette prise de conscience, Richard a cherché comment diminuer les contraintes et les frustrations liées à sa nouvelle vie. Il a essayé d'apprendre à faire plaisir à ses enfants, à être heureux avec eux. En définitive, c'est ce que chaque parent doit apprendre : comment être heureux avec ses enfants.

Mais il y a des femmes pour qui cet apprentissage est pénible. Deux des mères que j'ai rencontrées ont eu du mal à prendre soin de leurs enfants lorsqu'ils étaient bébés, mais y ont pris ensuite beaucoup de plaisir. A trente-six ans, Jeanne a réussi à gravir les échelons de son entreprise pour y devenir cadre supérieur ; mais, selon elle, cela aurait été impossible si elle s'était consacrée à sa fille quand elle était bébé. Jeanne est douce, elle prend soin de sa fille, et elle est en même temps ambitieuse et douée. Je lui ai demandé comment elle aurait vécu de travailler à mi-temps après la naissance de sa fille. Voici sa réponse :

> Si je n'avais pas travaillé à plein temps, j'aurais été très malheureuse, au moins sur le moment. Ç'aurait été la fin de ma carrière ; et ça n'était pas pour l'argent. Bien sûr, c'est formidable d'avoir un bon salaire, mais mon mari gagne déjà très bien sa vie. Tout simplement, j'ai toujours voulu être la meilleure, aller toujours plus loin : je suis comme ça. Je ne me rendais pas compte des soins qu'exige un bébé. Sur quatre nourrices que j'ai engagées avant que ma fille ait cinq ans, trois étaient incompétentes. J'ai fait de mauvais choix sans me rendre compte de leurs conséquences.
>
> J'ai commencé à me rendre compte des dégâts quand ma fille est allée à l'école et qu'elle a eu des problèmes d'adaptation. On a fini par lui faire passer des tests, à l'école primaire, ça n'allait vraiment plus ; c'est là que j'ai décidé de m'arrêter un an. Depuis, j'ai toujours travaillé à mi-temps. Je me suis rendu compte qu'elle avait besoin d'une mère, et je ne fais confiance à personne ; et pourtant j'ai fini par trouver une école spécialisée. Maintenant, je suis là quand elle rendre de l'école, et je l'aide tous les soirs à faire ses devoirs.

Il est difficile pour un père ou pour une mère de reconnaître ses erreurs. Mais la plupart sont soulagés de mettre enfin le doigt sur ce qui ne va pas, de pouvoir enfin agir pour améliorer la situation. Certaines mères ont besoin d'un certain temps pour faire passer les intérêts de leurs enfants avant les leurs. Ainsi, Claire est passée par une période difficile quand sa fille avait deux ans et demi. Elle est cinéaste, et elle avait mis son métier « en veilleuse » à cette époque pour éviter d'être trop souvent loin de chez elle. Les conséquences de cette décision furent désastreuses pour Claire :

> Au début, je m'ennuyais, je n'arrivais pas à rester en place. S'occuper d'un bébé n'est pas forcément la chose la plus excitante du monde, et j'avais l'habitude d'un travail passionnant et difficile. Je l'avais laissé tomber en pensant que, pour quelques années, ça ne serait pas un sacrifice si terrible. Et puis, j'en suis arrivée à ne plus dormir, ne plus manger ; j'ai beaucoup maigri, j'avais constamment une angoisse terrible au creux de l'estomac. Et puis, j'ai craqué. Elle avait presque trois ans et il me semblait qu'elle n'avait plus besoin de moi. J'étais si malheureuse. Avec le recul, je me dis que j'avais perdu ma personnalité ; j'avais l'impression qu'en restant à la maison avec ma fille, je devenais petit à petit complètement folle. Alors, j'ai craqué, je suis partie. J'avais besoin de savoir qui j'étais vraiment. Évidemment, ma fille s'est sentie complètement abandonnée, mais j'en étais arrivée à un tel point que, pour moi, cela n'avait plus d'importance. Je pensais que mon mari s'occuperait d'elle mais il s'est contenté d'engager une nourrice ; il n'était jamais là non plus. Il n'avait aucune idée de ce dont un enfant a besoin.
> Je n'ai eu aucun mal à retrouver du travail. Pendant un an et demi, j'ai voyagé. A mon retour, ma fille était devenue une loque. Elle ne pouvait plus dormir, elle passait ses journées à se balancer d'avant en arrière. On a eu beaucoup de mal à la remettre sur pied ; il a fallu voir des médecins. Pendant un temps, elle ne me laissait pas m'éloigner d'un pas. Mais les choses sont en train de s'arranger peu à peu.

La plupart du temps, s'occuper des enfants a impliqué des choix de carrière décisifs, y compris pour celles qui n'avaient pu se charger de leur progéniture immédiatement après la naissance. Comme le disait une mère : « Le travail ou les enfants, il faut choisir. »

Mais pour des raisons financières, ce choix n'est pas ouvert à toutes, et le recours à une nourrice ou à la crèche s'avère souvent indispensable. Ces mères-là doivent trouver quelqu'un qui pourra non seulement s'occuper des enfants mais aussi les aimer.

Pour d'autres, le problème est inverse : leur enfant est leur seul horizon. J'ai recueilli de nombreux témoignages de mères que la naissance avait rendues extrêmement possessives, exclusives, et qui, involontairement, avaient de ce fait engendré chez leurs maris le sentiment d'être inefficaces, superflus. Une de ces mères m'a raconté à quel point elle supportait difficilement de voir son mari jouer avec leurs enfants.

Le film *Shoot the Moon** illustre admirablement cet aspect difficile de la question. Une femme y vit une relation avec ses enfants qui la satisfait beaucoup plus que celle qu'elle vit avec son mari. Au fil des ans, celui-ci se sent de plus en plus exclu, étranger dans sa propre famille. Il a passé si peu de temps avec ses enfants qu'il n'a ni pu, ni su apprendre à les élever. Face à eux, il se montre tour à tour impatient, maladroit, et, en définitive, frustré. Parce qu'il n'a pas vu grandir ses enfants, le père du film est un enfant lui-même au niveau émotionnel. A l'écart des tâches éducatives, il demeure immature, égoïste comme un enfant. Ce cas regrettable et fréquent, où la possessivité de la mère et la paresse du père forment une sorte d'alliance objective, met le père à l'écart de certains rapports humains; la conséquence en est souvent le divorce.

Pour les mères qui se donnent tout entières à la maternité, les difficultés surgissent plus tard, au moment où les enfants deviennent autonomes. Ainsi, le problème de

---

* Alan Parker, 1982.

DE L'ÉCHEC MATERNEL À LA TRANSFORMATION

Grâce (trente-deux ans), qui avait grandi dans les valeurs traditionnelles du sud des États-Unis, était une trop forte imbrication qui l'empêchait de distinguer son identité et ses besoins de ceux de sa fille :

> Pendant des années, j'ai vécu uniquement au travers des dons et des réussites de ma fille, sans bien sûr m'en rendre compte à l'époque. Cela n'aurait pas semblé si bizarre d'ailleurs. Là d'où je viens, on ne poussait pas vraiment les femmes à accomplir quoi que ce soit par elles-mêmes. Toutes les mères que je connaissais vivaient par leurs enfants.
> Sans comprendre ce que je faisais, j'ai poussé ma fille tant que j'ai pu. Par exemple, j'ai fait des pieds et des mains pour qu'elle ait un bon rôle dans une comédie musicale, *Annie*. J'étais folle de joie quand elle l'a eu. Au début, elle était ravie, elle s'amusait beaucoup. Les enfants sont naturellement comédiens, ils adorent ça. Et puis on est parties en tournée. On a commencé à traîner les valises d'hôtel minable en hôtel minable, à ne plus voir que ces horribles mères-impresarios professionnelles et leurs odieux petits prodiges. Un jour, je l'ai retrouvée cachée dans les coulisses. Elle était en train de jouer à la poupée au lieu de se préparer pour le spectacle ; elle m'a dit : « Maman, je veux rentrer à la maison jouer avec mes poupées. » J'ai étudié le théâtre à l'université, j'ai toujours voulu être actrice, j'ai joué dans beaucoup de spectacles d'amateurs. Ma fille réalisait mon rêve ; mais en même temps, c'était affreux qu'elle soit malheureuse. Il fallait que ça cesse ; alors on a pris le premier avion. Aujourd'hui, j'ai repris mes études, et je compte bien un jour enseigner la mise en scène. Ma fille mène une vie de petite fille normale, et je crois bien que c'est ce qu'elle souhaitait.

Il arrive que nos enfants nous forcent inconsciemment à faire des progrès inattendus, et que, sans le savoir, ils nous offrent une deuxième chance. Rita s'était mariée, tout de suite après avoir fini ses études secondaires. Elle avait épousé son flirt de lycée, et, très vite, elle s'est retrouvée enceinte. De son propre aveu, elle n'avait à cette époque aucun instinct maternel. Elle se sentit tout de suite prisonnière, désespérée. Elle obtint, peu de temps après, le divorce, et laissa la garde de l'enfant au mari. Rita était incapable d'être une vraie mère pour sa fille. Elle l'est devenue pour les enfants de son second mari, qui avaient été abandonnés par leur mère.

> J'avais dix-sept ans quand ma fille est née. Ça m'était égal que ce soient mes beaux-parents qui l'élèvent (quand j'y repense maintenant, ça me rend folle; je les déteste). Tout ce que je voulais, c'était m'échapper. J'étais comme ça. J'ai honte, quand j'y repense. Et puis, grâce à Dieu, j'ai eu une nouvelle chance. Aujourd'hui, neuf ans plus tard, je m'occupe des enfants de mon second mari. Ils ont vraiment besoin d'une mère; la leur ne s'est jamais occupée d'eux. Enfin, je peux faire quelque chose de bien, rattraper quelque chose.

D'autres parents ont su rattraper des situations apparemment destructrices et sans issue, au prix d'incroyables efforts. Louise, biologiste de quarante-quatre ans, m'a raconté comment il a fallu que son fils tombe gravement malade pour qu'elle et son ex-mari comprennent enfin le mal qu'ils lui faisaient.

> Joël, c'était notre champ de bataille. A travers lui, c'étaient tous nos conflits qui passaient, et ça le déchirait. Il avait quatre ans, il avait besoin d'un père. Mais ça, je ne m'en rendais pas compte. Je haïssais tant ce fumier que je me disais que, de toute façon, il était un père nuisible. Je ne voulais pas qu'il ait le plaisir d'être avec son fils. Après le divorce, ça a été encore pire, mais c'est Joël qui en a le plus

souffert. Il a fallu qu'on soit à deux doigts de le perdre, quand il a eu une méningite, pour que nous arrivions à mettre nos haines de côté et nous occuper du petit et de ses besoins. Même alors, il a fallu des années. Nous faisons maintenant beaucoup de concessions et d'efforts pour ne pas nous disputer en sa présence, et pour que les moments que passe Joël avec chacun d'entre nous soient aussi paisibles que possible.

On est parfois amené par ses enfants à se dépasser pour atteindre une conscience supérieure. Robert, trente-neuf ans, est un ancien du Viêt-nam qui est devenu pilote de ligne. Il a été élevé dans l'idée que le courage est une affaire d'hommes, une question de bravoure physique. Et pourtant, la pire épreuve de sa vie a été, selon lui, d'admettre sa responsabilité dans la dégradation de son couple après quinze ans de mariage.

> Ma fille était si gentille, si douce avec moi, beaucoup plus que ma femme. Jamais je n'aurais imaginé que j'étais séduisant. Je pensais être un bon père, parce que je passais beaucoup de temps avec elle. Et puis elle a commencé à avoir des problèmes à l'école, à avoir de mauvaises fréquentations. Ce n'est qu'en allant voir un conseil conjugal qu'on s'est rendu compte que quelque chose n'allait pas dans notre couple, et que c'était à cause de ça que notre fille n'allait pas bien.
> Quand un enfant vous dit ses quatre vérités en se faisant du mal, il faut arrêter de se voiler la face. Quand j'ai commencé à comprendre, elle se droguait. Il a fallu que quelqu'un vienne m'expliquer qu'elle me servait à escamoter nos problèmes conjugaux, c'est vrai. Je n'y croyais pas jusqu'à ce qu'on décide d'en parler, ma femme et moi. Mais tout d'un coup, ça a été le miracle ; c'était comme si les problèmes de ma fille s'évanouissaient.

Aujourd'hui Robert et sa femme luttent pour sauver leur mariage. Il y a des signes d'espoir. Mais ils n'ont pu se rendre compte de la situation que du moment où le comportement suicidaire de leur fille a donné le signal d'alarme et les a avertis que quelque chose n'allait pas.

On voit qu'il est essentiel de ne pas se cacher les erreurs d'éducation que l'on peut commettre. Il faut les étudier jusqu'à ce que leur sens apparaisse, et avec lui les sentiments, les circonstances qui les ont entraînées. Reconnaître ses échecs est un double bienfait : pour ses enfants et pour soi-même. C'est une étape essentielle de l'humanisation.

Les effets de la frustration

Nous avons créé un monde où l'éducation devient chaque jour une tâche plus difficile. Comment être réceptif aux besoins d'un enfant, alors qu'à chaque instant nous sommes assaillis, pour ne pas dire submergés, de sollicitations extérieures par « la manipulation et l'acquisition de biens et de messages » pour reprendre les mots de Baudrillard. La force d'aimer un enfant est en butte à l'exigence de produire, de réussir, d'accomplir des objectifs diamétralement opposés au don total de soi qu'exige cet amour. Les parents d'aujourd'hui sont tenus de consacrer toute leur énergie à survivre financièrement dans une société qui leur fait miroiter chaque jour la possession de biens nouveaux et tentateurs. Les valeurs de marché dominent ; un enfant est improductif, alors, à quoi bon ? L'enfant n'a pas de sens ici, et n'est qu'un obstacle qui empêche de voir la vraie vie.

Et si, au contraire, le fait d'avoir des enfants, de les élever, était une des rares façons de devenir meilleur et plus humain ? Le comportement enfantin est révélateur de ce

DE L'ÉCHEC MATERNEL À LA TRANSFORMATION

qui ne va pas en *nous* et dans cette société à laquelle l'enfant doit s'adapter. Sans se poser en éducateurs, les enfants ont besoin que leurs parents s'aiment, les aiment, vivent « ensemble », parce qu'ils ont besoin de grandir sans devoir de surcroît se préoccuper de leurs parents.

La révélation peut être tragique : à des comportements destructeurs, les enfant réagissent violemment, parfois tragiquement. Les statistiques de suicides, de dépressions nerveuses, de violence chez les adolescents le montrent. L'usage de la drogue s'étend maintenant au monde scolaire, même chez les pré-adolescents. L'analyse du comportement des enfants et de leurs besoins donne la clé des maux les plus profonds dont souffre notre siècle. L'un est la carence affective dont les mères et les enfants subissent les désastreuses conséquences. Peu de gens, hormis les psychiatres, psychanalystes et psychologues la prennent au sérieux. C'est pourtant la source des sentiments les plus destructeurs qui peuvent naître au sein d'une relation parents-enfants : la colère, l'envie, le dégoût de soi, la rancœur. De là, de nombreux cas d'abandon, de négligence ou de mauvais traitements. Pour se protéger contre les émotions dévastatrices, certains parents évitent toute implication sentimentale avec leurs enfants.

L'homme a le pouvoir de détruire toute vie sur terre, et il faut une nouvelle forme de courage pour comprendre cette indifférence face à l'avenir des futures générations. Cette part mortelle de notre culture explique le refus de rechercher et de comprendre les besoins des enfants et des parents, et celui de les satisfaire. Notre civilisation n'est pas seulement mortelle : elle porte en elle les moyens de se donner la mort. L'instinct de guerre, la peur, l'agressivité sont parmi les raisons de l'indifférence croissante pour les enfants et leur futur.

Comment éviter que ces pulsions les plus dangereuses

ne détruisent la vie de nos enfants ? Une des plus sinistres horreurs de la guerre est la facilité avec laquelle on peut mener les enfants au combat, à la mort. N'importe quel secte, ethnie, parti, clan ou famille peut enseigner à ses enfants la haine de tel ou tel ennemi, et perpétuer conflits et guerres, de génération en génération. Cela passe par le maintien chez l'enfant d'un sentiment d'insuffisance qui le rend agressif, dépendant et vulnérable, et donc facile à manipuler et à conduire au mal. Il est trop facile de faire livrer nos propres guerres à nos enfants, de leur imposer nos sentiments, les privant de leur libre arbitre et de leur objectivité, au lieu de laisser s'épanouir leurs choix et leurs opinions.

Comment transmet-on à ses enfants son instinct de guerre et de destruction ?

La réponse apparaît petit à petit dans l'examen et l'analyse des échecs éducatifs. Notre culture pèche par omission. Nous négligeons, nous évitons certains problèmes, quand nous ne les nions pas tout simplement. Ainsi en prétendant que le travail d'une mère est facile, alors que la plupart d'entre elles sont dépendantes d'un emploi extérieur et d'aides auxquelles elles ne peuvent que difficilement faire confiance. Nous persistons à nier cette évidence, que la carence affective est aussi destructive que la famine, qu'elle engendre des haines et des désirs de vengeance incontrôlables. Les mères sont méprisées en tant que mères, dévalorisées, exclues des centres de décision ; elles doivent assumer l'entière responsabilité de leurs enfants sans recevoir aucun soutien, accepter les reproches quand ceux-ci ont des problèmes. Dissimulés derrière de pâlottes idées reçues, nous nions l'importance absolue des enfants, le rôle fondamental des pères et les dégâts irréparables qu'entraîne sur les enfants le manque d'amour.

Transformations radicales

Dans sa nouvelle *Conversations with my Father*, Grace Paley décrit les rapports morbides d'une mère et de son fils drogué. Pour tenter de préserver leurs liens, elle se met à se droguer à son tour. Pourtant au cœur même de cette situation dramatique, Grace Paley laisse entrevoir l'espoir d'apprendre quelque chose du message lancé par les enfants, l'espoir de tendre encore vers quelque chose de meilleur.

Après que sa mère eut « plongé », son fils, pris de dégoût, quitte sa ville, se soigne et refuse de voir sa mère tant qu'elle n'aura pas renoncé à la drogue. C'est le fils qui devient un modèle pour sa mère, et l'arrache à cet esclavage qui n'est que la manifestation des problèmes de l'un comme de l'autre.

Le fils était l'intermédiaire des désirs d'une mère incapable de supporter le vide de son existence, encore aggravé par cette fuite de son fils. Pour lutter contre sa solitude, elle est devenue semblable à son fils, faisant ce qu'il faisait, de la même façon qu'un enfant qui se sent délaissé évoque la présence aimée en contrefaisant ses gestes et ses attitudes dans l'espoir d'entretenir l'illusion qu'il n'est pas seul, puisque ces gestes et ces attitudes l'accompagnent.

On trouve souvent chez les parents une tendance à s'identifier aux enfants, accentuée par des années de soins constants. Il faut donc une grande volonté pour ne pas tomber sous la dépendance de ses enfants, ne pas adopter leurs réactions puériles, ni, plus tard, le comportement adolescent, imprévisible et parfois, comme dans cette nouvelle, dangereux.

Le fils que montre Grace Paley, comme Huck Finn, est en train d'essayer de grandir, de s'affranchir de sa dépendance vis-à-vis de sa mère, de fuir son enfance. Mais, cette fois, sa planche de salut n'est pas le monde sain et naturel de l'aventure, de la fuite avec Jim, l'esclave évadé. C'est une drogue avilissante, qui tue les sentiments (et que la mère commence à absorber parce qu'elle ne supporte plus sa solitude). Puis, le salut vient de la réhabilitation, du retour à la santé mentale (des chances qu'Anne Sexton ou Sylvia Plath auraient voulues mais n'ont pu saisir pour échapper à leurs visions destructrices).

La drogue est ici un palliatif que le fils substitue à des liens qui l'ont rendu dépendant, presque infirme. Elle annihile ces sentiments de frustration et ces regrets que tant d'adolescents ne parviennent pas à supporter, et qui sont aussi la source de la douleur et de la colère qui les jettent parfois vers la violence ou le suicide.

Le comportement exemplaire de son fils fait que la mère prend conscience du caractère destructeur de sa tentative pour garder son fils en se droguant elle-même. A la fin de la nouvelle, elle assure l'accueil d'une association de quartier contre la drogue. Elle n'a que quarante ans, et « avec le temps, elle pourrait devenir bien des choses : professeur, assistante sociale. Une ancienne droguée ? Mais c'était mieux qu'une agrégation ! ».

Au lieu de se perdre, cette mère se retrouve et s'épanouit. A travers sa sujétion et le douloureux renoncement à la drogue, elle acquiert en définitive un comportement plus mûr, plus attentif à elle-même et aux autres. Ce texte montre comment parfois les enfants peuvent offrir d'incroyables chances de prise de conscience, de transformation, de régénérescence.

DE L'ÉCHEC MATERNEL À LA TRANSFORMATION

Une autre nouvelle de Grace Paley, *Faith in the Atfernoon*, offre un très bel exemple de prise de conscience. Grace Paley décrit la révolte que ressent un enfant témoin d'une manifestation pacifiste et non violente brutalement dispersée par la police. Il n'y a chez lui aucune tentative consciente pour influencer sa mère qui, après des années consacrées à ses enfants, a des vues assez étroites et dont le principal souci est de retrouver un compagnon. C'est par son comportement que le garçon amène sa mère à changer ; elle remarque l'indignation de son fils, sa révolte pleine de bravoure et de compassion ; elle apprend à voir plus loin que « ce joli terrain de jeux » où elle a élevé ses enfants, elle se met à observer l'« esprit de générosité » de son fils, à prendre conscience de ses préoccupations, de son avenir qu'oblitère la menace d'une guerre interminable et absurde. Elle s'éveille, s'affirme, et « pense chaque jour un peu plus au monde », ce monde qui devient l'environnement de soutien pour nos enfants.

Que désirons-nous pour nos enfants, maintenant et pour leur avenir ? Il nous faut y penser sans relâche, il nous faut apprendre à leur offrir l'environnement de soutien le plus riche possible. Mais, pour cela, nous devons explorer tout entière la palette des sentiments que nous éprouvons pour eux. Ainsi seulement est-il possible de déceler le danger, de l'exposer au grand jour. Ce n'est qu'en éclairant les zones d'ombre que l'on peut affronter les menaces de l'avenir.

Les enfants sont une fenêtre ouverte sur le passé comme sur le futur, sur le monde comme sur nos propres paysages intérieurs. Il nous faut trouver le courage de contempler tout ce qu'ils nous donnent à voir.

L'espoir de voir les futures générations élevées par un entourage tendre et attentif décroît de jour en jour. De notre courage à maîtriser les aspects les plus pénibles de nos rapports avec nos enfants dépendent leur avenir et celui de leurs propres enfants. On a occulté jusqu'à présent une des clés de l'avenir de l'humanité : comprendre les enjeux de l'éducation est aujourd'hui une question de survie. Il nous faut ravaler notre honte et notre méfiance, admettre nos erreurs.

Tout enfant a droit à l'amour ; tout parent, tout éducateur mérite aide et respect. L'oublier, c'est mener l'espèce humaine à sa fin ; il n'est plus temps de refuser de comprendre ce que veut dire « avoir un enfant » ; nous le savons à présent : il n'est pas inéluctable que nos blessures deviennent celles de nos enfants. Nous pouvons les panser, les guérir. La compréhension des processus affectifs liés à l'enfant n'est-elle pas une des réponses que nous attendions pour nous aider à transformer nos tendances destructrices en une préoccupation positive, un souci constant de nous-mêmes et du monde ?

Remerciements

Je tiens à remercier vivement pour l'aide et les encouragements qu'ils m'ont apportés dans la rédaction de ce livre :

Christina Wendel (dont les remarques pénétrantes éclairent tant de pages), Libby Colman, Tish Ezekiel, Bill Sylvester, Lin Yeiser, Dori Gores, Diane Flaherty, Kathy Parker, Patria Brown, Judith Bishop, Len Sanazarro, Bill Dickie, Kathy Williams, Peter Steinhart, Judy Steinhart, Merle Ritchie, Patti Harris, Rafe Ezekiel, Leslie Garis, Arthur Kopit, Janice Brody et Sue Auchincloss.

Je dois aussi remercier tout particulièrement mon mari, Rod Swigart, qui m'a aidée à croire qu'il était important d'écrire ce livre.

Que mon éditeur, Paul Bresnick, soit aussi remercié pour le soutien et les conseils inestimables qu'il m'a apportés.

Bibliographie

Abelin, E. L., « Some Further Observations and Comments on the Earliest Role of the Father », *International Journal of Psychoanalysis*, 1975.

Ariès, Philippe, *L'Enfant et la vie familiale sous l'Ancien Régime*, Le Seuil, 1973.

Badinter, Élisabeth, *L'Amour en plus : histoire de l'amour maternel*, Flammarion, 1981.

Bergman, Anni, « Considerations About the Development of the Girl During the Separation-Individuation Process », in *Early Female Development, Current Psychoanalytic Views*, ed. Dale Mendell, New York, Medical & Scientific Books, a division of Spectrum Publications, 1982, p. 61-81.

Bernay, Toni and Cantor, Dorothy W., *The Psychology of Today's Woman*, New Jersey, The Analytic Press, 1986.

Bettelheim, Bruno, *Pour être des parents acceptables*, collection « Réponses », Robert Laffont, 1988.

Bibring, Grete L., Ralph J. Kahana, *Lectures in Medical Technology*, New York, International University Press Inc., 1968.

Blos Jr, Peter, « Intergenerational Separation-Individuation : Treating the Mother-Infant Pair », *Psychoanalytic Study of the Child*, vol. 40, 1985.

Cahill, Susan, *Women and Fiction*, New York, Mentor, 1975.

Chasseguet-Smirgel, Janine, *La Sexualité féminine : recherches psychanalytiques nouvelles*, Payot, 1982.

Chasseguet-Smirgel, Janine, « The Feminity of the Analyst in Professional Practice », *The International Journal of Psyco-Analysis*, vol. 65, London, Bailliere Tindall, 1984.

Chayes, M., quoted in *Projection, Identification, Projective Identification*, ed. Joseph Sandler, Connecticut, International Universities Press, 1987.

BIBLIOGRAPHIE

Chopin, Kate, *The Awakening*, A Norton Critical Edition, New York, Norton, 1899.

Chodorow, Nancy, *The Reproduction of Mothering*, Berkeley, University of California Press, 1978.

Chodorow, Nancy, Contratto, Susan, « The Fantasy of the Perfect Mother », *Rethinking the Family*, New York & London, Longman, 1984.

Deutsch, Hélène, *La Psychologie des femmes*, PUF, 1974.

Deutsch, Hélène, *L'Autobiographie*, Mercure de France, 1986.

Dinnerstein, Dorothy, *The Mermaid and the Minotaur*, New York, Harper and Row, 1976.

Fraiberg, Selma H., *Les Années magiques*, PUF, 1986.

Fraiberg, Selma H., « Ghosts in the Nursery », *Psychoanalytic Study of the Child*, New Haven, Yale University Press, 1983.

Frodi, A. M. et Lamb, M.E., « Sex Differences and Responsiveness to Infants », *Child Development*, 49:1182-1188, 1978.

Furman, Edna, « Mothers Have to be There to be Left », *Psychoanalytic Study of the Child*, New Haven, Yale University Press, 1983.

Grubrich-Simitis, Ilse, « Extreme Traumatization as Cumulative Trauma », *Psychoanalytic Study of the Child*, New Haven, Yale University Press, 1981.

Harding, M. Esther, *The Way of All Women*, New York, Harper Colophon Books, 1975, 1970.

Hardwick, Elizabeth, « On Sylvia Plath », *Ariel Ascending*, ed. Paul Alexander, New York, Harper and Row, 1984.

Harris, Marvin, *Cannibales et monarques*, Flammarion, 1979.

James, A. E. et Benedek, T., *Parenthood, it's Psychology and Psycho-Pathology*, Boston, Little, Brown and Company, 1970.

Kagan, J., *The Nature of the Child*, New York, Basic Books, 1984.

Kotelchuck, M., « The infant's relationship to the father », in *The Role of the Father in Child Development*, ed. M. E. Lamb, New York, Wiley, p. 329-344, 1976.

Loewald, Elizabeth, « The Baby in Mother's Therapy », in *Psychoanalytic Study of the Child*, New Haven, Yale University Press, 1983.

Mahler, Margaret et Gosliner, B., « On Symbiotic Psychosis », *Psychoanalytic Study of the Child*, Yale University Press, 1955.

Mahler, Margaret, Fred Pine and Anni Bergman, *The Psychological Birth of the Human Infant*, New York, Nasic Books, 1975.

Mitscherlich, Alexander, *Vers une société sans pères*, NRF, Gallimard, 1963.

Ogden, Thomas H., « On Potential Space », *The International Journal of Psycho-Analysis*, vol. 66, Londres, Baillire Tindall, 1985.

Ogden, Thomas H., *The Matrix of the Mind*, New Jersey, Jason Aronson, Inc., 1986.

Olds, Sharon, *The Gold Cell*, New York, Knopf.

Paley, Grace, *The Little Disturbances of Man*, New York, The Viking Press, 1956.

Paley, Grace, *Enormous Changes at the Last Minute*, Farrar, Straus, Giroux, 1960.

Parke, R., « Perspectives in Father-Infant Interactions », in *Handbook of Infant Development*, ed. J. D. Osofsky, New York, Wiley, p. 110-130, 1979.

Parke, R. & Sawin D. B., « The Family in Early Infancy », in *The Father-Infant Relationship*, ed. F. A. Pedersen, New York, Praeger, p. 44-70, 1980.

Pedersen, F. A., Anderson B. et Kain R., « Parent-Infant and Husband-Wife Interactions Observed at Five Months », in *The Father-Infant Relationship*, ed. F. A. Pedersen, New York, Preager, p. 65-91, 1980.

Plath, Sylvia, *The Collected Poems*, New York, Harper and Row, 1960.

Pruett, Kyle D., « Infants of Primary Nurturing Fathers », in *Psychoanalytic Study of the Child*, New Haven, Yale University Press, 1983. — « Œdipal Configurations in Young

Father-Raised Children », in *Psychoanalytic Study of the Child*, New Haven, Yale University Press, 1985.

Rich, Adrienne, *Naître d'une femme*, Denoël, 1980.

Ruddick, Sara, *Maternal Thinking*, Boston, Beacon Press, 1989.

Rutter, M., « Maternal Deprivation, 1972-1978 : New Findings, New Concepts, New Approaches », *Child Development*, 50 (1979), 283-305.

Settlage, C. F., J. Curtiss, Marjorie Lozoff, Milton Lozoff, G. Silverschatz, and E. J. Simburg, « Conceptualizing Adult Development », *Journal of the American Psychoanalytic Association*, 36:2 (1988).

Sexton, Anne, *All My Pretty Ones*, Boston, Houghton Mifflin, 1961. — *Live or Die*, Boston, Houghton Mifflin, 1966.

Stern, Daniel, *The Interpersonal World of the Infant*, New York, Basic Books, 1975.

Winnicott, Donald W., *Jeu et réalité*, Gallimard, 1975. — *Processus de maturation chez l'enfant*, Payot, 1989.

Zak de Goldstein, Raquel, « The Dark Continent and Its Enigmas », *The International Journal of Psycho-Analysis*, 65 (1984).

Table des matières

Introduction

Le mythe de la mauvaise mère 9

Noté dans mon journal : décembre 1983 / 9 — Le Mythe / 15 — La nouvelle morale / 17 — Comprendre la mère / 20 — La mère à l'époque moderne / 22 — Méthodes d'exploration / 24.

Première partie
ÉLEVER SON ENFANT : TÂCHE COMPLEXE

1. Amour maternel et impuissance maternelle .. 31

Propos recueillis au cours d'entretiens avec des mères / 31 — Définition de l'amour maternel et de l'impuissance maternelle / 33 — Les réalités émotionnelles de l'éducation / 37 — Les conflits maternels courants / 43 — La collusion silencieuse : l'analyse d'Hélène Deutsch par Freud / 45 — Les besoins de ceux qui s'occupent de l'enfant / 50.

TABLE DES MATIÈRES

2. L'expérience subjective de la mère 53

Pages de notes personnelles: 1974-1978 / 53 — Liens charnels et abnégation / 57 — L'expérience de la symbiose / 64 — La signification symbolique du tout-petit / 67 — Le sevrage et le retour à la rationalité / 69 — Séparation/individuation du point de vue de la mère / 72 — L'expérience de la séparation chez le jeune enfant / 75 — La nécessité d'imposer des limites: le choc affectif qui en résulte / 77 — La culpabilité des parents, la colère, la découverte de soi / 83.

3. Le désir de mère et le désir d'enfant 88

Notes prises au cours d'entretiens / 88 — Le désir d'avoir des enfants / 90 — Le désir de mère / 95 — Besoin d'amour et origine de l'intolérance / 100 — Les naissances compulsives / 102 — Idéalisation et dévalorisation: mères parfaites et vraies mères / 105.

Deuxième partie

LA CRAINTE DE SAVOIR, LA CRAINTE DE DEVOIR

4. La peur de savoir 113

Témoignages de mères: 1983-1984 / 113 — Les raisons du silence / 115 — Une double perte de pouvoir / 117 — Deux points de vue / 119 — Les réalités socio-économiques et le rôle de la mère / 122 — Donner sans recevoir / 124 — La

TABLE DES MATIÈRES

maternité et le refus de savoir / 127 — *La peur de l'ambivalence* / 129.

5. Géniteurs et papas poules ou le mythe du mauvais père 132

Témoignages / 132 — *Le mythe du mauvais père* / 134 — *L'importance du père dans la première enfance* / 136 — *Les différentes formes de l'affection paternelle* / 138 — *L'exclusion du père* / 141 — *Le rejet des enfants* / 145 — *Soins à l'enfant et régression* / 151 — *Les conséquences de l'éloignement paternel* / 153 — *Les poèmes de Sylvia Plath sur son père* / 156 — *Le Choix de Sophie : la métaphore du sacrifice* / 158 — *Les enfants et la conscience morale* / 160.

Troisième partie

AMOUR ET RENONCEMENT

6. Le travail de la séparation............... 165

Extraits d'entretiens / 165 — *La dévotion à distance* / 169 — *Les réalités émotionnelles de l'éducation des enfants d'âge scolaire* / 175 — *La mère possessive et celle qui se sent obligée de fuir* / 180 — *Le refus d'être dominée par les enfants* / 182 — *L'asservissement volontaire* / 186 — *L'individuation maternelle* / 191.

7. **L'adolescence et la fin de l'enfance** 194

Propos recueillis au cours d'entretiens / 194 — Les signes annonciateurs de la perte / 202 — Défenses contre l'attachement / 206 — L'amour à sens unique / 208 — L'abandon / 211.

Quatrième partie
DE L'ÉCHEC MATERNEL À LA TRANSFORMATION

8. **Le sens de l'échec maternel : l'angoisse de la mère** 219

Témoignages / 219 — L'échec du clan / 222 — La faim dans l'abondance / 227 — Une image de réclusion / 231 — L'abandon maternel / 236 — Le don impossible / 238.

9. **Deux points de vue : Anne Sexton et Sylvia Plath** 241

Pages de mon journal : 1984-1985 / 241 — Connaissance de soi : bienfait et malédiction / 246 — De l'enfant victime à la mère victime / 250 — Sylvia Plath : la maternité dans l'adversité / 251 — Anne Sexton : la crainte de l'intrusion maternelle / 259 — Le double point de vue / 265.

TABLE DES MATIÈRES

10. Ce qui peut changer 268

Pages de mon journal : 1985-1987 / 268 — *Erreurs et conscience* / 272 — *Les effets de la frustration* / 281 — *Comment transmet-on à ses enfants l'instinct de guerre et de destruction ?* / 283 — *Transformations radicales* / 284.

Remerciements / 289.

Bibliographie / 291.

N° d'éditeur : 34154
N° d'imprimeur : I2-1037
Dépôt légal : octobre 1992

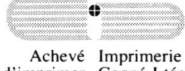

Achevé   Imprimerie
d'imprimer Gagné Ltée
au Canada Louiseville

Psychologue, écrivain, épouse de romancier, **Jane Swigart** s'est intéressée à la théorie psychanalytique et travaille comme psychothérapeute en thérapies individuelles et familiales.

Cet ouvrage a été très bien accueilli et approuvé, entre autres par Alice Miller, Berry Brazelton, Benjamin Spock, Bruno Bettelheim, Dorothy Dinnerstein, Nancy Chodorow, Lillian Rubin.

Lire aussi dans la collection
«Réponses»

Bruno Bettelheim
DIALOGUES AVEC LES MÈRES
La première tâche : éduquer les parents

POUR ÊTRE DES PARENTS ACCEPTABLES
Une psychanalyse du jeu

Nancy Friday
MA MÈRE, MON MIROIR
Au bout de la révolte, du conflit et de la rivalité, la tendresse retrouvée entre une mère et une fille adulte

Arno Gruen
LA TRAHISON DU MOI
Pour devenir un être pleinement humain, autonome, authentique,
il importe d'accepter sa vulnérabilité

Louise Kaplan
SYMBIOSE ET SÉPARATION
L'éclosion de l'enfant : du paradis maternel à la conquête du monde

Judith Viorst
LES RENONCEMENTS NÉCESSAIRES
Tout ce qu'il faut abandonner en route pour devenir adulte

Couverture : Nicolas Poussin, *Le jugement de Salomon*, 1649. Musée du Louvre, Paris.
Photo : Hubert Josse.